참 자아를 찾아서

그리스도의 형상을 이루어가는 너와 나

권오균 지음

기독교문서선교회

기독교문서선교회(Christian Literature Crusade: 약칭 CLC)는
1941년 영국 콜체스터에서 켄 아담스에 의해 시작되었으며
국제 본부는 영국의 쉐필드에 있습니다.
국제 CLC는 59개 나라에서 180개의 본부를 두고, 약 650여 명의
선교사들이 이동도서차량 40대를 이용하여 문서 보급에 힘쓰고 있으며
이메일 주문을 통해 130여 국으로 책을 공급하고 있습니다.
한국 CLC는 청교도적 복음주의 신학과 신앙서적을 출판하는
문서선교기관으로서, 한 영혼이라도 구원되길 소망하면서
주님이 오시는 그날까지 최선을 다할 것입니다.

Discovering Your True Self in the Image of Christ

Written by
Ohgueon Kwon

Korean Edition
Copyright © 2014 by Christian Literature Crusade
Seoul, Korea

들어가는 글 | 하나님의 형상인 참 자아를 찾아서

> 하나님이 의도하신 본래 그대로의 당신이 되십시오. 그러면 당신은 세상에 불을 붙일 수 있습니다.
>
> - 시엔나의 성 캐서린(St. Catherine of Siena)

한국에서 스위스로 입양된 지윤 엥겔 씨(당시 24세, 여)는 1993년 8월, 라인 강에 몸을 던져 목숨을 끊었다. 자신의 참 자아를 찾아 허우적거리며 살아왔기에 그 아픔은 컸다. 1999년 여름 미국 워싱턴 주 시애틀의 한 14세 소년도 목숨을 끊었다. 유서에는 단 한마디만 적혀 있었다. "Who Am I?"(나는 누구인가?). 수능점수를 낮게 받아 "엄마, 미안해"라며 아파트에서 뛰어내리는 소중한 아이들, 경제협력개발기구(OECD) 회원국 중에서 가장 많은 사망률을 기록한 한국의 10대 청소년들, 왕따 당하던 12살 중학생이 가방에서 총을 꺼내, 선생님과 학우들의 목숨을 앗아간 비극도, 1999년부터 2010년까지 미국에서 50대

자살률이 거의 50%나 상승한 것(*Time*, 2013.11.25.)도, 이들에게는 자신이나 이웃과 관계할 참 자아가 없었기 때문이다.

절대적 진리와 진정한 자아가 상실된 이 포스트모던 시대에 사람의 자아에 관한 본질적 문제는 의심의 구름에 둘러싸여 있다. 더구나 오늘날의 사회는 영혼을 거세함으로 우리의 '참 자아'를 지워버린다. 그리하여 무엇이 자아이고 어떻게 진정한 자아가 되는가를 알기 어렵게 되었다.

그런데, "인간존재의 사회적 정글에서 진정한 자기에 대한 느낌이 없이는 살아있다는 감각이 없다"고 에릭 에릭슨(Erik H. Erikson)은 말한다. 참 자아를 찾지 못하면 그 영혼은 질식한다. 이러한 상황을 꿰뚫어 보는 정신과 전문의 정혜신 씨는 진정한 자아 찾기의 중요성을 절감하며 말한다.

> 평생 꼭 한번은 만나야 되는 사람이 누구냐고 묻는다면 그것은 '나 자신'이 되어야 해요. 사람이 인생을 살아가며 지켜야 할 것은 재물, 재능, 외모가 아니라 '나'라는 존재 그 자체입니다.[1]

솔제니친은 "만약 20세기 전체의 주요 특징을 내게 묻는다면 그것은 인간이 하나님을 잊어버린 것이다"라고 하였는데 이는 또한 하나님의 형상인 참 자아를 상실한 것이다. 참 자아를 잃은 세상에서 가수 싸이의 노래 "강남 스타일"은 유럽에서 최우수상을 받았고, 세계 기네

---

1 「Queen」(매거진플러스) 2011년 8월호, p.335.

스북에 가장 많이 시청한 음악비디오로 올라갔다. 가수 싸이는 "노래 속의 이 남자는 강남 출신처럼 보이지 않지만 계속해서 나는 강남 스타일이라고 말하는 것이 포인트입니다"라고 말했다. 이 노래는 거짓 자아로 전락한 현대인들을 조롱하는 듯하다.

철학자 쇼펜하우어(Arthur Schopenhauer)가 하루는 프랑크푸르트의 한 공원 안에서 다소 초라하고 흐트러진 복장으로 앉아 있었다. 공원 관리인이 그를 뜨내기인 줄 오해하고 퉁명스럽게 물었다. "당신은 누구요?" 이 질문에 그는 씁쓸하게, "나도 나 자신이 누구인지 알았으면 정말 좋겠네!"라고 대답하였다.

자기 영혼을 상실한 현대인들에게 그리스도의 형상을 이루어가는 하나님의 자녀로 나타나는 것보다 더 소중한 것은 없다. 드러먼드(Henry Drummond) 교수는 말한다.

> 그리스도를 닮는 것은 우리가 세상의 모든 것을 걸고서라도 추구해야 할 가치가 있는 유일한 일이다. 이것 이외의 인간의 모든 욕망은 어리석은 것이다. 그리고 저급한 모든 성취들은 헛되다.

유창한 언변과 지능, 지식, 재능, 봉사 등 이 모든 것도 그리스도를 닮는 것에 비하면 아무것도 아니다. 꽃이 노랑, 빨강, 초록의 자기 원래 색깔을 나타낼 때 가장 아름답듯이, 사람도 본래의 자기인 하나님의 형상을 드러낼 때 가장 아름답다. 일찍이 영혼을 잃은 사람들을 향해, "네가 어디 있느냐"(창 3:9)라고 부르시던 하나님은 우리로 그의 형상을 찾도록 인간의 몸으로 오셔서 다시 말씀해 주신다.

사람이 만일 온 천하를 얻고도 자기를 잃든지 빼앗기든지 하면 무엇이 유익하리요(눅 9:25).

곧, '하나님의 형상인 참 자아를 잃지 말라', '하나님의 빛나는 자녀로 나타나라', '하나님이 계획하신 너 자신에 도달하지 못한 상태에 만족하지 말라.' 이를 위해, 우리 하나님은 그의 신적인 능력으로 우리에게 "생명과 경건에 속한 모든 것"을 주셨다.

이로써 그 보배롭고 지극히 큰 약속을 우리에게 주사 이 약속으로 말미암아 너희가 정욕 때문에 세상에서 썩어질 것을 피하여 신성한 성품에 참여하는 자가 되게 하려 하셨느니라(벧후 1:4).[2]

---

[2] "보배롭고 지극히 큰 약속"은 그리스도의 영광과 덕으로 말미암아 주어진 것으로 그리스도인들이 미래의 일들 즉 그리스도의 재림(벧후 3:4, 9, 12), 새 하늘과 새 땅(3:13) 그리고 그리스도의 영원한 나라(11절)에 참여케 되는 것을 가리킨다.

목차

들어가는 글   5

제1부 잃어버린 얼굴   11
제1장 얼굴 없는 사람들   13
제2장 성격의 가면   31
제3장 참 얼굴상   41
제4장 참 자아상과 정체성   47

제2부 참 자아와 거짓 자아   71
제5장 '참 자아'를 찾는 길   73
제6장 참 자아와 거짓 자아   85
제7장 죽음으로 찾은 참 자아   115

제3부 하나님의 형상인 당신   125
제8장 하나님의 형상   127
제9장 하나님의 얼굴 안에서 발견되는 참 자아   139
제10장 하나님과 상호관계성 안에 있는 참 자아   147

제4부 그리스도의 형상을 이루어가는 참 자아　　155
    제11장 그리스도는 참 자아의 원천적 원형　　157
    제12장 그리스도는 우리를 살려주는 원천적 원형　　165
    제13장 그리스도의 형상을 이루어가는 참 자아　　191
    제14장 그리스도의 형상을 드러내는 길　　205

제5부 그리스도 안에 존재하는 참 자아　　221
    제15장 그리스도에 의해서 유지되는 참 자아　　223
    제16장 하늘의 차원에 속하는 참 자아　　235

제6부 하나님의 영광과 찬송이 되는 참 자아　　265
    제17장 하나님께 영광 돌리는 참 자아　　267
    제18장 하나님을 기뻐하는 참 자아　　291
    제19장 하나님과 함께 춤추는 참 자아　　301

제1부
잃어버린 얼굴

여호와 하나님이 아담을 부르시며 그에게 이르시되 네가 어디 있느냐 가로되 내가 동산에서 하나님의 소리를 듣고 내가 벗었으므로 두려워하여 숨었나이다(창 3:9-10).

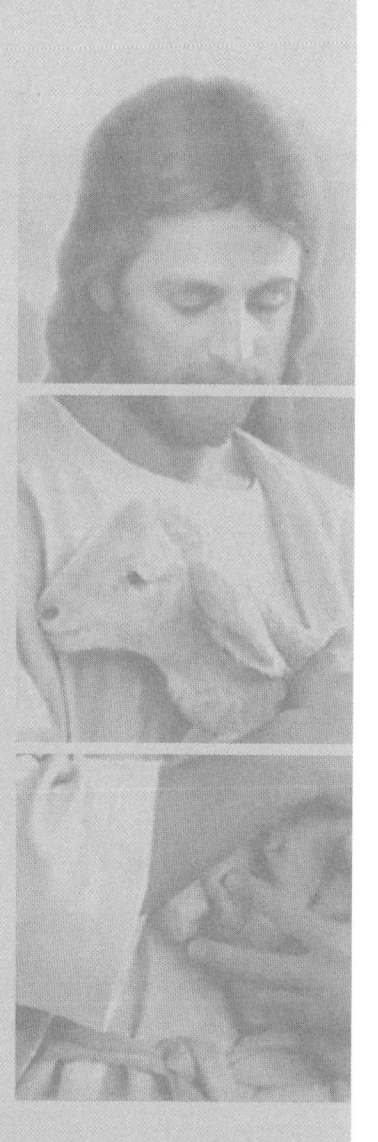

Discovering
Your True Self
in the Image of
Christ

제 1 장

얼굴 없는 사람들

　여러 해 전, 문학평론가 스티븐 그린블렛(Stephen Greenblatt)은 보스턴으로 향하는 비행기에 탑승하여 한 중년 남성 옆에 앉았다. 그는 다음 주에 있을 강의를 준비하기 위해 읽던 책을 마쳐야 했기 때문에, 곁에 앉은 남성이 말을 걸어오지 않기를 원했다. 그러나 그가 좌석에 앉자마자, 그 남성이 자신을 향해 말을 걸기 시작했다. 그는 보스턴에 있는 매우 아픈 아들을 만나러 가는 길이라고 했다. 그 아들은 병으로 목소리마저 잃었고, 우울증에 빠져 더 이상 사는 것도 바라지 않는다고 말했다. 그 아버지는 그러한 아들을 격려하고 삶은 살아갈 가치가 있다고 설득하러 간다고 했다. 그러나 그는 아들이 말하고자 하는 바를 자신이 이해하지 못할 수도 있다고 걱정했다. 그래서 그린블렛에게 목소리를 낼 수 없는 아들이 죽기 원한다고 말할 때 입 모양만 보고도 그 말을 이해할 수 있도록, "나는 죽기를 원한다"라고 소리 내지 않고 입만 움직여 말해 달라고 부탁했다.

그린블렛은 입만 움직여 그 말을 시작하였으나 끝마치지는 못했다. 그의 마음은 "나는 살기를 원한다"라고 말하기를 원했기 때문에, 그 중년 남성에게 화장실에서 본인이 직접 그 입모양을 연습하라고 하였다. 그 남성은 매우 실망한 채 "당신이 말하는 것을 보는 것과 혼자 스스로 말해 보는 것은 같지 않습니다"라고 말했고, 창문 쪽으로 그의 얼굴을 돌렸다. 그린블렛은 사과했고, 그들의 대화는 여기서 그쳤다.

남성이 부탁한 것에 대한 자신의 거절을 분석하면서, 그린블렛은 다음과 같이 말한다.

> 나는 내 자신의 어떤 학문적인 연구에서 배운 것보다도 내가 하는 말이 나의 약한 정체성을 결정하게 됨을 강하게 느꼈고, 내 자신의 말을 하기 원하며, 다른 사람의 말을 되풀이하는 순간들조차 나 자신을 위하여 선택해야 함을 절실하게 느꼈습니다. 상황이 어려운 한 남성의 요청이라 하더라도, 내 자신의 말이 아닌 다른 말을 하여 달라고 했을 때, 내 자신이 원하는 것들에 대한 나의 느낌을 침해받았습니다. 이것을 용납할 수 없었습니다.

그린블렛의 마음은 이웃을 도와주고 싶지만, 그의 진정한 자아가 너무 약해서 도와줄 수 없음을 보여준다. 그는 영혼을 잃은 자신의 모습을 생생하게 보여주고 있다. 그는 자신의 정체성이 부서지기 쉬움을 인정하면서, 만일 그가 '살기 원한다'라는 말 대신에 '죽기 원한다'라고, 자기 자신을 다르게 묘사하면 자기 정체성이 바람직하지 않은 방향으로 변할 수 있다고 우리에게 말한다. 그가 딜레마에 빠진 것은 자신이 원하지 않는 말을 함으로 거짓말을 한다거나 그의 자아를 저버린다는 데 있지 않고, 오히려 이 이야기는 그의 진정한 자아가 없다는 뜻을 내포한다.[1] 그린블렛은 오늘날 영혼을 잃은 많은 사람들을 대표한다. 사람은 저마다 하나님이 주신 독특한 영혼의 얼굴이 있다. 이 얼굴을 잃으면 그 존재도 상실된 것이다.

멕시코 어느 시골에서 큰 쥐 같은 것이 혼자 잠자고 있던 어린아이의 얼굴을 물어뜯었다. 얼마나 가슴이 아픈 일인가. 다행히 필자가 만난 미국인 성형외과 의료선교사가 그 아이의 손상된 얼굴을 정성껏 치료해 준 이야기를 들었다. 요즘 육신의 얼굴은 있어도 자신의 영적인 얼굴이 없는 사람들이 많다. '진정한 자아의 얼굴'을 가질 때만이 상대의 얼굴을 대면할 수 있다. 자신의 얼굴을 가진 사람만이 자신이 마주한 하나님의 얼굴빛을 비쳐 줄 수 있다. 불행히도, 욕망과 열등감과 고통스런 한의 짐승에게 영혼의 얼굴을 물린 채 자신의 삶이 파괴되고 사역이 마비된 이들도 많다.

일본의 작가 미야베 미유키의 『화차』라는 소설을 보면 여주인공 쇼코는 욕망이라는 불마차를 타고 달린다. 그녀는 자신이 살아남기 위해 남들의 신분과 생명을 빼앗아, 자신의 것인 양 내보이며 살았다. 이렇게 자신의 진정한 얼굴을 잃은 채, 가면을 쓰고 달려온 그녀의 종착역은 지옥이었다.

---

[1] 메어리 엘렌 로스(Mary Ellen Ross), "포스트모던 자아와 공적생활"(The Postmodern Self and Public Life) in 『멸종위기의 자아』(*The Endangered Self*), edited by Richard K, Fenn and donal Capps, Princeton Theoloical Seminary, Monograph Series, Number 2, pp.89-90.

또한, 영화와 책으로 소개된 『더 리더』(The Reader)를 보면, 열등감은 사람을 무가치감의 쇠사슬로 묶고, 잠재력을 마비시키며, 인간 구실을 하지 못하게 하는 것임을 알 수 있다.

주인공인 한나는 30대의 여성이다. 그녀는 친척도 없이 외롭게 사는 버스 검표원이다. 성격은 어린아이같이 단순하다. 학교도 다니지 못해 글을 읽지도 못한다. 문맹은 그녀의 열등감이었다. 남에게 알리기 싫은 진실 중 하나였다. 그러던 어느 날 마이클이라는 15세 소년을 만났다. 둘은 사랑에 빠졌다. 만날 때마다 한나는 마이클에게 책을 읽어달라고 부탁했다. 그때까지 마이클은 한나가 문맹이라는 사실을 몰랐다. 30대 여성이 10대 소년과 사랑에 빠지는 일이 일어났다. 그렇게 충동적으로 사랑을 나눈 한나는 갑자기 마이클을 떠나버렸다.

그리고 8년 후, 마이클은 법대생이 되었다. 마이클은 나치 전범들을 재판하는 법정에서 피고석에 앉아 있는 한나를 보게 되었다. 알고 보니 한나는 유대인들을 학살했던 수용소의 간수였다. 5명의 다른 간수들도 재판을 받고 있었다. 다른 간수들은 자신들의 죄를 숨기려 했지만 한나는 사실대로 말했다. 재판과정에서 하나의 문건이 발견됐다. 그것은 당시 수용소의 간수들이 했던 행동을 자세히 기록한 보고서였다. 궁지에 몰린 여자 간수들은 보고서를 전부 한나가 쓴 것이라고 거짓증언을 했다. 그러나 그것은 사실이 아니었다. 한나는 문맹이기 때문이다. 문맹자가 보고서를 쓴단 말인가?

한나는 법정에서 자신이 문맹이라는 사실을 밝히면 누명에서 벗어날 수 있었다. 판사는 문맹 여부를 밝히기 위해 한나에게 사인을 해보라고 명령했다. 그런데 한나는 마치 글을 아는 사람처럼 사인을 했다.

문맹이라는 사실을 도저히 밝힐 수 없었던 것이다. 한나는 결국 모든 죄를 뒤집어쓰고 20년 형을 선고받았다.

한나는 20년 형을 사는 것과 문맹이라는 사실을 밝히는 것 사이에서 갈등했을 것이다. 그렇지만 그녀는 문맹자라는 사실을 공개하고 수치를 당하는 것보다 차라리 20년 감옥살이 하는 편을 선택했다. 열등감과 수치심이 얼마나 지독한 것인지를 생각하게 하는 장면이었다.

한나가 20년 동안 옥살이를 할 때, 마이클은 한나에게 책을 녹음한 테이프를 감옥으로 보내주었다. 한나는 감옥에서 글을 깨우치고 도서관에서 책도 읽을 수 있게 되었다. 늙은 한나가 감옥에서 나온 날 마이클은 '한나가 자신이 저지른 죄를 뉘우치고 있을까?' 하는 의구심을 가졌다. 한나는 유대인 아이들을 불타는 교회에 가두어 타죽게 했기 때문이다.

이제는 중견 변호사가 된 마이클이 물었다. "그동안 감옥에서 뭘 깨우치셨는지 모르겠네요." 그런데 한나의 대답은 뜻밖이었다.

"뭘 깨우쳤냐고? 글을 깨우쳤지."

노인이 된 한나의 관심은 아직도 문맹 열등감의 주변에 머물고 있었다. 자신이 글을 읽을 수 있다는 사실이 그녀에게는 가장 큰 관심과 뉴스였던 것이다. 마이클과 헤어지고 그녀는 목을 매어 자살하고 만다. '참 자아'를 잃고 친구의 인정과 칭찬에서 자신을 찾아왔던 한나에게, 마이클의 차가운 반응과 실망은 그녀를 절망의 수렁에 빠지게 했던 것이다.[2]

---

2 이무석, 『나를 사랑하게 하는 자존감』 (서울: 비전과 리더십, 2011), pp. 15-19.

열등감을 가진 사람은 자신에 대한 왜곡된 지각 때문에 자신이 진정 누구인지 명확히 알지 못한다. 이러한 사람도 하나님의 형상인 참 자아를 찾았더라면, 열등감이라는 괴물은 물러갔을 것이다.

자신의 몸에 열등 컴플렉스를 가진 사람도 "(내) 형상이 생기기 전부터 당신 눈은 보고 계셨으며 그 됨됨이를 모두 당신 책에 기록하셨고 나의 나날은 그 단 하루가 시작하기도 전에 하루하루가 기록되고 정해졌습니다"(시 139:16, 공동번역)라고 고백하는 '참 자아'를 찾을 때, 머리부터 발끝까지 할렐루야 찬송이 된다.

전북 정읍 빈농의 6남으로 태어난 김석봉 씨는 지독한 가난 때문에 초졸 학력으로 검정고시를 거쳐 신학교를 졸업했다. 30대 중반에 가족의 생계를 위해 토스트 노점상을 시작했으나 자존심과 창피함 때문에 장사할 의욕이 없어 연거푸 실패했다. 어느 날 그는 하나님의 걸작품인 자신을 돌아보았다. 그리고 깨달았다. 매일 새로운 하루를 주심에 감사하며 '기뻐'했고, 새벽부터 일할 수 있는 일터가 있어 "나는 바빠"를 외쳤고, 이 세상에 하나뿐인 하나님의 걸작품인 나를 '예뻐' 할 수 있게 되었다. 그는 이 '3뻐'로 스스로를 변화시켰다. 그는 상실했던 참 자아를 찾으니 얼굴을 들 수 있게 되었고, 다음날부터는 프로가 되어 노점상으로서 억대의 물질을 벌었다.[3] '참 자아'라는 '파랑새'는 밖에 있는 것이 아니고, 우리의 원천적 원형인 그리스도 안에서 발견되고 존재한다.

자신의 영적 얼굴을 상실한 채, 욕망의 전차를 타고 달려가던 한 여

---

3 최윤규, 『누구냐, 넌』 (서울: 휴먼비지니스, 2006), p.56.

자가 그만 의식을 잃고 쓰러졌다. 이 세상과 저세상의 경계선을 방황하고 있는데 갑자기 몸이 위로 붕 뜨는 것 같은 느낌이 들었다. 딱히 설명할 수 없지만 그녀는 자신이 하나님 앞에 서 있다고 확신했다. 모습은 보이지 않고 어디선가 근엄하면서도 온화한 목소리만 들렸다.

"너는 누구냐?"

"저는 쿠퍼 부인입니다. 시장의 안사람이지요."

"네 남편이 누구냐고 묻지 않았다." 목소리가 다시 엄숙한 어조로 말했다. "너는 누구냐?"

"저는 제니와 피터의 어미입니다."

"네가 누구의 어미냐고 묻지 않았다. 너는 누구냐?"

"저는 선생입니다. 초등학교 학생들을 가르칩니다."

"너의 직업이 무어냐고 묻지 않았다. 너는 누구냐?"

목소리와 여자는 묻고 대답하기를 계속했다. 그러나 여자가 무슨 말을 하든지 목소리의 주인을 만족시키지 못했다. 목소리가 다시 물었다.

"너는 누구냐?"

다시 여자가 대답했다. "저는 기독교인입니다."

"네 종교가 무엇인지 묻지 않았다. 너는 누구냐?"

"저는 매일 교회에 다녔고 남편을 잘 내조했고, 열심히 학생들을 가르쳤습니다."

"나는 네가 무엇을 했는지 묻지 않았다. 네가 누구인지 물었다."

결국 여자는 본향인 천국 입국 심사에 실패한 모양이었다. 다시 이 세상으로 보내져 깨어났을 때, 그녀의 삶은 많이 달라졌다.

자신을 찾아가는 한 여자의 이야기를 나누며, 장영희 교수는 영성 신학자 토마스 머튼의 말을 인용하며 다음과 같이 마무리한다.

> '이 세상에서 오직 하나의 참된 기쁨은 진정한 자신을 발견하는 것이고, 자기라는 감옥에서 빠져 나오는 것'이라고 말했다. 그러나 나는 아직도 창살 없는 그 감옥에 나를 가두고 온갖 타이틀만 덕지덕지 몸에 붙인 채 아직도 내가 누군지 모르고 살아가고 있다.[4]

사람들은 참 자아를 잃을수록 거짓 나로 치장한다. 달라스에 사시는 석보욱 목사님이 한국에 나갔더니 어떤 목사님들은 명함에 '…대표, …회장'이라는 것들이 여러 개 쓰여 있고 목사라는 이름은 맨 마지막에 작게 써서 잘 보이지도 않더라고 하셨다. 명함이란 사회생활을 하는 사람들이 본래의 자기와는 별개로 사회적 역할을 하나씩 부여받을 때 사용하는 것이다. 이것은 사회적 역할의 한 상징이지 '진정한 나'를 나타내는 것은 아니다. 그럼에도 본래의 자기는 다 휘발시켜 버리고 명함 속의 인물이 자기의 전부인 양 행동한다. 이러한 사람들의 실상에 대해 오든은 "불안의 시대"에서 다음과 같이 탄식했다.

> …자아란 하나의 꿈
> 이웃들이 이름을 붙이고
> 만들어 주고 하는…

---

4 장영희, 『살아온 기적, 살아갈 기적』 (서울:샘터사, 2009), pp.193-197.

현대 기독교 교육의 대가인 제임스 파울러가 한 내과의사에게 "당신은 의사가 아닐 때 무엇입니까"라고 물었다. 그때 그 의사는 잠시 멈춰서 생각하더니 다음과 같이 대답했다고 한다. "하나님의 이름으로 나는 언제나 의사입니다." 그는 자기 역할의 가면을 자신의 본 얼굴로 착각했다.[5]

오시아드 헤일은 정금에 비유할 수 있던 사람이 먼지같이 되었음을 탄식하는 듯, 다음과 같이 노래한다.

> 우리는 얼마나 쉽게
> 우리가 어떻게 보이는 것대로 되는가
> 실패는 긴 그림자를 던지고,
> 나는 쾌활한 유머로 상처를 감추네.
>
> 돌보지 않는 체, 경멸하는 체하며,
> 매일 마음을 무정하게 하네
> 굴욕들−존경에 대한 작은 침식들−은
> 수치의 가벼운 녹들을 아네
>
> 그리고 쓰라린 웃음을 웃네…!

---

[5] James Fowler, *Life Maps: Conversation on the Journey of Faith* (Waco, Tex.: Word Books, 1978). 인용: 제임스 로더, 『신학적 관점에서 본 인간 발달: 영의 논리』, 유명복 역 (서울:CLC, 2010), p.258.

사람이 자신의 역할들을 '자기 자신'이라고 생각한다면 이 사람들은 교수, 목사, 의사, 변호사, 운동가, 예술가, 배우, 사장 등의 역할을 그만두었을 때 허무함을 느낄 것이다. 또한 남들 앞에서 어떤 역할로 자기를 가장할 때, 결국 자기 자신과 하나님에 대해서까지도 가면을 쓰게 된다. 가면으로 본 얼굴을 대체한 사람은 자신의 본질과 존재론적인 알맹이(ontological content)도 잃고, 신경증을 앓게 된다.

역할의 가면을 진짜 얼굴로 알고 살다가 가면이 떨어질 때, 그 영혼도 진동한다. 교회를 개척한지 몇 개월만에 쓰러졌던 한 목사님은 자신의 정체성에 혼돈이 찾아왔음을 다음과 같이 말했다.

> 내 생애 처음으로 '나는 누구냐'는 질문을 심각하게 시작한 것이다. 영적 침체로 쓰러져서 개척한 교회를 그만둔다면, 그렇다면 나는 누구인가 하는 생각이 들었다. 목사라는 신분으로 지탱해 왔고, 공부하는 학생의 신분으로 지탱해 왔는데 그 모든 것을 놓아 버린다면 '나는 누구냐'는 질문을 하게 된 것이다.

정신없이 바빠야 사는 것 같다고 생각하는 어떤 여성은 말했다.

> 아무것도 하지 않고 있으니 마치 바보처럼 사는 것 같다.

어떤 남성은 성취에서 자신을 찾아 헤매다가 일 중독에 걸렸는데, 집에서 아무 것도 하고 있지 않으면 불안하여 책이라도 보든지, 마당에 나가 무슨 일을 하지 않으면 견딜 수 없다고 하였다. 그러나 참 자아는 혼자 조용히 계곡물에 발을 담그고 있어도 주 안에서 기쁨이 샘솟는다. 인류의 조상이 자신들의 원천인 하나님을 떠났을 때, 본래의 얼굴을 잃고 수치와 죄책감뿐 아니라 여러 가지 가면을 쓰게 되었다(창 3:7).[6] 그리고 가면무도회가 시작되었다. 가면을 얼굴로 착각하는 자는 타인이나 사탄이 쓴 각본을 따르는 가면극의 배우가 된다. 가면으로 본 얼굴을 대신한 배우는 관객들의 인정과 박수갈채에서 자신을 확인하려 하며, 관중들의 칭찬을 받는 데 실패하면 괴로워 한다.

『도리안 그레이의 초상』(The Picture of Dorian Gray)에서 오스카 와일드는 다음과 같이 숨겨진 가면을 보여준다.

도리안 그레이는 런던에 사는 잘 생긴 부자 청년이다. 그런데 홀워드라는 늙은 화가가 도리안의 전신을 초상화로 그린다. 강한 영감을 받고 그 생애 최고의 걸작이라 할 수 있는 도리안의 가장 찬란한 초상화를 그린다. 마침내 완성된 초상화를 보면서, 도리안은 자신의 아름다움과 그 아름다움의 유한함을 느끼고 영원히 그 아름다움을 간직하기를 바란다.

> 언제까지나 젊음을 간직하는 것은 나고, 늙어가는 것이 이 그림이

---

[6] 수치는 자신의 정체성 안에 오점을 발견하는 것이다. 죄책감은 자신의 행동에서 오점을 발견하는 것이다. 수치심은 깨어진 죄악 세상에서 성장과정에서부터 우리에게 쌓여진 것으로 그 수치심에서 배우고, 그것과 함께 우리가 살아가기도 한다. 죄책감은 내가 어떤 일을 잘했어야만 하는데 그러지 못했다는 후회의 감정에서 나온다. 그러나 우리는 연약한 인간으로서 모든 일을 바르게 완벽하게 잘 알 수도 없었고 잘하기도 힘드는 것이 사실이다. 우리의 죄책감 가운데서도 하나님의 은혜가 넘친다. "우리가 아직 죄인 되었을 때에 그리스도께서 죽으심으로 우리에 대한 자기의 사랑을 확증하셨느니라"(롬 5:8).

라면, 그럴 수만 있다면 나는 모든 것을 줄 것이다. 이 세상을 통틀어 내가 주지 못할 것은 하나도 없다. 할 수만 있다면 내 영혼도 바칠 것이다…!!

이러한 그의 바람이 이루어진다. 도리안은 젊음과 아름다운 외모를 잃지 않으려고 자신의 영혼을 악마에게 팔아버린다. 그의 늙어감도, 그의 죄악도 그의 얼굴이 아닌 그의 초상화에 담기기 시작한다. 도리안은 세월이 흘러도 늙지 않지만 그 초상은 늙어간다. 못된 말과 나쁜 짓을 할 때마다 흉측해져 가는 영혼이 초상에 그대로 나타난다. 머리칼이 뻣뻣해지고 희어진다. 눈빛에 냉기가 돌고 교활해진다. 입이 뒤틀리고 쭈글쭈글 주름이 잡힌다. 초상화는 그 나름의 속죄를 하기 시작한다. 도리안이 사악해 질수록 초상화의 모습도 갈수록 흉하게 변했다. 그는 아예 초상화를 다락방에 처박아 두고 문을 잠가 버린다. 죄 없는 사람 몇몇이 도리안의 악마 같은 삶 때문에 희생되고 심지어 죽임까지 당한다. 이와 더불어 감춰 둔 초상화의 얼굴은 도리안의 영혼의 상태를 반영하듯 더욱 흉측하게 변한다.

마침내 도리안은 그 초상화를 없애버려야겠다고 결심한다. 그가 초상화를 칼로 찌르자 초상화의 얼굴은 원래의 잘 생긴 청년의 모습으로 돌아온다. 하지만 도리안 그레이 자신은 바짝 마르고 추한 노인의 모습으로 가슴에 칼을 박은 채 바닥에 쓰러진 시체로 발견된다.

영혼의 얼굴을 잃은 대가

사람이 자신의 진짜 얼굴을 잃고 헤매는 동안 여러 가지 가면이 나와 나 사이, 나와 이웃사이 그리고 나와 하나님 사이를 가로막았다.

자기 영혼을 잃은 대가는 크다. 우주에서 본 지구는 아름다운 청옥 구슬 같지만 얼마나 죄악으로 얼룩져 있는가. 가인이 동생 아벨을 죽이기 시작한 이래, "재난으로 가득하지 않은 곳이 지구상의 어디에 있는가?"라고 베르길리우스는 『아이네이드』에서 물었다. 루소는 『에밀』에서 "악의 원인을 더 이상 찾아 나설 필요가 없다. 악의 원인은 바로 우리 자신이다"라고 말했다. 흄은 『자연종교에 관한 대화』에서 "인간의 가장 큰 원수는 바로 인간 자신이다"라고 지적했다.

시드니 셀던(Sidney Sheldon)이 지은 『가면속의 얼굴』에 보면, 인텔리 정신과 의사를 죽이려 했던 남자를 오히려 그 의사가 자기방어를 하면서 상대방을 교묘히 살인하게 된다. 싸움에서 이겼지만, 그는 자신이 살인을 즐기고 있었다는 것을 스스로 알고, 자신을 결코 용서할 수 없었다. 그리고 "교양이란 얇고 깨지기 쉬운 막과 같아서 일단 그 막이 깨졌을 때 인간은 다시 동물로 돌아가 그 자신이 헤어나왔다고 자부하던 원시의 심연 속으로 다시 떨어지게 되는 것이다"라고 저자는 말하고 있다.[7] 본래의 자기인 하나님의 형상을 잃고, 짐승의 모습으로 사는 이들을 보는 듯하다.

이 소설에서 한 지식인이 순수로 위장한 가면을 벗을 때, 노출된 얼

---

7 시드니 셸던, 『가면속의 얼굴』, 김성수 역 (서울:덕우출판사, 1987), p.290.

굴은 죄악으로 점철된 추악한 모습이었다. 자기 영혼의 얼굴을 잃은 자리에 죄악과 수치와 상처와 더러운 영들이 진 치고 있다. 예수님이 귀신 들린 자에게 "네 이름이 무엇이냐"라고 물어보실 때, "내 이름은 군대니 우리가 많음이니이다"(막 5:9)라고 대답하였다. 곧 이들은 하나님의 형상대로 창조된 자를 괴롭히고 파괴하는 세력들이다. 예수님을 대적하는 악의 영은 오늘날 나르시시즘 및 어두운 한과 손잡고 현대인들을 더욱 거짓되게 한다.

참 얼굴을 찾으라

인생의 큰 줄기가 되는 삶과 사역에 임하게 될 때 하나님은 먼저 우리에게 "나는 네 안에, 그리스도의 형상을 이루기를 원한다"라고 하신다. 우리의 피 속에 그리스도의 피가 흐를 때, 우리의 몸에는 그리스도의 생명이 나타난다.

인류를 향한 하나님의 첫 메시지는 "회개하라" 곧 '잃어버린 네 얼굴을 찾으라'이다. 이는 추악한 가면을 벗고, 본래의 얼굴인 하나님의 형상을 찾으라는 뜻이다. 회개란 마음이나 모습의 변화를 의미하는 것일 뿐 아니라 죽은 행실에서 돌이켜 생명으로 나아오며 하나님의 영과 연합하여 그의 형상을 이루어 가는 것이다. 예수님은 우리에게 "사람이 만일 온 천하를 얻고도 제 영혼을 잃으면 무엇이 유익하리요"라고 하시며, "그 자아를 다시 사기 위해 그가 무엇을 줄 수 있으리요"라고 반문하셨다.

필자는 수업시간에 학생들에게, 어렸을 때 아버지와 어머니가 자신에게 한 말을 한 문장으로 표현해 보라고 할 때가 있었다. 어떤 아버지는 태어난 자식이 딸인 것을 알고 태어나자마자 마당에 던져 버렸는데 마침 방문 오던 이웃 아주머니 치마에 떨어져서 살았다고 한다. 어떤 이는 "너는 죽지 않고 왜 태어났느냐"고 편잔을 받기도 했고, 또 다른 아버지는 자식에게 벽에 걸린 그림 같이 아무런 상관이 없는 존재였다. 어떤 어머니는 몸은 있으나 정서적으로 관계할 얼굴이 없었다. 얼굴이 없는 부모는 자식도 얼굴이 없도록 만든다.

오랜 '가짜의 삶' 끝에 메이 사톤(May Sarton)은 '진짜 자기 얼굴을 찾은' 일을 말한다.

> 나 이제 내가 되었네
> 여러 해 여러 곳을 돌아다니느라
> 시간이 많이 걸렸네
> 나는 이리저리 흔들리고 녹아 없어져
> 다른 사람의 얼굴을 쓰고 살아왔네.[8]

존재의 밑바닥에서부터 잃어버린 얼굴을 찾기 열망했던 정일우 신부는 다음과 같이 노래했다.

나는 내가 죽는 날까지 인간이 되고 싶고 진짜 사람이 되고 싶다.

---

[8] May Sarton, "Now I Become Myself," in *Collected Poems*, 1930-1973 (New York: Norton, 1974), p.156.

우리는 모두 하나님이 지어주신 그대로의 사람이어야 한다. 다른 어떤 존재가 아닌 본래의 자신이 되어야 한다. 남이 아닌 완전한 자기 자신일 때의 얼굴은 하나님의 형상을 드러낸다. 남의 얼굴을 흉내내지 않고 온전한 자아가 될 때, 당신에게서 그리스도의 얼굴이 나타난다.

> 내 얼굴을 찾을 때까지
> 나는 나로 존재치 않네.
>
> 내 얼굴을 찾을 때까지
> 나는 나를 볼 수 없네.
>
> 내 얼굴을 가질 때까지
> 내 이웃의 얼굴도 볼 수 없네.
> 내 얼굴이 있기까지
> 하나님의 얼굴을 마주할 수 없네.
>
> 가면 속에 잃은 얼굴
> 빛을 잃고 헤매이네.
>
> 이 얼굴 감싼 가면
> 예수 통해 떨어졌네.

가면이 떨어진 후,
내 얼굴 나타나네.

예수 영광 보는 얼굴
예수 형상 이뤄가네.

내 얼굴이지만, 내 얼굴이 아닌 그리스도의 얼굴이 내 얼굴을 통해 나타날 때 나는 진짜 얼굴을 가진다.
진짜 얼굴을 찾아가는 한 자매는 다음과 같이 고백한다.

왜곡된 나에게 안녕을 말하며 작고 초라하지만 하나님이 사랑하시는 나의 조그만 나에게, "너는 너야, 너는 하나님의 형상, 그의 사랑, 그의 기쁨, 그의 영광이야!"

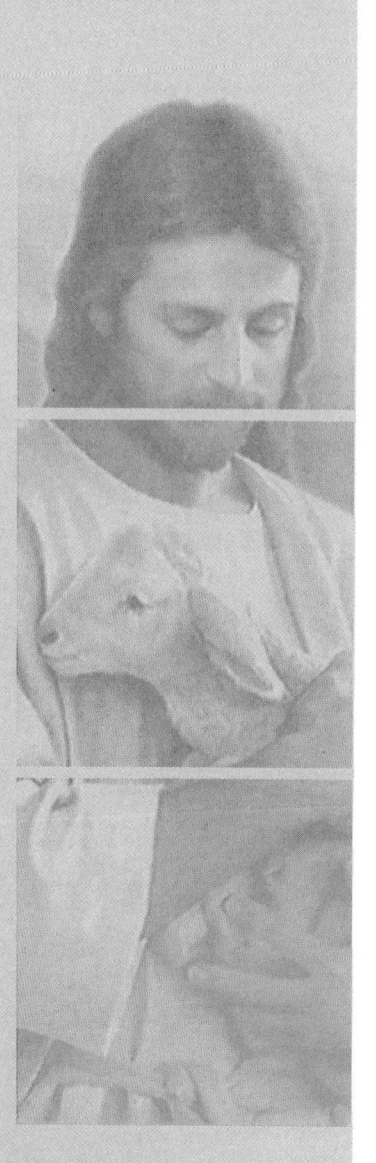

Discovering
Your True Self
in the Image of
Christ

제 2 장

성격의 가면

    나다나엘 호손의 『목사의 검은 베일』(*The Minister's Black Veil*)이라는 단편에는 한 작은 마을 교회의 담임인 후퍼 목사가 등장한다. 그런데 어느 주일, 교회에 후퍼 목사가 얼굴에 검은 베일을 쓰고 나타났다. 그 뒤로 죽을 때까지 한 번도 그 베일을 벗지 않았다. 사람들은 그 이유가 궁금했다. '도대체 무슨 이유 때문에 베일을 벗지 않는 것일까?', '혹시 얼굴에 커다란 흉터가 생긴 것일까?', '흉악한 죄를 저지르고 속죄하는 마음으로 베일을 쓰고 다니는 것일까?'

    시간이 흘러가면서 그 베일도 마을에서는 점점 일상이 되어갔다. 후퍼 목사는 그 베일 때문에 더 신비로운 영적 권위를 가지고 목회를 해 나갔다. 가끔씩 베일 속 얼굴을 보고 싶어 하는 사람이 있었지만 실제로 본 사람은 아무도 없었다.

    많은 시간이 흘러 후퍼 목사가 숨을 거두게 되었다. 사람들이 그가 누워있는 침대 곁에서 마지막으로 한 번 베일 속 얼굴을 보여줄 수 없느냐고 물었다. 그때 다 죽어가던 후퍼 목사가 여전히 베일 쓴 얼굴로 주변 사람들을 보며 소리쳤다.

내가 평생 쓰고 살았고 이제 쓴 채로 죽을 이 상징물 때문에 나를 괴물로 보십니까? 둘러보면 나는 모든 사람의 얼굴에서 검은 베일이 보입니다!

나다나엘 호손은 다음의 몇 문장으로 소설을 마무리한다.

…사람들이 두려워하며 서로에게서 주춤주춤 물러서는 사이 후퍼 목사는 베일 쓴 시신이 되어 베개 위로 쓰러졌고, 그 입술에는 희미한 미소가 머물러 있었다. 사람들은 그를 베일을 씌운 채로 관에 뉘어 무덤으로 옮겼다. 그 뒤로 오랜 세월이 흐르는 동안 무덤위에는 풀이 돋았다 시들었고, 비석에는 이끼가 끼고, 선량한 후퍼 목사의 얼굴은 흙이 되었다. 하지만 그 흙 또한 검은 베일 아래서 썩었을 것이라고 생각하면 아직도 섬뜩하다!

베일 속에 가려져서, 자신의 본 얼굴을 찾지 못하고 죽어가는 자들을 에밀 시오랑은 다음과 같이 대변해 준다.

나는 이방인이다. 경찰에게도, 하나님에게도 그리고 나 자신에게도.

이런 것을 증명하듯, 칼 로저스(Rogers)는 상담을 받으러 온 많은 사람들이 다음과 같은 의문을 가지고 온 것을 회상하였다.

> 어떻게 하면 내가 '참된 나'를 발견할 수 있을까? 어떻게 하면 내가 간절히 되고자 하는 사람이 될 수 있을까? 어떻게 하면 가면을 벗고 진정한 내 자신이 될 수 있을까?

본래, 성격(personality)이라는 말은 라틴어로 가면(*Persona*)에서 나왔다. 상처받은 영혼들은 자신이 원하지도 않는 가면에 씌워져서, 그 가면을 진짜로 착각하고 살다보면, 그 가면(persona)이 성격(personality)이 되고 그 성격이 그 사람의 운명을 결정하기도 한다.

배우같은 성격장애(Histrionic Personality Disorder)의 가면을 쓴 사람들은 배우가 인기를 위해 연기하듯, 자신들도 관객들을 필요로 하며, 그들로부터 인기를 얻기 위해 사는 듯하다. 곧 외적 행동으로 세상의 인정과 박수갈채를 받음으로 텅 빈 자아를 채우려 한다. 하지만 이런 경우, 살아있는 인격적인 관계에 들어갈 때에 진정한 자아의 결여가 드러난다. 이런 사람은 자신이 다른 사람들의 관심의 초점이 되지 못하면 불안하다. 그래서 다른 사람을 유혹하거나 자극적이 된다. 육체의 겉모양이나 과대 포장하는 말과 행동으로 다른 사람들의 관심을 계속 끌려고 한다. 그런데 자기에게 관심을 갖게 만들면 그것으로 끝이다.

이들을 히스테리 성격이라고도 하는데, 인기가 자존감을 유지시켜 준다. 사람들이 자신의 매력에 빠져 있음이 확인될 때, 자존감을 느낀다. 이를 위해 외모도 예쁘게 해야 하고 잘 웃기고 소유와 성취 등으로 인기를 끌어야 한다. 그러나 인기가 없어졌을 때는 우울해진다. 이들은 하나님의 사랑의 결정체인 '참 자아'를 찾아 진실한 대화를 해야 한다.

회피하는 성격장애(Avoidant Personality Disorder)의 가면을 쓴 자는, 쉽게 떨쳐버릴 수 없는 열등감에 시달린다. 열등감이 심할수록 상처의 고통이 두려워 완벽주의자가 된다. '나는 완벽해야 해. 내가 결점이 있다는 것을 인정해서는 안 돼. 나의 약점이 노출되면 나는 쓸모없는 인간이 되고 수치를 당할 거야'라고 믿게 된다.

회피라는 가면의 방어심리는 대인 관계에 있어서, 상대방으로부터 비난, 조롱, 수치, 거절 등을 당하는 데서 오는 고통을 두려워하여 친밀한 관계에 저항하고, 친밀한 교제를 요구하는 직업적인 활동도 회피한다. 자신이 호감 있게 받아들여지는 것이 확실하지 않으면 사람들과 관계하려 하지 않는다. 부적절한 느낌 때문에 새로운 대인관계를 꺼린다. 자신이 난처하게 될까 봐 개인적인 모험이나 새로운 활동에 관여하려 하지 않는다.

이들은 자신이 사회적으로 부적당하고 다른 사람에 비해 열등하다는 부정적 자아상을 지니는 반면, 다른 사람들을 자기보다 우월하며 자기를 비판하는 위협적인 존재라고 본다. 혹 남들이 긍정적으로 수용하며 대하는 듯하면, 회피적 성격의 가면을 쓴 사람은, '저들은 진정한 내 모습을 모른다'고 생각한다.

이들 중 어떤이들은 부모로 부터 면전에서나 또는 자라는 환경에서 무시, 학대 또는 배척을 당하면서 자라서, 자신의 존재를 무가치하게 여기고 주위 사람들에 대해서도 흥미를 느끼지 못한다. 자아의 수용이나 실현에 주저하고 실수에 대한 두려움과 수치심들은 이러한 자를 완벽주의자로 몰고 가서, 자신을 좁은 테두리 안에 두어 은둔하며 다른 사람의 접근을 막는다. 이들이 실망하지 않도록 약속에 대해 신실하며, 하나님의 은혜와 사랑을 되새김질 할 수 있도록 도와 줄 때 그 얼굴을 덮고 있는 가면이 조금씩 벗겨져 나간다. 이들에게는 위로와 잠재된 능력이 개발될 수 있도록 격려와 자신감이 필요하다.

자기애적인 성격장애(Narcissistic Personality Disorder)의 가면을 쓴 자는 언뜻 보기에 회피적 성격의 가면과 정반대이다. 자기애적 성격을 나르시시스트라고도 하는데, 이들은 이기적이고 인정머리 없지만 그것을 깨닫지 못하고, 계속 사람들의 칭송과 찬사를 기대한다. 이들은 공주병 또는 왕자병을 앓기도 하는데, 이때 다른 사람들을 모두 자신에게 종속된 하인들로 본다. 곧, 이들은 자신이 특별하고 우월하다고 생각하며 남들을 열등한 존재로서 자신의 잠재적 숭배자로 보는 경향이 있다.

랍비 힐렐(Rabbi Hillel)은 "만일 내가 내 자신을 위하지 않으면 누가 나를 위할까? 만일 내가 오직 내 자신만을 위한다면 나는 무엇인가? 만일 지금이 아니면 언제인가?"라고 묻는다. 건강한 자기사랑 없이는 인간은 병들고 죽는다. 그러나 잘못된 자기애도 똑같이 파괴적이다.

병적 자기애를 가진 사람은 아직도 자신의 어머니와 연결된 정서적인 탯줄이 끊어지지 않아, 다른 사람들을 자신의 연장으로 착각하며 자신의 욕망을 채워주는 소모품 정도로 생각한다. 다른 사람의 희생에는 무감각하며 타인의 감정이나 필요를 인정하지 않는다. 이들은 과대망상적인 면이 있어, 자신에 대한 끝없는 성공과 능력과 총명과 아름다움 또는 이상적인 사랑에 대한 환상 속에 산다. 오만한 태도를 취한다. 이들은 자기애적인 상처를 입고, 극도로 자신을 방어하려고 한다.

이러한 자기애적 성격의 가면을 벗으려면 그리스도 안에 있는 진리를 깨닫고, 성령 안에서 하나님의 사랑을 체험하여야 한다.

의존인 성격장애(Dependent Personality Disorder)의 가면을 쓴 자는 과도한 충고나 확신을 외부로부터 받지 않으면 결정을 하지 못한다. 이들은 독자적으로 삶을 계획하거나 일을 주도하지 못하는 나약한 모습을 보인다. 자신의 삶의 주요 영역들에 대한 책임을 져 줄 다른 사람들을 필요로 한다. 판단이나 능력에 있어 자신감의 결여로, 자신이 어떤 일을 추진하는데 어려움이 있다. 과도한 양육을 받고자 하거나 그것을 위해 불쾌한 일들을 자원한다. 친밀한 관계가 끝날 때 자신을 돌보고 지원해줄 다른 관계를 긴급하게 찾는다. 자신을 돌보아야 될 때는 비현실적 두려움에 휩싸인다. 의존형의 사람들은 모든 좋은 것들은 그들의 밖에 있으며 그들이 원하는 물질이나, 사랑이나, 자존감이나, 지식이나, 쾌락을 얻으려면 모두 외부에서 얻어야 한다고 느낀다. 남에게 기생하여 살려 하고, 들러붙으려는 욕구가 강하다.

신경증적으로 서로 의존해야만 사는 사람들에 대하여는 다음과 같은 일화가 있다.

너는 개구리와 입맞춘 여자에 관해 들어 봤니? 그녀는 개구리가
왕자가 되기를 바라고 있었어. 그런데 그렇게 되지 않았어. 그녀
가 개구리가 되었어.

망상에 사로잡힌 듯한 강박적인 성격 장애(Obsessive-compulsive Personality Disorder)의 가면을 쓴 사람은 사소한 일에 신경을 쓰고, 전체를 보지 못한다. 이들은 대개 감정이 메마르고 정서를 느낄 줄 모른다. 생각이 흑과 백으로 나누어져 있고, 완고하며 인색하고, 다른 사람을 지배하려고 한다. 자신의 지위에 민감하다. 어떤 형식에 얽매어 진짜 중요한 사랑의 마음 등을 잃고 산다. 강박성 성격은, "내것은 내것이고 네것은 네것이야. 그러나 네가 네것을 처리할 때는 내가 하는 방식대로 해야 간섭을 하지 않겠어"라는 태도로 행동한다. 균형을 잃어버린 강박적인 성격은 인간관계에 갈등을 가져온다. 자신의 표준이 높아 임무를 수행하는 데 방해를 주는 완벽주의 성향이 있다.

편집증 성격장애(Paranoid Personality Disorder)라는 가면을 쓴 자는 모욕이나 상처받은 것들을 용서하지 못하며, 의심하고 쉽게 화내고 공격한다. 어려서부터 부모로부터 버림을 당하면서 주위 사람들에게 냉소적이고, 동시에 아무도 자신을 돌보아 줄 사람이 없다고 느낀 나머지 전투적이며 자신감이 넘치는 자아상을 가지고 있다. 이들은 다른 사람의 입장이 되어 생각해 보며 진리를 알고 자유함을 받아야 한다. 또한 자신에게 잘못한 이들을 하나님이 그리스도 안에서 자신을 용서하셨듯이 용서하고 자신을 용납하며 "내가 사나 내가 아닌 그리스도가 사는 참 자아"를 찾도록 인도되어야 한다.

분열병질인 성격장애(Schizoid Personality Disorder)의 가면을 쓴 자는 종종 가까운 관계를 바라지도 않고 즐기지도 않는다. 외로운 활동들을 선택하나, 즐길 줄은 잘 모른다. 가까운 친구가 부족하다. 다른 사람의 칭찬이나 비판에 무관심해 보인다. 정서적으로 차갑거나 기가 죽은 감정 상태이다.

경계선 성격장애(Borderline Personality Disorder)의 가면을 쓴 자는 자신에 대한 불안정한 이미지로 인하여 방황한다. 이들은 신경증과 정신병의 두 가지 범주 중에 어느 한쪽으로 분류하기 어려워 그 경계선에 있으므로 경계선 성격장애라 한다. 이들은 감정적인 변화가 심하고 휴전선같이 늘 긴장이 감돈다. 보통 때는 잘 지내다가 감정이 격해지면 폭발하여 정신을 잃게 된다. 평소 외롭던 이가 친구를 사귀면 목숨까지 내 줄 듯 아끼다가도 갑자기 조그만 일로 틀어지면 원수처럼 대한다. 일이나 직업선택에도 일관성이 없이 변덕이 심하다.

경계선 성격장애는 태어나서 3세에 이르는 사이에 받는 정신적인 실망과 상처가 원인이라는 것이 일반적인 설이다. 아기가 태어나서, 초기에 어머니의 놀라운 사랑을 받고 신뢰의 관계가 형성되면 아이는 안정된 성격을 갖게 된다. 그러나 어머니가 아이에게 모호하거나 피하는 관계일 때, 아이는 어른이 되어서도 세상을 불신하고 평생을 불안정하게 살아간다. 상대방을 불신해서 의처증이나 의부증으로 발전할 수도 있고, 가까운 사람에게 버림받게 될 것에 대한 두려움도 크다.

이런 사람도 우리의 참된 부모가 되시는 하나님의 변함없는 사랑을 체험할 때, 얼어붙어 있던 진정한 자아가 자라나기 시작한다. 얼음공주의 얼어붙은 마음은 오직 참 사랑에 의해 녹아 졌듯, 얼어붙은 영혼도 하나님의 참 사랑을 성령 안에서 체험할 때 소생하고 빛난다.

"감추인 것이 드러나지 않을 것이 없고 숨은 것이 알려지지 않을 것이 없나니"(눅 12:2), 사랑과 평강의 하나님이 그의 얼굴빛을 우리에게 비추실 때, 우리를 덮은 가면이 벗겨지고, 본 얼굴이 드러난다. 이 모든 가면무도회는 우리가 그리스도를 꼭 닮은 형상으로 드러날 때, 모두 끝난다.

남아프리카 사람들은 그들이 섬기는 신의 이미지를 가진 마스크를 만든다. 그 이유는 그들이 신을 예배하러 신 앞에 나갈 때 그 마스크를 쓰면, 그 신은 예배하는 그들은 보지 못하고 신이 신 자신의 이미지를 본다고 생각하기 때문이다. 이렇게 하여 신은 사람들이 쓴 자신의 이미지를 볼 때 그 사람들을 받아주고 그들에게 결코 노하지 않는다는 것이다. 이와 같은 생각은 그들로 하여금 신의 가면을 취하고 자신들의 이미지는 숨기게 하였다.

그러나 우리는 오히려 모든 가면을 벗을 때 하나님의 형상을 이루며, 주님이 기뻐하시는 자녀로 나타난다. 하나님은 인간의 몸을 입고 오셔서 우리가 쓴 모든 죄악의 가면을 벗겨주셨고, 성령으로 우리를 점점 그리스도와 같은 얼굴로 변화시켜 주고 계신다.

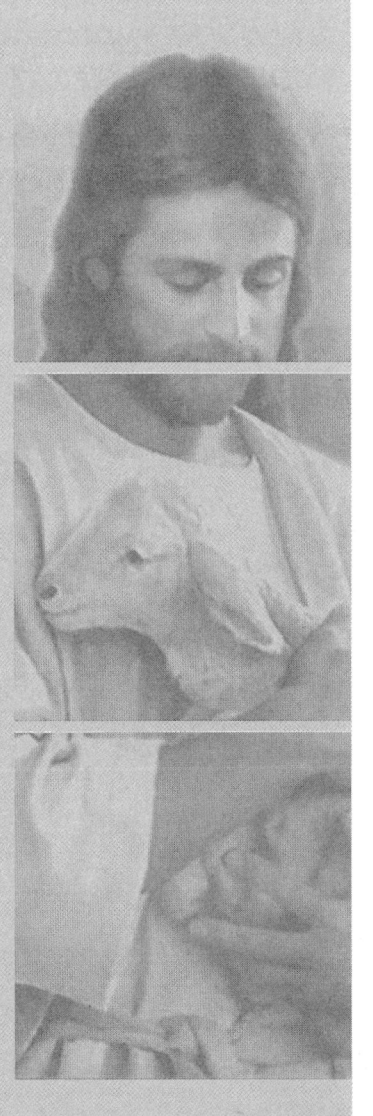

Discovering
Your True Self
in the Image of
Christ

제 3 장

참 얼굴상

    얼굴은 그 사람을 나타낸다. 오랜만에 미국에서 한국을 방문하니 친지들이 전화로 "얼굴 한번 보고 싶다"라며 만나자고 하거나, 또는 "얼굴에 빛이 나나?"라고 유머 있게 인사를 한다. 얼굴은 곧 그 사람을 대변한다. 각 사람의 얼굴에는 그 영혼의 모습이 드러난다.

    우리말의 얼굴이라는 말의 고어는 '얼골'이다. 우리말이 속한 알타이어의 '얼'이나 '알'은 하나님을 나타낸다. 그래서 아랍사람들은 하나님을 '알라'라고 부르며, 히브리 사람들은 하나님을 지칭할 때 '엘'이라는 말을 사용하여 '엘로힘'이라고 한다. '골'은 형상을 짓다는 뜻이다. 그래서 하나님(얼)의 형상을 짓는 것(골)이 얼골이 되었다.

    한편 이승헌은, '얼굴'은 얼이 깃든 곳 또는 얼이 드나드는 굴로, '어린이, 어른, 어르신'이라는 말은 얼이 얼마나 완성되었는가에 따라 달리 부른 말이라 하였다. 곧 얼이 커야 어른이 되고 어르신이 된다. 얼이 살아야 얼굴이고 얼이 죽으면 낯짝이라 했다.

『잃어버린 얼굴 1895』라는 뮤지컬은 '명성황후(1851~1895)의 사진은 왜 전해지지 않을까? 그녀의 진짜 얼굴은 어떻게 생겼을까?'라는 궁금증으로부터 시작된다. 이 극에서 명성황후의 사진이 전해지지 않는 이유는 빼앗긴 조국에서 자신의 혼이 담긴 얼굴을 사진을 통해 남기기 싫다는 명성황후의 뜻이 전해진다.

오페라 "나비부인"(Madam Butterfly)에서도 얼굴은 그 사람의 정체성을 말해 준다. "나비부인"은 일본이 1800년대 말, 개방정치로 문호를 열고 난 후에 일어난 일을 다루고 있다. 미 해군 핑커턴(B.F. Pinkerton) 중위는 그의 함대가 일본 해안에 도착했을 때 잠시 하룻밤 시내에 나가서 소녀들이 있는 집에 들어간다. 거기서 그는 치오치오 산이라는 아름다운 일본 소녀에게 시선이 멎는다. 핑커턴은 일본에서는 남편이 부인을 버릴 경우, 그 부인은 자신이 원하는 어느 누구와도 결혼할 수 있다는 말을 듣는다. 그리고 친구의 권유로, 장난삼아 그 소녀와 결혼을 한 후 핑커턴은 홀가분히 떠났다.

결혼한 일본인 신부는 자신의 남편이 돌아올 때까지 참고 기다렸다. 집안에서 아이를 키우며 밖에도 나가지 않고 오직 남편만을 기다리는데 벌써 3년이 지났다. 그녀는 매일 항구로 눈을 향한 채 남편을 하염없이 기다린다. 남편도 모르게 태어난 아들을 보고, 놀랄 남편을 상상하며, 은밀한 기쁨을 가지고 남편을 간절히 기다린다. 일본에서는 그동안 남편이 자신을 버렸으니 그녀와 결혼하자는, 권력을 잡은 재벌 청년의 구혼도 있었지만 그녀는 한 번 결혼하였는데 다시 할 수 없다고 오직 미국 남편만 기다린다. 그런데 핑커턴은 그의 미국인 신부를 대동하고 일본에 도착한다. 그는 3년을 하루같이 남편만을 기다리던 자신의 여인에게 사과하며 그녀가 3년 동안이나 마음에 소중히 간직했던 남편에 대한 사모함과 그리움을 저버리고, 아들만 데리고 떠나려 한다. 상심한 그녀는 불명예롭게 사느니 차라리 죽으리라며 칼로 자결하려 한다. 그때 미국으로 떠나려는 어린 아들이 그녀에게로 뛰어 온다. 나비부인은 마지막으로 아들을 안고 다음과 같이 유언한다.

아들아, 슬픔을 기억하지 말고 "내 얼굴을 기억하라."

한 사람의 얼굴은 그 사람을 상징한다. 이러한 얼굴은 영적 세계와 육적 세계를 이어주는 스카이라인(skyline)이 된다. 하나님의 형상은 인간의 모든 '현존' 속에 있지만, 특히 인간의 얼굴에 집약되어 나타난다. 그러므로 원래 우리의 얼굴에서 하나님의 얼굴을 읽을 수 있다.

하나님의 형상이 사람의 얼굴에 새겨져 있다는 것을 몰트만은, '하나님의 형상에 관한 관상학적 이론'이라고 부른다.[1] 관상(觀相)이란 한 사람의 존재의 흔적과 영이 얼굴에 표현된 것이 다. 관상은 심상의 영향을 받는다. 관상 밑에 심상이 있고, 심상 밑에 신의 형상이 있다. 심상도 결정적인 것이 아니다. 마음의 생김새를 나타내는 상(相)과 이미지를 나타내는 상(像)은 이랬다저랬다 바뀔 수 있다. 정말 변하지 않는 영원한 상이 있다. 우리 인간존재의 본래의 상인 하나님의 형상이다.

---

[1] J. Moltmann, 『창조 안에 계신 하나님』, 김균진 역 (서울:한국신학연구소, 1987), p.263 이하.

하나님의 자녀 된 증거는 그 얼굴에 드러나는 하나님의 형상이다.
이러므로, 다석 유영모는 '얼굴은 얼의 골짜기요 얼의 굴이다'라 했다.

얼굴을 보니 그 골짜기가 한없이 깊다. …소뇌, 대뇌를 넘어서 우주의 무한한 신비가 얼굴 뒤로 연결되어 있다.

그리고 얼굴 속에는 얼굴의 참된 주인인 얼(하나님)이 들어 있다.

별 하늘 뒤에 천천만만의 별 하늘…그 뒤에 생각의 바다가 있고, 신의 보좌가 있고 얼굴의 골짜기가 한없이 깊다. 그 깊은 그윽한 곳에 얼굴의 주인인 진짜 얼이 계신 것이다.

이러므로, 유영모는 영원한 생명의 끄트머리가 우리 속에서 싹터서 나온다고 했다. 이것이 '참 자아'라는 것이다.[2]

순교자 저스틴(Justin Martyr)이나 요란다 야코비(Jolanda Jacobi)는 얼굴의 기본 구조 안에서 십자가의 원형을 본다. 얼굴의 타원 형태는 코의 수직선을 가로지르면서 눈의 수평선에 의해 이분된다.[3] 이렇듯 자세히 살펴보면, 사람의 얼굴에는 그리스도의 십자가가 그려져 있다. 십자가는 그리스도의 상징으로서, 그리스도는 우리 얼굴의 원형이다.

우리의 참 얼굴은 하나님의 얼굴에서 나왔다. 그러므로 우리의 얼

---

[2] 박재순, 『다석 유영모』 (서울: 제정구기념사업회, 2011), p.162-164.
[3] Jolande Szekacs Jacobi, *The Psychology of Jung* (New Heaven, Conn.:Yale University Press, 1943); 제임스 로더, 『신학적 관점에서 본 인간 발달: 영의 논리』, p.128.

굴은 하나님의 사랑과 기쁨과 평강과 의 그리고 거룩함과 진리와 선, 미와 지혜를 드러낸다. 그리스도를 닮은 의의 얼굴에 사랑과 긍휼의 눈물이 반짝거릴 때 그 얼굴에서는 천국의 향기가 난다.

구약 민수기 12:8에 여호와께서 충성된 모세에 대하여, "그와는 내가 대면하여 명백히 말하고 은밀한 말로 아니하며 그는 또 여호와의 형상을 보겠거늘"이라고 말씀하셨다. 바울은, "우리가 이제는 거울을 보는 것같이 희미하나 그때에는 얼굴과 얼굴을 대하여 볼 것이요"(고전 13:12)라고 말하였다. 그리스도께서 다시 올 때, 우리는 얼굴과 얼굴을 대하여 그를 볼 것이다.

그와 얼굴과 얼굴을 대면하여 보기 위해서는 반드시 우리 자신의 얼굴을 찾아야한다. 우리가 잃어버렸던 하나님의 형상인 진짜 얼굴을 찾아야 한다. 진과 선과 미와 거룩함과 사랑이 있는 얼굴을 찾아야 한다. 하나님의 은혜로 이미 우리는 성령으로 말미암아 그리스도의 형상을 이루는 얼굴로 나타나고 있다.

> 우리가 다 수건을 벗은 얼굴로 거울을 보는 것같이 주의 영광을 보매 저와 같은 형상으로 화하여 영광으로 영광에 이르니 곧 주의 영으로 말미암음이니라(고후 3:18).

그리스도의 형상을 이루어가는 '참 자아'의 얼굴은 본능적으로 하나님의 얼굴을 향하여 있고, 하나님의 얼굴은 우리의 얼굴을 향하여 있다. 이렇듯, 인간에 대한 하나님의 관계가 나타나고 인식될 수 있는 하나의 장소는 하나님을 비추어주는 인간의 얼굴이다. 모세는 시내산에서 여호와와 말씀하였음을 인하여 얼굴에 광채가 났다(출 34:29). 얼굴에 빛이 난다는 것은 그의 영이 살아 있다는 증거이다.

사람들은 예수님의 얼굴을 볼 수가 없다. 그러나 우리가 예수님을 얼굴과 얼굴을 대하여 볼 때, 우리의 얼굴이 그의 얼굴의 영광을 반사한다면, 우리는 서로에게서 그리스도의 얼굴을 찾아 볼 수 있다.

제 4 장

참 자아상과 정체성

참 자아상

　사람들은 모두 자신이 의식하든 못하든 자신들에 대한 심상이니 마음의 청사진을 가지고 다닌다. 자아상이란 내가 어떤 종류의 사람인지에 대한 우리 자신들의 생각이다. 이 자아 이미지에 따라 그 사람의 감정과 행동이 나온다.

　죄로 타락한 인간은 거짓 자아상을 버리고 하나님의 형상인 참 자아상을 가질 때 치유가 일어난다. 이러할 때, 환경이 사람을 만들어가는 것보다도 환경은 그 사람이 누구인지를 드러내 준다.

　보통 한 사람이 가진 자아상은 성장배경, 관계, 영혼과 몸 전체와 관련된다. 성형외과 의사였던 맥스웰 말츠(Maxwell Maltz)는 성형수술 후 많은 사람들이 잘못된 자아상에서 벗어나 올바른 삶을 살았음을 말한다. 한 청년은 양쪽 귀가 커서 택시의 문짝 같다고 놀림을 받았고 자신의 몸에 대한 컴플렉스로 열등감에 싸여 있었다. 그러나 말츠가 그의 귀를 수술해 주었을 때, 그는 자신감을 찾았고 건강한 이미지를 가지고 잘 살게 되었다. 그러나 말츠는 그러한 외적 수술은 수술받는 사람의 마음의 이미지 변화가 동반되지 않고는 아무 소용이 없음을 알았다.

어떤 여성은 말츠를 찾아와 자신의 얼굴을 보기 좋게 고쳐 달라고 하였다. 그는 그녀를 정말 아름답게 수술해 주었다. 말츠는 수술이 잘 된 그녀의 얼굴을 보고 그녀가 매우 기뻐할 줄 알았는데 오히려 그녀는 거울에 얼굴을 비춰보더니 왜 이렇게 추하냐고 불평했다. 외모가 아무리 바뀌어도 자아상이 바뀌지 않으면 아무런 소용이 없다.[1] 굴절 없는 거울에 비쳐서 왜곡됨이 없는 건전한 자아상은 머릿속의 추상적인 생각에 그치는 것이 아니라, 육체적, 정서적, 인지적, 영적 그리고 관계적으로도 바르게 이루어져야 한다.

수많은 사람들을 상담하였던 칼 로저스(Carl Rogers)는 다음과 같이 말한다.

> 내가 알게 된 사람들의 경우, 그들에게 있어서 어려움의 핵심은 거의 대부분의 경우에 그들이 자신을 경멸하고 자신을 무가치하고 사랑스럽지도 못한 자로 여기고 있는 데 있다.

자신을 받아들이지 못하고 얼굴이나 몸을 뜯어 고치려다가 그만 목

---

[1] Maxwell Maltz, *Psycho-Cybernetics* (New York: Pocket Books, 1969), pp.1-14.

숨을 잃었다는 뉴스를 접할 때, 안타까움을 금할 수 없다. 사람은 누구나 하나님이 사랑하고 기뻐하시는 참 자아를 가지고 있는데 이러한 바른 자아상을 가져야 한다. 사고나 질병으로 장애가 있다 해도, 그 얼굴에 그리스도의 형상이 드러나는 자가 가장 아름답다.

정체성

지문은 각 사람에게 독특하다. 이것은 우리의 정체성과 관련한 신체적 표가 된다. 그러면 진짜 나는 누구인가? 어떤 이는 '나'란 자신이 생각하는 사람이 '나' 라고 한다. 또 다른 이는 다른 사람이 '나'에 대해서 생각하는 '나'가 나라고 말한다. 또 다른 사람은 둘 다 틀렸고 나란 남들이 '나'라고 생각하는 '나'를 생각하는 '나'가 '나'라고 말한다.

그러나 '진짜 나'란 하나님이 '나'에 대해서 말씀하시는 '나'이다. 우리는 하나님의 형상대로 만들어졌다(창 1:26). 우리는 우리가 지어진 대로 될 때 가장 아름답다. 그러나 사탄은 하나님의 형상대로 지어진 인간에게 다른 이미지를 주려 한다. 하나님께 역행하는 이미지는 결국 인간을 죄와 사망에 이르게 한다.

하나님은 "내가 너를 우리의 형상대로 창조하였고 구속하고 지명하여 불렀나니 너는 내 것"이라 말씀하신다(창 1:26; 사 43:1). 우리의 참 자아는 오직 하나님으로부터 온다. 나를 향한 그분의 부르심과 외치심이 나의 특성을 드러내 준다. 이러한 진정한 '나'란 그리스도 안에서 발견되고 그를 떠나서는 존재하지 않는다. 진정한 자아란 남들이 나를 볼 때 그리스도를 보는 것이다. 거짓 자아는 사탄이 유혹했던 것처럼, 존재의 원천인 하나님과 분리된 채, 자신의 정체성이 너무 성취에 근거해 있다. 이런 사람에게는 '나의 정체성이 붕괴되었고, 깊은 곳에 아무도 없다'라는 절망감이 배경음악처럼 흐른다. 물에 빠진 사람이 지푸라기라도 거머쥐려 하듯, 거짓 자아는 세상이 말하는 성공에서 오는 남의 찬사와 인정에서 자신의 가치를 찾으려 한다. 데이비드 레터만은 "데이비드 레터만의 한밤의 쇼"에 대한 감상을 다음과 같이 설명했다.

> 매일 밤 당신은 당신 자신의 가치를 증명하려 하고 있습니다. 그것은 마치 난생 처음 당신이 여자친구의 가족을 만나는 것과 같습니다. 당신은 당신 자신을 최고로 보이려고 할 것입니다. 가장 위트가 넘치고, 멋지며, 매혹적인 모습을 보이고 싶어 할 것입니다. 만약 내가 사람들에게 그런 것들을 제공한다면, 그리하여 내가 그 쇼를 마쳤을 때 사람들이 나에 대해 높이 평가하도록 만든다면 그것은 나로 하여금 완벽한 사람같이 느끼게 만들 것입니다. 만약 내가 그것에 미치지 못한다면 나는 행복하지 못할 것입니다. 어떻게 내가 매일밤 그 일을 해내는가가 그 다음 24시간 내내 내가 생각하는 모든 것입니다. 나는 등장인물의 연기를 하는 것이 아니기 때문에, 나는 나 자신의 최고의 모습을 여러분에게 보이려고 애쓰고 있는 것입니다.
>
> -리더스 다이제스트, 1996년 11월호에서

그는 아직도 참 자아에서 소외된 채, 관중의 환호와 인정에서 자신의 가치를 찾으려는 헛다리를 딛고 있다. 인간이 근본적으로 해결해야 할 문제는 거짓 자아의 늪에서 벗어나 참 자아를 찾는 것이다. 인간의 영혼은 탄식하며 진정한 자아가 되기를 열망한다. 우리의 생명인 그리스도 안에 있을 때, 우리는 하나님의 자녀로서 나타나게 된다. 이는 마치 호두가 호두나무가 되도록 가르칠 필요도 없고 가르칠 수도 없는 경우와 같다.

키르케고르(Søren Kierkegaard)는 삶의 목적을 "사람이 존재하는 그대로의 진짜 자아가 되는 것"(to be that self which one truly is)으로 보았다.[2] 전설적인 농구코치 존 우든(John Wooden, 1910-2010)은 하나님 앞과 자신에게 진실한 삶을 꾸려 왔다. 그는 96세 때, 많은 청중들 앞에서 인생에서 가장 중요한 지혜를 말해 달라는 부탁을 받았는데 그의 메시지는 "오로지 너 자신이 되라"(Just be in yourself)였다. 가장하지 말고 꾸미지 말라. 연기하지 말고 "오직 너 자신이 되라"고 하였다. '참 자아'가 되라는 것이다. 그리스도가 생명인 참 자아는 어떤 상태에 있든지, 가장 아름답다.

유대교 랍비 주샤는 임종 시, "천국이 어떠할 것 같은가?"라는 질문을 받았을 때, 정중히 다음과 같이 말했다. "내가 그곳에 다다를 때, 하나님은 '너는 왜 모세가 아니었느냐?'라고는 내게 묻지 않을 것입니다. 내가 받을 한 가지 질문은, '너는 왜 주샤가 아니었느냐?'라는 것입니

---

2 Kierkegaard, S., *The Sickness Unto Death* (Princeton University Press, 1941), p.29. Quoted in Carl Rogers, *On Becoming A Person* (Boston: Houghton Mifflin Company, 1961), p.166.

다."³ 나그네로 살다가 하나님의 보좌에 이르렀을 때, 우리가 받을 한 가지 질문이, "너는 참 자아였는가?"일 것이다.

소크라테스는 델포이 신전에 쓰인 말을 인용하여 "너 자신을 알라"고 외쳤다. 이는 우리 자신이 하나님의 형상대로 창조된 존재임을 알라는 것이다. 칼 융은 우리 영혼 깊은 곳에서부터 하나님의 형상인 자아가 실현되기를 바랐다.

『거지와 왕자』라는 마크 트웨인의 책에서 왕자는 왕궁 생활에 싫증이 났다. 그런데 그 나라에는 왕자와 꼭 닮은 거지 아이가 있었다. 왕자는 꾀를 내서 거지아이와 옷을 바꿔 입고 자신은 거지차림을 하고 왕궁을 떠났다. 그는 참 자아로 존재했기에 거지 취급 받는 데서 오는 수치와 모욕도 문제가 되지 않았다. 왕자는 세상에서 거지 취급 받고 살다가 거의 죽을 지경에 이르렀었는데, 그를 살린 것도 자신이 거지가 아니고 진짜 왕자라는 확신이었다. 자신이 누구인지 알았기에 그는 모든 어려움을 이기고 결국 왕자로 돌아 올 수 있었다.

불행히도, 아담과 하와는 자신이 누구인지 몰랐기에 사탄의 유혹에 넘어갔다. 에서는 자신이 누구인지 몰랐기 때문에 팥죽 한 그릇에 자신의 장자권을 팔았다. 삼손이 자기 영혼을 상실했을 때, 블레셋 사람은 그를 잡아 눈을 빼고 죽게 하였다(삿 19:21-31).

그러나 요셉은 자신이 누구인지 알았기에 보디발의 아내의 유혹도 이기고 외국에서 국무총리도 될 수 있었다. 다니엘은 자신이 누구인

---

3 Martin Buber, *Tales of the Hasidim: The Early Masters* (New York: Schocken Books, 1975), p.251.

지 알았기에 사자 굴에 던져지는 것도 마다하지 않고 계속 기도할 수 있었다. 다윗은 자신이 거룩하신 하나님의 소유임을 알았기에 거인 골리앗도 물맷돌 하나로 쓰러뜨릴 수 있었다.

이러한 자아를 아는 것은 지식 이상이요, 지식이 일으킬 수 없는 인격 전체와 성령이 동원됨으로 말미암는다. 뭇사람들의 존경을 받은 넬슨 만델라(Nelson Mandela)는 자신이 하나님의 형상대로 지어진 하나님의 자녀인 것을 알았기 때문에 모진 핍박도 이기고 승리할 수 있었다. 그러므로 그는 말하기를,

> 우리에게 능력이 없기 때문에 두려운 것이 아니다. 사실 가장 큰 두려움은 우리에게 굉장한 힘이 있다는 것이다. 우리를 가장 두렵게 하는 것은 우리의 어둠이 아니라 빛이다. '이렇게 훌륭하고, 근사하고, 재능 있고, 굉장한 나는 누구인가?'라고 스스로에게 물어보라. 사실 그렇지 않아야 하는 당신은 누구인가? 당신은 하나님의 자녀다. 하찮게 행동하는 것은 세상에 도움이 되지 않는다. 움츠러들어 있으면 아무것도 깨우칠 수가 없다. 그러면 사람들은 우리 주위에서 아무런 위기감도 느끼지 못할 것이다.

젊은 마틴 루터는 성가대의 찬양 연습을 하던 중에 갑자기 "이것은 내가 아니야!"라고 부르짖으며 발작을 일으켰다. 거짓된 자아의 추악함을 깨닫고 성가를 하는 중에 까무러칠 정도로 "이것은 내가 아니야"라고 소리쳤다. 허무와 절망 가운데 마틴 루터는 정신질환의 초기 증상까지 갔지만, 그리스도의 형상을 이루어가는 '참 자아'를 찾고는 세

상을 변화시켰다.

교회사에서 위대한 지도자 중의 하나인 끌레르보의 버나드(Bernard of Clairvaux, 1090~1153)는 이러한 자기를 아는 것이 삶의 첫걸음이 됨을 강조하였다. "천국은 '너 자신을 알라!'는 격언의 근원이었다. 아가서에서 신랑은 연인에게 '여인 중에 아름다운 자야 네가 알지 못하겠거든…'(아 1:8)이라고 말하지 않았던가."

예수님은 하나님의 아들로서의 진정한 자신이 누구인지 알았다. 예수님이 자신을 "인자"라고 부르셨을 때, 그가 하나님의 아들 되심을 강조하지 않은 듯하나, 사실은 인자란 말은 사람이라는 뜻이 아니고 반대로 신이심을 나타낸다. 곧, 다니엘서 7:13에 보면, "인자 같은 이가 하늘 구름을 타고" 라고 하였는데 여기서 인자는 신적 존재를 일컫는다.[4] 인자는 하나님에 의해 권위, 영광, 통치권이 부여되는 천상적 인물 곧, 하나님의 아들을 가리킨다. 예수님도 인자를 메시아적 칭호로 사용하셨는데, 그 용어를 베드로가 사용한 '그리스도'라는 용어와 나란히 두었다(막 8:29-31).

사탄은 광야에서 예수님을 시험할 때, "네가 하나님의 아들이거든"이라는 말로 정체성에 대한 의심을 주려 하였다.

---

[4] 본 구절의 '인자'는 '구름을 타고'(계 1:7)라는 말과 결합해 메시아적 호칭으로 쓰여졌는 바, 메시아 되신 예수 그리스도께서는 본 구절을 자신에 대한 예언으로 인정하신 바 있다(마 24:30; 26:64; 막 13;26). 이에 따라 14절은 그리스도께서 성육신으로 임하셨고 그의 재림으로 성취될 하나님의 나라에서 인자는 전우주적 통치적(권세와 영광과 나라)을 하나님께로부터 위탁받게 될 것이다. 이러한 위탁은 그의 흠 없음(사 53:9)과 속죄 사역(사 53:5-6), 그리고 부활을 통한 인류의 심판자의 자격을 입증하셨던(행 17:31; 롬 2:16) 사실에 의거한 것이다(호크마 주석).

사탄이 예수님을 유혹한 말은 다음과 같이 옮길 수 있다.

부름 받은 자로 살아가는 것을 멈추라. 네가 하나님의 진짜 아들이냐? 그런 것 다 잊고, 피상적인 성공과 즐거움을 주는 이기적인 욕망을 따르고 이 사회가 요구하는 것들을 따르라. 이러한 세상의 현상을 위협하지 말고 조화롭게 살라. 세상에서 주도권을 잡고, 많이 성취하고 많이 가져라. 그렇게 해야 세상 사람들이 너를 사람 취급하고 환호하며 박수를 보낼 것이다. 사람들의 박수 속에 너는 존재한다. 그들의 인정 속에서 너는 살아가는 맛을 느낄 것이다. 오직 존경받기만을 목말라 하라. 하나님의 형상인 본래의 너는 되지 말고, 사탄의 자식인 거짓된 너로 살라.

그러나 그리스도는 십자가에 죽더라도 자신이 하나님의 아들이심을 부인할 수 없으셨다. 자신을 찾던 부모에게 열두 살의 예수님은, "내가 내 아버지 집에 있어야 될 줄을 알지 못하셨나이까?"(눅 2:49)라고 말씀하셨다. "내가 내 아버지"라는 말씀에서 보여주듯이, 예수님은 하나님의 아들로서의 "나"라는 정체성이 어릴 때부터 확실하였다.

사람은 자신이 누구인지를 알 때, 자신의 가치를 알고, 무엇을 행하고, 어떻게 살아야 하는지 안다. 하나님으로부터 나온 자기 자신을 알 때, 하나님 안에서 살아갈 수 있다. 로욜라의 이그나티우스(Ignatius of Loyola, 1491-1556)는 다음과 같은 "성찰의 기도"(The Ignatian Examen)를 드리며 참 자아를 찾아갔다.

오늘 나는 어떤 순간이 최고로 감사한가?

오늘 나는 어떤 순간이 거의 감사가 없었는가?

오늘 나는 언제 최고의 사랑을 주고 받았는가?

오늘 나는 언제 최소의 사랑을 주고 받았는가?

오늘 나는 언제 가장 살아있다고 느꼈는가?

오늘 나는 언제 가장 진이 빠진다고 느꼈는가?

오늘 나는 언제 내 자신과 다른 사람들, 그리고 하나님께 속했다는 가장 큰 느낌을 가졌는가?

오늘 언제 나는 가장 적은 소속감을 느꼈는가?

오늘 나는 언제 가장 행복했는가?

오늘 나는 언제 가장 슬펐는가?

무엇이 오늘 가장 즐거운 일이었는가?

무엇이 오늘 가장 괴로운 일이었는가?

그리스도 안에서 우리 참 자아를 향한 하나님의 뜻은 항상 기뻐하고 기도하며 감사함으로 사랑과 생명을 주고받으며 사는 것이다. 무엇이 자신을 가장 생기 있고 활기차게 했는지, 또는 무엇이 자신을 가장 진 빠지게 했는지 하루를 돌아보며, 진이 빠지는 일은 적게 하고, 생기나는 일들은 더 많이 할 때, 더욱 더 생명의 길로 가게 한다. 생기나는 일은 우리의 천성에도 맞으나 진 빠지는 일은 우리의 본성에도 거스른다. 혹 자신을 근심하게 하거나 두렵게 한 일들이 있을 때는 그 일들을 천국에 계시는 하나님의 눈으로 바라본다. 이러한 성찰을 통해 주 안에 있는 참 자아를 발견하는 것이다.

우리의 참 자아는 "하나님께로서 난 자"(요일 5:18) 로서, "내게 사는 것이 그리스도니 죽는 것도 유익함이라"고 고백한다. 모든 사역의 출발뿐 아니라, 사탄과 악의 불화살을 꺾고 이길 수 있는 것도 '내가 사나 내가 아닌 그리스도가 사는 참 자아'를 찾는 데서 부터 시작된다.

그리스도를 따르기 위해 자신을 부인하라는 말을 했는데 왜 자신을 찾으라고 하는지 질문할 수도 있다. C.S. 루이스는 『스크루테이프의 편지』에서 하나님이 자아를 부인할 것을 명하지만 결국 자아를 다시 돌려주는 것이 하나님의 뜻이라고 쓴다. 이는 우리의 거짓 자아를 벗고 하나님께 속한 생명인 참 자아를 찾으라는 그리스도의 말씀과 일치한다(요 12:25).

우리 자신의 정체성을 찾는 것이 중요함을 리처드 포스터는 다음과 같이 말한다.

> 예수님이 골고다를 향하셨을 때, 그 자신의 정체성을 상실하셨던가? "나를 따르라"(요 21:19)는 예수님의 명령에 베드로가 응답하던 때 베드로는 그의 정체성을 상실하였던가? 바울이 다음과 같이 말씀하신 분에게 자신을 맡기던 때 그 자신이 정체성을 상실하였던가? "내가 내 이름을 위하여 해를(고난을) 얼마나 받아야 할 것을 내가 그에게 보이리라"(행 9:16). 물론 정체성을 상실하지 않았다. 사실은 오히려 그 반대였다는 것을 알 수 있다. 그들은 자기 부인을 하는 행위를 통하여 정체성을 찾았다.[5]

---

5 리처드 포스터, 『영적 훈련과 성장』, 권달천, 황을호 공역 (서울:생명의말씀사, 1995),

예수님은 "내가 온 것은 양으로 생명을 얻게 하고 더 풍성히 얻게 하려는 것이라"(요 10:10)고 하시며 참 자아를 찾는 길을 보여 주셨다. 이 길은 자기 목숨을 잃음으로 찾게 되는 것이다.

> 누구든지 제 목숨을 구원코자 하면 잃을 것이요 누구든지 나를 위하여 제 목숨을 잃으면 찾으리라(마 16:25).

참 자아는 "자기를 창조하신 자의 형상을 좇아 지식에까지 새롭게 하심을 받는 자"이다(골 3:10). 하나님의 아들 예수 그리스도는 항상 "나는 …이다"(*ego eimi*)라고 분명히 말씀하셨다. 곧 나는 부활이요 생명이다. 나는 생명의 떡, 세상의 빛, 길과 진리와 생명, 참 포도나무라고 하시며 자신이 누구신지 명확히 밝히셨다. 이러한 예수 그리스도에 대해 하나님 아버지는, "너는 내 사랑하는 아들이다. 내가 너로 말미암아 기쁘다"라고 확증해 주셨다(눅 3:22).

필자와 함께 주님을 섬기던 하종관 목사님은 기도를 마칠 때, "이 종이 기도를 드린다"는 말씀을 늘 하셨는데, 곧 하나님 앞에 있는 자신의 참 자아를 깨닫고 사셨던 것이다.

첫 사람 아담과 하와는 하나님 아버지와의 상호관계 안에 존재하도록 지음 받았지만, 자신들의 원천인 하나님을 떠나 "하나님과 같이 되리라"고 교만히 행하다가 자신의 영혼을 잃어버렸다. 아담과 반대로, 그리스도는 하나님과 동등한 본체지만 자신을 비워 사람의 몸을 입고

pp.165-166.

종의 형체를 취하셔서 완전히 비움으로 채움을 받은 '참 자아'의 원천적 원형이 되셨다.

하나님으로부터 나온 우리의 참 자아는 하나님으로부터 소외되어 자기 망상(self-obsession)에 빠지지 않는다. 왜냐하면 하나님이 나의 원천이며, 하나님이 내 생명이고 전부이기 때문이다(골 3:4). 또한, 하나님 속에 흡수되어 하나님 망상(god-obsession)에 빠지지도 않는다. 피조물인 인간은 결코 하나님이 아니기 때문이다.

불교에서는 무아를 말한다. 보이는 나의 모습이 내가 아니다. 영원토록 변치 않는 실체와 존재로서의 나는 없다고 한다. 불교에서는 무아를 강조하며 "자아의 촛불을 꺼라. 그리하면 '열반'에 들어간다"고 한다. 한편, 무아를 강조하는 불교와는 반대로, 힌두교에서는 인간에게 내재하는 보편적 원리로서 영원히 불멸하는 영혼의 실체인 자아가 있다고 한다. 그런데, 이 소아(Atman)는 대아(Brahman)에게 합일하여 흡수되는데, 이는 빗물이 자기가 왔던 바다로 돌아가는 것과 같다고 본다. 그러나 하나님의 형상인 참 자아는 그리스도와 연합하면 할수록 하나님의 자녀로 나타난다. "성령이 친히 우리 영으로 더불어 우리가 하나님의 자녀인 것을 증거"(롬 8:16)하신다. 이러한 하나님의 자녀는 그리스도 안에 투명하게 서있다.

우주가 아무리 아름답다고 한들 내가 불행하다면 우주가 불행해 보일 수밖에 없으며, 온 천하를 얻고도 내가 없어지면 아무 소용이 없는 것이다. 천국은 자신 안에도 있다(눅 17:21). 그러므로 토마스 아 켐피스는 『그리스도를 본받아』에서 사람이 자기를 소홀히 하면서 기적과 이적을 베풀며 사는 것보다 세상에 알려지지 않고 자기 영혼을 돌보는 사람이 더 좋다고 하였다.⁶ 그는 또 다음과 같이 말한다.

> 만약 그대가 전적으로 하나님과 자신에게만 마음을 쏟는다면, 그대는 외적으로 보이는 것들로 인해서는 거의 동요되지 않으리라. 그대가 자신과 함께 있지 않다면 그대는 과연 어디에 있는가?…만약 그대가 마음의 평화와 일관된 참 목표를 유지하고자 한다면, 만사를 제쳐두고 다만 자신을 잘 살펴야 할 것이다.⁷

이 땅에 사는 동안 우리는 고난 당할 수 있다. 그러나, 한 사람의 진정한 정체성은 고통과 기쁨을 모두 직면하여 받아들이는 것에 의해서 강화될 수 있음을 나우웬은 말한다.

> 당신의 진정한 정체성은 하나님의 자녀로서의 정체성이다. 이것은 당신이 받아들여야 할 정체성이다. 당신이 그것을 요청해서 거기에 정착하면 고통뿐만 아니라 많은 즐거움을 주는 세상에서 살아 갈 수 있다. 당신은 비난과 더불어 칭찬도 당신의 기본적 정체성을 강화해주는 기회로 받아들이게 된다. 왜냐하면 당신을 자유롭게 하는 정체성은 모든 인간적 칭찬과 비난 너머에 근거하고 있기 때문이다.⁸

---

6 토마스 아 켐피스, 『그리스도를 본받아』, 박동순 역 (서울:두란노, 2010), 20장 4, pp.34-35.
7 토마스 아 켐피스, p.92.
8 Henri Nouwen, *Life of the Beloved* (N.Y.: Crossroad, 1992), p.26.

사도 바울은 다음과 같이 기록한다.

이는 너희가 죽었고 너희 생명이 그리스도와 함께 하나님 안에 감추었음이니라(골 3:3).

자신을 있는 그대로 받아들임

안타깝게도, 거리를 지나는 타인들을 유리창에 코를 대고 바라보며, 하나님이 지으신 자신에 대해 만족할 수 없는 이들이 있다. 텔레비전에 나오는 비너스 같은 모델들을 바라보며 자신의 몸을 받아들이지 못하는 이들도 상당히 많다. 내면 치유 사역으로 알려진 린 페인은 『치유의 임재』에서 치유를 가로막고 있는 요인을 자신을 있는 그대로 받아들이지 못하기 때문이라고 하였다.

존 웨슬리는 자신을 "불길 속에서 타다 남은 조각"같다고 표현하였지만 그는 자신을 있는 그대로 받아들이며, 하나님을 찬양했다. 그는 24세 때, 다음과 같은 편지(1727년 3월 19일)를 썼다.

사랑하는 어머니…,
키가 작고 약한 제 자신이
정반대로 될 수도 있었는데
기구한 우연의 조화(사람들은 그렇게 표현합니다)로
그렇게 된 것은 아니라고 생각합니다.
그런 까닭에, 저는 제 자신을 쉽게 받아들입니다.

이처럼 부족한 모습을 허락하신 데에서,

저는 하나님의 섭리의 지혜와 자비를 보며,

이를 기꺼이 따라갈 수 있습니다.

존 웨슬리는 자신을 있는 그대로 기쁘게 받아들임으로, 하나님의 형상을 이루어갔다. 그리하며 많은 사람을 주께로 인도하며 별과 같이 빛났다.

하나님의 사랑과 섭리를 보면서, 가수 조니 디아즈(Jonny Diaz)는 "더 아름다운 당신"(More Beautiful You)이라는 노래를 만들었다.

그 노래는 "열네 살 작은 소녀가 잡지를 들척거리며 잡지 속 여성들과 닮기를 원하네"라고 시작한다. 그리고 "당신보다 더 이상 아름다울 수가 없어요. 거짓말을 믿지 마세요…당신은 오직 당신만이 이룰 수 있는 목적을 위해 창조되었어요"라고 강조한다.[9]

사도바울은 자기 육신에 있는 가시 곧 사탄의 사자를 받아들일 수가 없었기에, 그것이 자기 몸에서 떠나가도록 간구했었다. 그러자 하나님은 "내 은혜가 네게 족하도다 이는 내 능력이 약한데서 온전하여짐이라"(고후 12:9)고 대답하심으로 바울은 자신의 약함을 자랑하며, 그의 약함 가운데 머무시는 그리스도의 능력으로 완전케 되었다.

---

[9] 참 자아의 삶의 목적에 대해 로버트 프로스트(Robert Frost)는 다음과 같이 노래했다.

나의 두 눈이 하나가 되어 바라보듯이
나의 직업과 소명을 결합시키는 것.

하나님의 형상인 진정한 자신이 됨

필자의 둘째 딸 유니스는 하나님이 지으신 그대로의 자신으로 살아간다. 세상 유행을 따르지 않고 하나님과 자신에게 진실히 살아가려고 한다. 유니스는 대학 입학시 소위 말하는 아이비 리그(Ivy League) 명문대학으로부터 입학허가서를 받았다. 그러나 그녀는 캘리포니아 버클리(Berkeley)대학교의 총장 장학생으로서의 입학을 선택했다. 아이비 리그 대학에 갈 수도 있고 스스로 가지 않기로 결정할 수도 있는 것이다. 어떤 이는 이러한 결정을 의아해 한다. 그러나 유니스는 남의 헛된 환호와 눈을 의식하지 않고, 자신이 선호하고 믿는 바대로 나아갔다. 버클리대학교 입학 후 그녀는 학생들의 표를 가장 많이 얻은 대학생 상원의원이 되었고, 미국에서 대통령, 부통령 다음가는 연방하원의장 낸시 펠로시(Nancy Patricia Pelosi) 여사를 만나 자신의 의견을 발표하며 그녀의 포옹과 칭찬을 받기도 하였다.

유니스는 학사 학위를 가졌지만, 현재 더 높은 학위 소지자만이 할 수 있는 자리에서 일하고 있다. 이러한 그녀의 삶에서, 하나님의 형상을 이루어가는 진정한 자아의 모습을 엿볼 수 있었다.

많은 사람들이 다른 이들의 기준을 따라 자신을 평가하고 행동해오다 보니 자신이 되지 못하고 남이 되려 하다 좌절한다. 현재 귀한 목회를 하고 있는 밥 가스 목사는 과거에 자신의 배경 때문에 불안정함과 많이 싸웠다. 남과 자신을 비교하며, 매우 경쟁적이었다. 남들이 성취한 것을 시기했다. 그 결과 그는 지속적으로 절망했다. 그는 그 이유를 다음과 같이 말한다.

왜냐하면 하나님이 불러 주신 그 부르심의 영역 밖에서 움직이고 있었기 때문이다. 다른 말로 하자면 나는 나 자신이 되지 못했다. 마침내 내가 하나님이 정하신 그대로의 나 자신이 될 수밖에 없음을 깨닫게 되었을 때, 일어서서 이렇게 말하기 시작했다. "나는 나다. 나는 하나님이 불러 주신 그대로의 나 외에 어떤 다른 사람이 될 수 없다. 그러므로 나는 내가 될 수 있는 최고의 내가 되는 데 집중하겠다."[10]

또한 그는 다음과 같이 강조했다.

당신에게 있을 수 있는 최대의 비극은 나이가 들어 어느 시점에서 당신 자신을 잃어버렸다는 것과 스스로가 하나님이 불러 주신 자신의 모습이 되는 데 실패했다는 것을 깨닫게 되는 것이다. 그런 일이 벌어지게 하지 말라.[11]

그래서 마태 아놀드는 "당신 자신이 되기를 결심하라. 자기를 발견하는 사람은 자신의 비참함을 잃어버림을 알라"고 말하였다.
척 스윈돌은 다음 이야기를 들려준다.

우리 아이들이 어릴 때, 세 명의 아이들은 차 뒷좌석에 앉히고, 막

---

[10] 밥 가스, 『뒤에 있는 것은 잊어버려라』, 이장렬 외 역 (서울:서로사랑, 2007), pp.169-171.
[11] 밥 가스, p. 146.

내인 척 주니어는 신디아와 나의 사이에 앉혔다. 그곳이 가장 안전한 좌석이고 그의 몸을 통제할 수 있었다. 어느 날 나는 운전을 하면서, "얘들아, 우리 모두 '어떻게 할까' 게임을 하자. 만약 이 세상에서 우리가 다른 어떤 사람이 될 수 있다면, 어떤 사람이 되고 싶니?"라고 물었다.

여자 아이들 중 하나가 말했다. "저는 초능력을 가진 여자가 되고 싶어요." 다른 아이들도 모두 무엇이 되고 싶은지 이야기했는데, 척은 한 마디도 하지 않았다. 나는 정지 표지판 앞에 섰을 때, 그에게 물어보았다.

"척아?", "네, 아버지."

"너는 무엇이 되고 싶니?", "저는 제가 되고 싶어요."

"왜 네가 되고 싶니?", "저는 제가 좋아요."

아, 이렇게 훌륭한 대답이. 그 아이는 우리 아이들 중에서 가장 안정된 아이였다. 그 아이는 다른 사람이 되고 싶지 않았다. 그 아이는 자신 그 자체로 좋았다. 그 아이는 가족 모두 중에서 가장 참신한 아이였다.

참 자아는 하나님의 사랑의 결정체

진정한 자아는 성령 안에서 하나님의 사랑을 체험하며 기뻐한다. 이러한 자아는 사람들의 인정과 칭찬에서 자유롭다. 그러나 거짓 자아는 어두운 밤, 손에 전등불을 들고, 누가 더 밝은 전등 빛을 가졌나 자랑하는 사람들과 같다. 이들은 누군가 "당신 전등 빛이 밝군요"라고 하는 칭찬과 환호에서 자신의 가치를 찾는다. 그러나 타인들이 자기 전등 빛이 밝다고 인정해 주지 않으면 허무하다. 그래서 이들 각자는 낮이나 밤이나 쉬지 않고 전등 빛을 더 밝게 하기 위해 경쟁한다.

한국 사람은 처음 만나면 먼저 누가 더 촉광이 센지 알아보려 한다. 집이 어디냐, 가족은 어떻게 되는가 호구조사를 한 뒤, 나이가 몇이냐, 어느 학교를 나왔느냐 등을 물어보며 자신들의 촉광을 머릿속에서 비교하며 재어 본다. 그런데 30촉광의 전등을 가진 자는 60촉광의 전등을 가진 자 앞에서는 힘을 잃고, 열등감에 빠지며, 시기하고 질투하지만, 자신보다 약한 15촉광을 가진 자를 만날 때에는 교만하고, 자랑하며 우쭐해 한다. 이렇듯, 소유와 성취라는 촉광의 강도로 자신의 가치를 측정하려 한다.

사람들은 촉수가 높은 빛을 내고자, 한정된 자원을 끌어오려고 경쟁하다 보니 심한 긴장이 서로에게 감돈다. 자신들에게 견딜 수 없는 이 긴장을 완화하려고 5촉의 전등을 가진 약자를 잡아온다. 그리고 자신들 속의 적대감을 그 취약한 사람에게 투사하여 뒤집어 씌운다. 이렇게 희생양을 만들어 죽이는 예식을 정의라는 이름으로 거행하므로 자신들의 긴장과 악을 해소시킨다. 자신들의 죄악을 그 희생양에게 뒤집어 씌우므로, 이들은 한동안 자신들이 의로운 듯한 망상에 빠지기도 한다. 이 죄악의 사이클은 역사가 진행되면서 반복되어 왔다. 이것이 어두움의 혼과 악의 영에 매여 있는 거짓 자아들의 지옥같은 세계인 것이다.

사람들은 자신들이 만든 전등을 들고 서로 누가 더 밝은가라고 경쟁하고 다투며 불평한다. 그러나 밝은 태양이 떠오르면 인간이 만든 빛은 있으나 마나 하다. 자연의 빛 가운데서 그들 전등의 희미한 인공 빛은 사라지고 만다. 오히려 들고 있던 전등은 짐이 되어 던져 버린다. 마찬가지로, 하나님의 빛이 참 자아를 비출 때, 모든 거짓 자아의 인공 빛은 사라진다. 이때 그리스도의 형상을 이루어 가는 참 자아는 그 빛을 눈부시게 발한다.

> 이 세상 통치자들 가운데는 이 지혜를 아는 사람이 하나도 없습니다. 그들이 알았더라면, 영광의 주님을 십자가에 못 박지 않았을 것입니다. 그러나 성경에 기록한 바 "눈으로 보지 못하고 귀로 듣지 못한 것들, 사람의 마음에 떠오르지 않은 것들을, 하나님은 자기를 사랑하는 사람들에게 마련해 주셨다" 한 것과 같습니다(고전 2:8-9, 새번역).

하나님의 귀한 사랑을 성령 안에서 깨달을 때, 기뻐 춤추게 된다.
이때, 부정은 거룩함으로, 두려움은 평안으로, 미움은 사랑으로, 이기심은 이타심으로, 상처는 영광으로, 지옥은 천국으로 변한다.
닉 부이치치는 날 때부터 팔과 다리가 없었다. 절망 가운데 여덟 살 이후에 3번이나 자살을 시도하기도 하였다. 그러나 그는 "고통이나 아픔이 있을 때 시간이 아니라 하나님으로부터 온 사랑을 통해 치유 받았다"고 말하였다. 그는 "악마는 끊임없이 절망의 생각을 주지만, 하나님은 성경을 통해 우리가 '신묘막측한' 존재이며 항상 형통케 하실 것이라는 희망을 주신다"고 말했다.
조니 에릭슨 타다(Joni Eareckson Tada)는 그녀가 아직 어린 10대 청

제4장 | 참 자아상과 정체성

소년이었던 어느 여름 오후에 완전히 삶이 뒤바뀌게 된다. 얕은 물인 줄 모르고 뛰어든 그 눈 깜박할 짧은 순간에 그녀는 목 윗부분을 제외하고 온몸이 마비된 불구가 되었다. 병원에서 수개월 동안 절망 속에 빠져 불안한 미래를 생각하는 그 소녀에게는 희망이 거의 없었다.

한때는 우울함 속에서 자신의 삶을 마감하고자 하려던 때도 있었다. '하나님이 왜 내게 이런 일이 일어나게 하셨을까'라는 끝없는 질문이 밤낮으로 그녀의 입술을 떠나지 않았다. 그런데 자신을 향한 하나님의 사랑을 믿는 그 소녀의 믿음이 점차로 그러한 고통에서 헤어나오게 하였다. 그녀는 "나의 불구는 하나님의 계획의 한 부분이었습니다"라고 말하며 하나님을 향한 참된 사랑을 고백했다.[12]

조니는 이렇게 말한다.

> 이전에 만일 하나님이 나를 세상에서 가장 행복하게 해 주겠다고 하시면서 나의 육신을 불구를 만들어 내가 지금까지 누린 생의 즐거움들을 다 거두어 가겠다고 말씀하셨다면 나는 도저히 하나님의 섭리를 이해할 수 없었을 것입니다. 그런데 이런 하나님의 방법 속에서 그분의 지혜가 드러나는 것은 무슨 연고일까요? 그것은 만일 당신이 밀폐된 방에서 여러 개의 램프를 유일한 수단으로 삼고 오로지 램프의 불빛에 의지하여 사는 사람을 만났다고 합시다. 만일 그에게 진정한 행복을 느끼게 하고 싶다면, 그의 램프를 끄고

---

[12] Joni Eareckson Tada, "Making the Gospel Accessible to All", in North American Conference Itinerant Evangelists 1994, KY.

창문을 열어 햇빛이 들도록 하는 것과 마찬가지 원리일 것입니다.

조니는 고난을 통해 그녀를 향한 하나님의 사랑을 더욱 잘 깨달았다. 하나님은 상처입은 그녀를 천국의 영광과 능력으로 들어 올려, 별과 같이 빛나는 삶을 살게 하셨다.

고난의 터널을 빠져나와 주님의 사랑의 빛을 받은 한 자매는 고백한다.

> 나는 하나님의 사랑받는 자녀라는 사실을 깨달았을 때 나를 사랑하게 되었다. 나 자신과 다른 사람들을 향해 화가 났던 내 마음속에서 그들을 용서하게 되었다. 그리고 사람들을 이해하고 사랑하기를 기도하게 되었다. 우리 인간의 마음속에는 큰 항아리가 존재한다. 그 안이 사랑으로 채워져야 우리는 다른 사람을 사랑할 수 있게 된다. 내 마음속의 그 항아리에 하나님의 사랑이 채워졌을 때 나는 비로소 나 자신을 사랑하고 다른 사람을 사랑할 수 있었다.

우리가 하나님의 사랑으로 가득 찰 때, 우리는 자신을 사랑하게 된다. 더 나아가서 이 사랑으로 하나님과 이웃을 진정으로 사랑하게 된다. 우리는 우리가 가지고 있지 않은 것을 줄 수는 없다.

한 중년의 여학생이 필자를 찾아왔다. 수수하게 차려 입었지만, 그녀의 눈빛은 기쁨으로 가득했다. 그녀는 자신이 하나님이 사랑하지 않을 수 없는 사람임을 깨닫고 묵상할 때, 기쁨이 샘솟는다고 하였다.

하나님의 사랑을 받는 자는 세상을 이기며 산다. 헨리 나우웬은 그의 『거울 너머의 세계』 중에서 이러한 사실을 다음과 같이 말한다.

나는 이제 이 세상에
나 자신을 입증해 보여야 한다는
모든 강박으로부터 자유로워졌다.

이 세상에 속하지 않았으면서도
이 세상 가운데서 살아갈 수 있게 되었다.

내가 하나님의 사랑을 받는 아들,
무조건적인 사랑을 받는 자라는 진리를
일단 마음속에 받아들이게 되자,
이제 나는 세상에 보냄을 받아
예수님이 하신 것과 똑같이 말하고 행동할 수 있게 되었다.

하나님의 사랑의 결정체로서 하나님의 형상을 이루는 자는 하나님의 영광이다.

제2부
참 자아와 거짓 자아

내가 사는 것이 아니요 오직 내 안에 그리스도께서 사시는 것이라(갈 2:20).

자기 생명을 사랑하는 자는 잃어버릴 것이요 이 세상에서 자기 생명을 미워하는 자는 영생하도록 보존하리라(요 12:25).

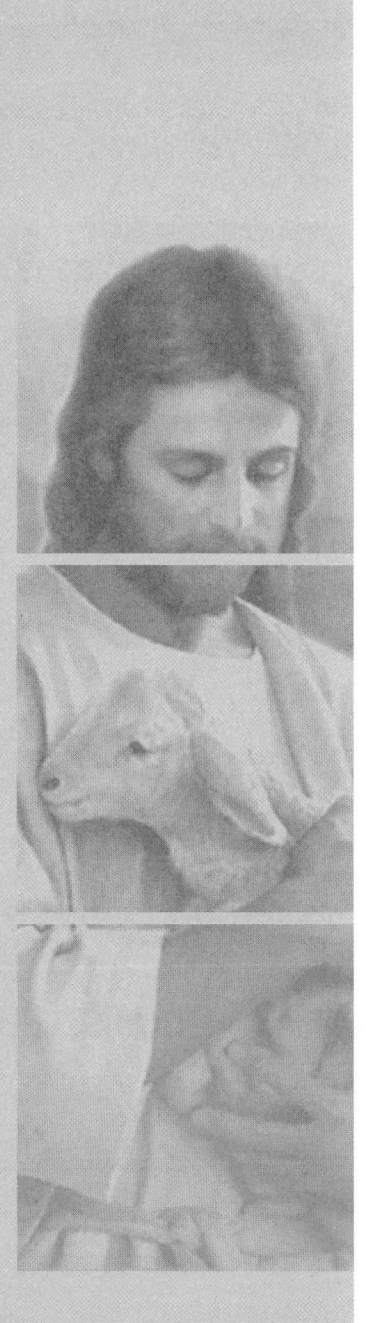

Discovering Your True Self in the Image of Christ

제 5 장

'참 자아'를 찾는 길

데이비드 메인스(David Mains)가 지은 『수습곡예사』(*The Apprentice Juggler*)라는 이야기가 있다.

어떤 왕의 나라의 대공원에, 최고의 곡예사 선생님이 지도하는 곡마단원들과 함께 곡예를 하고 싶어하는 한 수습곡예사가 있었다. 그러나 그의 마음속에는 아무에게도 털어놓지 않은 큰 비밀을 가지고 있었다. 그 수습곡예사는 오늘밤에 있을 공연에서 자신이 속한 그 곡마단에 불명예를 가져올 수 있음을 예감했다. 그는 곡예를 하는 중에 곡예봉을 떨어뜨리게 될 수도 있음을 알았다. 그러면 곡예사 선생님이 자신의 비밀을 알아차리게 될 것이고, 그는 그 곡예단에서 자신의 자리를 잃게 될 것이다. 그는 너무 긴장이 되었다.

수습곡예사는 연습장의 중앙에 서서 약간의 아침 태양빛에 자기 손을 따뜻이 녹였다. 그리고 손가락을 유연하게 풀었다. 그는 기본형인 열십자 형태로 공을 던졌다. 그는 집중했다. 그는 곡예사 선생님의 첫 가르침을 들을 수 있었다.

공을 춤추게 하라. 볼이란 말은 프랑스어에서 왔다. 이는 춤을 춘
다는 뜻이다. 볼을 춤추게 만들라.

공들은 수습곡예사의 손에서 춤을 추기 시작했다. 그가 홀로 곡예를 하는 동안은 잘 할 수 있었다. 그는 견습생으로서 지난 한 해 동안 고리와 곡예봉과 곤봉들과 계란(삶지 않은 것)들을 던지는 것을 배웠다. 그는 막대기에 접시를 올려 돌리는 것도 배웠다. 그는 우산을 그의 양손과 양어깨와 이마 위에 동시에 올려놓고 균형을 잡는 것도 배웠다. 그는 세 개의 공들을 동시에 움직이게 하였다. **던져라 *던지고 받으라 *받고; 던지라 *던지고 받으라 *받으라**.

아무도 그가 그의 내면의 카운트로 인해 투쟁하고 있음을 몰랐다. 아무도 다른 리듬이 그의 손보다는 그의 마음에서 똑딱똑딱 소리 나고 있음을 몰랐다. 그 수습곡예사가 다른 수습곡예사들과 함께 공연을 할 때나 또는 곡마단원들과 함께 일상의 묘기를 함께 할 때만 그 곡예가 잘못되어 갔다.

그는 발이 걸려 넘어졌다. 곡예봉들을 떨어뜨렸다. 다른 사람들은 그가 초보자라서 그럴 것이라고 생각했다. 그러나 이 젊은이는 그의 내면의 카운트가 아주 다르다는 것을 알았다. 그는 아무도 자신의 내면의 비밀을 알게 되기를 원치 않았다. 특히 곡예사 선생님께 알려지는 것은 원치 않았다. 그 곡마단과 함께 일하는 것은 모든 수습곡예사들의 영광스러운 목표였다. 자신의 리듬이 다르다는 것이 알려지면

그 곡마단 리듬에 맞추지 못하므로 결국 곡마단을 떠나야 하기에, 그는 자기 내면의 리듬을 억눌렀다.

그가 다른 견습생과 함께 공을 주거니 받거니 하면서 곡예를 할 때면, 내면의 리듬을 감추고 억제하기 위해 큰소리 내어 세면서 곡예를 하였다. "패스하고 내가 받고. 패스하고 내가 받고 내가 받고. 패스하고 내가 받고 패스하고 내가 받고." 이렇게 소리 내어 카운트하며 곡예를 할 때면 그런 대로 잘 할 수 있었는데 다른 사람들은 그가 아마추어라서 소리를 낸다고 생각했다.

"매우 좋아! 매우 좋아!"라고 곡예사 선생님이 소리쳤다. "아주 잘한다. 놀라운 소식은 오늘 밤 대축하연에 왕이 참석하실 것이다. 우리는 왕을 위해 공연할 것이다." 곡마단원들 모두가 기뻐했지만, 이 수습곡예사는 심장이 덜컹 내려앉는 것 같았다. 오늘 밤 그는 공연 첫 무대에 솔로를 하고 그 다음에 곡마단원들과 함께 공연을 하며 마지막을 장식하게 된다. 만일 왕 앞에서 실수를 하면 어떻게 하나. 그는 자신 안에 감춘 것을 숨기는 것이 옳다고 생각했다. 그가 지금까지 꿈꾸어 온 것은 왕이 그의 곡예(Juggling)를 보고서 유쾌히 미소 짓는 것을 보는 것이었다. 그는 왕이 그에게 다가와서 "잘했네! 젊은이. 자네는 특별한 재능을 가지고 있어"라고 말하는 것을 그려 보기도 했다.

그때, 곡예사 선생님의 음성이 그의 생각을 중단시켰다. "우리 피날레를 연습하자." 곡마단들이 함께 피날레를 연습하면서, 9명의 단원들이 모두 속으로 타이밍을 하고 있음을 알았다. **던지고 *던지고 받고 *받고; 던지고 *던지고 받고 *받고**. 소름이 끼치도록, 그는 그의 카운트가 잘못되어 갔음을 깨달았다. 그는 침묵 중에 카운트를 하고 있었다.

던지고 *던지고 받고 *받고.

　그는 자신의 잘못을 깨닫고, 보조를 바꾸었다. 그러나 이것은 아주 큰 위험 신호였다. 선생님께 말씀드려야 하나? 자신의 자리를 다른 사람이 차지하게 되면 어떻게 하나? 만일 그가 그의 내면의 카운트를 따르면 무슨 일이 일어날까? 어떤 재난이 그에게 닥쳐올까? 어깨가 축 늘어진 채로, 그는 연습장에서 집으로 향했다. 나중에 더딘 걸음으로 깊은 숲 큰 광장으로 갔다. 여기서 항상 대향연이 열렸다.

　왕의 신하들이 맨 안쪽의 원형 관람석으로 모여들기 시작했다. 신성한 불꽃이 타올랐다. 축제의 음악이 시작되었다. 수습곡예사는 유명한 사람들이 불꽃이 타오르는 대문을 지나 원형 관람석으로 걸어가는 것을 보았다. 입장과 함께 대향연의 의식이 시작되었다.

　그는 남자 또는 여자가 입장할 때 각 사람이 진짜 자신의 모습으로 변하는 것을 보았다. 신성한 불꽃이 사람들의 꾸민 모습이 아닌, 그들의 본 모습을 드러내어 주었다. 모든 거짓과 위장들은 사라졌다. 불꽃 가운데 웃음과 음악과 기쁨이 그 수습곡예사를 불렀다. 그러나 그는 스스로 뒤로 물러났다. 그의 마음에 숨긴 것이 있는데, 어떻게 입장할 수 있는가? 그의 진짜 모습이 드러나면 그의 비밀이 탄로나지 않을까?

　그는 어릴 때 그를 돌보아 주신 분이 그를 사랑으로 양육해 주었고 어둠과 숨겨진 것들을 미워했던 것을 기억했다. 그러면 자신의 비밀을 곡예단 선생님께 알려야 하나? 곡마단에서 나가면 자신은 무엇을 하고 살 것인가 번민하기 시작했다. 수습곡예사는 잡고 있던 공을 분노하며 위로 던졌다. 이번에는 그의 속에서 나오는 카운트를 하였다. 볼이 이상한 간격으로 움직이며 볼의 곡예는 부드럽지가 않았다. 공이 올라가고 떨어지는 리듬이 모험적이었다. 그는 그의 비밀을 말해야 한다. 그는 결코 다른 곡예사들과 같지 않을 것이다.

그때 임금이 걸인으로 가장하여 지나며 그 수습곡예사에게 다가와 멈추어 서서, "곡예사, 자네는 오늘 대향연에서 곡예를 하는가"라고 물었다. 젊은이는 고개를 끄덕였다. 갑자기 그는 말을 더듬으며 그의 비밀을 말하려고 하였다. 그는 그 걸인에게 "나는 내 마음 속에 숨겨진 무엇이 있다"라고 말하려 했다. 그때 그 걸인은 자신에게로 가까이 오라고 손짓한 다음, 그에게 귓속말로 속삭인다. "나는 네가 공으로 곡예를 하는 것을 방금 보았다. 너 자신의 카운트를 하라. 너 자신의 리듬에 귀를 기울이라"고 말한다.

수습곡예사는 이 걸인의 말을 듣고 깜짝 놀랐다. '나는 모든 사람으로부터 내면의 진실을 감추었는데, 어떻게 한 걸인이 나의 카운트가 잘못된 것을 알 수 있을까?' 그 걸인은 웃으면서 말했다. "나는 안단다. 나의 리듬도 다르기 때문이지." 그 말과 함께 걸인은 입장하려고 들어갔다. 그 걸인이 들어가자 순찰 경비대원들이 왕을 환영하며 사람들이 왕의 도착을 환영하기 위해 달려 나왔다. 곡예장에 들어섰을 때 수습곡예사는 자신이 만났던 그 걸인이 왕이심을 알았다. 그 왕이 말했었다. "너 자신의 카운트를 지키라."

왕이 그의 한 손을 올리고, 그의 어깨에는 한 작은 아이를 올려놓고 다른 손으로 잡고 있었다. 왕이 "축전이 시작되게 하라"고 소리내어 명령했다. 수습곡예사가 공연장에 달려와 입장했다. 곡예사들이 처음 공연을 하게 되어 있었다. 그리고 그는 그들의 공연 중 첫 부분에서 솔로를 하게 돼 있었다. 왕의 명령에 응답하여 음악가들이 기쁘게 발을 가볍게 치는 멜로디를 연주하기 시작했다. 곡예사들이 대향연의 심장부에 모여들었다. 왕과 그의 백성들이 그들 주위로 원을 이루었다. 모든 사람들이 음악이 울리자 손뼉을 치기 시작했다. 극단원 전원이 각자 저마다의 곡예를 하기 시작했다. 어떤 이들은 공을 토스했다. 다른 이들은 고리로 공중 곡예를 하였다. 그런 다음, 그 수습곡예사가 첫 솔로를 하는 시간이 되었다. 다른 모든 사람들이 멈추었다.

그가 솔로를 하기 시작할 때 왕을 비롯해 모든 관중들이 숨을 죽이고 있었다. 그는 '만약 볼을 떨어뜨려 실수를 하면 어떻게 하나? 카운트를 조정하지 못하면 어떻게 하나?'라고 걱정하다가 갑자기 왕의 말을 기억해 냈다. "너 자신의 타이밍의 리듬에 귀를 기울이라." 그는 들었다. 그가 자기 내면의 소리에 귀를 기울일 때, 그 자신 속에 새로운 카운트들이 일어나고 있었다. 그는 환희에 넘쳤다. 기쁨이 그의 손과 마음을 가득 채웠다. 마음에 일어나는 새 리듬은 그가 들은 어떤 것보다도 달랐다.

그가 곡예를 하기 시작했을 때 관중들로부터 "아 얼마나 멋진가!", "나는 결코 이와 같은 훌륭한 곡예사를 본 적이 없다", "그는 얼마나 특별한가!"라는 말들이 흘러 나왔다. 관중이 열광했다. 그가 곡예를 마쳤을 때 관중들이 환호하고 박수치며, 발을 땅에 구르고 만세를 불렀다. 그는 똑바로 서서 머리를 숙여 인사했다. 이번에 그가 위를 쳐다보았을 때, 그는 왕의 눈을 직접 응시하고 있었다. 왕은 미소로써 그의 칭찬을 나타냈다.

"어릿광대! 어릿광대!"라고 누군가 부르짖었다. 곡예사 선생님이었다. 그는, "너는 어릿광대의 리듬을 가지고 있다"라고 말하며 크게 기이 올라가고 떨어지는 리듬이 모험적이었다. 그는 그의 비밀을 말해야 한다. 그는 결코 다른 곡예사들과 같지 않을 것이다.

그때 임금이 걸인으로 가장하여 지나며 그 수습곡예사에게 다가와 멈추어 서서, "곡예사, 자네는 오늘 대향연에서 곡예를 하는가"라고 물었다. 젊은이는 고개를 끄덕였다. 갑자기 그는 말을 더듬으며 그의 비밀을 말하려고 하였다. 그는 그 걸인에게 "나는 내 마음 속에 숨겨진 무엇이 있다"라고 말하려 했다. 그때 그 걸인은 자신에게로 가까이 오라고 손짓한 다음, 그에게 귓속말로 속삭인다. "나는 네가 공으로 곡예를 하는 것을 방금 보았다. 너 자신의 카운트를 하라. 너 자신의 리듬에 귀를 기울이라"고 말한다.

수습곡예사는 이 걸인의 말을 듣고 깜짝 놀랐다. '나는 모든 사람으로부터 내면의 진실을 감추었는데, 어떻게 한 걸인이 나의 카운트가 잘못된 것을 알 수 있을까?' 그 걸인은 웃으면서 말했다. "나는 안단다. 나의 리듬도 다르기 때문이지." 그 말과 함께 걸인은 입장하려고 들어갔다. 그 걸인이 들어가자 순찰 경비대원들이 왕을 환영하며 사람들이 왕의 도착을 환영하기 위해 달려 나왔다. 곡예장에 들어섰을 때 수습곡예사는 자신이 만났던 그 걸인이 왕이심을 알았다. 그 왕이 말했었다. "너 자신의 카운트를 지키라."

왕이 그의 한 손을 올리고, 그의 어깨에는 한 작은 아이를 올려놓고 다른 손으로 잡고 있었다. 왕이 "축전이 시작되게 하라"고 소리내어 명령했다. 수습곡예사가 공연장에 달려와 입장했다. 곡예사들이 처음 공연을 하게 되어 있었다. 그리고 그는 그들의 공연 중 첫 부분에서 솔로를 하게 돼 있었다. 왕의 명령에 응답하여 음악가들이 기쁘게 발을 가볍게 치는 멜로디를 연주하기 시작했다. 곡예사들이 대향연의 심장부에 모여들었다. 왕과 그의 백성들이 그들 주위로 원을 이루었다. 모든 사람들이 음악이 울리자 손뼉을 치기 시작했다. 극단원 전원이 각자 저마다의 곡예를 하기 시작했다. 어떤 이들은 공을 토스했다. 다른 이들은 고리로 공중 곡예를 하였다. 그런 다음, 그 수습곡예사가 첫 솔로를 하는 시간이 되었다. 다른 모든 사람들이 멈추었다.

그가 솔로를 하기 시작할 때 왕을 비롯해 모든 관중들이 숨을 죽이고 있었다. 그는 '만약 볼을 떨어뜨려 실수를 하면 어떻게 하나? 카운트를 조정하지 못하면 어떻게 하나?'라고 걱정하다가 갑자기 왕의 말을 기억해 냈다. "너 자신의 타이밍의 리듬에 귀를 기울이라." 그는 들었다. 그가 자기 내면의 소리에 귀를 기울일 때, 그 자신 속에 새로운 카운트들이 일어나고 있었다. 그는 환희에 넘쳤다. 기쁨이 그의 손과 마음을 가득 채웠다. 마음에 일어나는 새 리듬은 그가 들은 어떤 것보다도 달랐다.

그가 곡예를 하기 시작했을 때 관중들로부터 "아 얼마나 멋진가!", "나는 결코 이와 같은 훌륭한 곡예사를 본 적이 없다", "그는 얼마나 특별한가!"라는 말들이 흘러 나왔다. 관중이 열광했다. 그가 곡예를 마쳤을 때 관중들이 환호하고 박수치며, 발을 땅에 구르고 만세를 불렀다. 그는 똑바로 서서 머리를 숙여 인사했다. 이번에 그가 위를 쳐다보았을 때, 그는 왕의 눈을 직접 응시하고 있었다. 왕은 미소로써 그의 칭찬을 나타냈다.

"어릿광대! 어릿광대!"라고 누군가 부르짖었다. 곡예사 선생님이었다. 그는, "너는 어릿광대의 리듬을 가지고 있다"라고 말하며 크게 기뻐했다. "너는 그것을 하지 못하는 것 같아 보였다…. 너는 마치 무엇을 떨어뜨리려는 것같이 보였다. 그러나 너는 그러지 않았다. 어릿광대 너는 전세계에서 최고의 곡예사이다!!"

곡예사 선생님은 엄숙해 보였다. 그는 그 곡예사의 어깨를 흔들며, "왜 너는 내게 너의 리듬이 다르다는 것을 말하지 않았니?"라고 물었다. 그러자 그 곡예사는 "왜-왜-왜냐하면"말을 더듬거리며 대답한다. "저-저는 극단에서 저의 자리를 잃을 수 있다고 생각 했었습니다."

그 곡예사 선생님은 그를 흔드는 것을 멈추었다. "너의 자리를 잃는다고? 오히려 너만의 독특한 자리를 찾으라. 대축하연에서의 한 자리를 열망하는 사람들은 모두 한 자리를 찾는다는 것을 알지 못하였느냐?" 이와 같이 말하며 곡예사 선생님은 머리를 뒤로 젖히고 웃었다.

"어릿광대의 본능이 있는 곡예사! 오 얼마나 드문가! 우리가 가실 극단은 얼마나 훌륭한가…우리는 볼을 춤추게 할 것이다."

그 곡예사는 곡마단에서는 자신의 자리를 잃었지만 자신만의 고유하고 영광스러운 자리를 찾아 빛을 발하기 시작했다. 왕이 인정하는, 내면의 리듬에 따라 살아가는 모든 사람은 왕국에서 자신만의 자리를 찾는다. 그리고 다른 무엇보다도 그들은 참으로 행복하게 살아간다.[1]

우리는 타인의 칭찬과 환호에서 벗어나 하나님의 인정을 받을 때 이미 그리스도의 천국 잔치에 참여한 자이다. 육신의 정욕과 안목의 정욕, 이생의 자랑을 버리고 성령을 좇아 그리스도로 자랑하는 이들

---

[1] David and Karen Mains, *The Apprentice Juggler in Tales of the Kingdom* (PA: Lamplighter Publishing, 1983), p.25-30.

은 하나님의 자녀로 나타난다.

인생은 누구나 세상에서 곡예사로 살아간다고 말할 수 있다. 앞의 "수습곡예사" 이야기에서 주인공은 "내가 진짜가 되면 쫓겨나지 않을까?" 하고 걱정했다. 우리가 세상에서 거룩하신 하나님의 자녀로 살아간다면 세상이 주는 모든 쾌락과 행복에서 제외되는 것은 아닐까 걱정하는 이들도 많다. 그러나 우리가 경건하고 진실하게 삶으로, 손해 보고 죽는 한이 있더라도, 그리스도가 사는 진정한 자기를 잃지 않는다면, 별과 같이 영원히 빛날 것이다.

하나님의 인도함을 받지 않은 자는 방자히 행하지만, 하나님의 법을 지키는 자는 참으로 기쁘고 복이 있다(잠 29:18). 예수님 안에 진정한 만족이 있고 그를 통하여서만 진정한 자아실현이 된다. 하나님 안에 '진정한 나'가 있다. 세상에서 하나님의 자녀로서의 정체성을 잃고 살면 세상이 자신을 환영하고 세상의 낙을 누릴 것 같지만, 사실은 자기 영혼을 잃고 사는 것이다. 예수 그리스도는 이렇게 말씀하셨다.

> 자기 생명을 사랑하는 자는 잃어버릴 것이요 이 세상에서 자기 생명을 미워하는 자는 영생하도록 보존하리라(요 12:25).

육신의 정욕을 멀리하고 우리의 생명인 그리스도 안에서 성령을 좇아 그리스도로부터 직접 배우며 그의 제자가 될 때, 우리는 그의 형상을 본받게 된다. 진정한 당신을 그 무엇으로 대신할 수 있는가. 참 자아가 되면, 자신도 기쁘고 하나님도 기뻐하신다.

또한 각자 고유한 특성대로 살게 하는 것이 하나님의 창조 목적이다. 곡예사는 처음 자신의 자리를 잃을 것을 두려워해서 자신만의 리듬을 감추고, 자신에게 맞지 않는 다른 이의 리듬에 따라 살려 하였다. 본래의 자신을 외면하고 타인을 흉내 내는 거짓 자아로 행했을 때는 실수가 많았다. 그 때에 그는 진정한 만족과 기쁨이 없는 삶을 살면서, 두려움에 휩싸이게 되었다. 그때, 걸인의 모습을 한 왕을 통해 진정한 자신을 발견하게 됨으로 그는 하나님이 주신 그만의 특별하고 새로운 인생을 살 수 있게 되었다.

사람은 하나님의 형상인 독특한 자아로 나타날 때 가장 아름답다. 걸인으로 변장했던 왕은 그 수습곡예사에게, "너 자신의 카운트를 하라. 너 자신의 타이밍의 리듬에 귀를 기울이라"고 말했다. 이 곡예사는 자기 안의 비밀스런 리듬이 자기 몸을 통해 나올 때, 그를 지켜본 모든 이들을 감탄케 하였다. 수습곡예사는 내면의 리듬을 따라 곡예를 함으로 그의 꿈이 실현되며 최고의 어릿광대로 나타날 수 있었다.

우리 자신의 내면의 리듬도 우리 생명인 예수 그리스도로부터 나온다. 우리에게 말씀하시는 그리스도의 음성에 귀 기울이며 그의 영을 따라 살 때 우리는 빛나는 하나님의 자녀들로 나타난다. 자기 내면의 리듬을 따라서 멋진 공연을 한 수습곡예사처럼, 우리는 이 세상 속에서 사탄이 주는 위협과 압박에도 불구하고 항상 성령을 좇아 자신을 향하신 하나님의 뜻 안에서 자기 자신의 자아에 진실할 때, '진정한 나'를 찾는다.

D.H. 로렌스는 "인간은 어떻게 자신의 영혼을 구원할 수 있는가? 자신의 영혼이 원하는 삶을 살 때에만 그것이 가능하다. 중요한 것은 삶을 사는 것, 진정으로 사는 일이다"라고 말했다. 서로에게 영원한

사랑을 고백하는 젊은 남녀들이나, 빵 한조각의 저녁 식사에도 머리 숙여 기도하는 노인은 진정으로 삶을 산다.

명문 휘튼대학을 수석으로 졸업한 짐 엘리엇은 "결코 놓치지 말아야 하는 것을 얻기 위해 언젠가는 놓아야 할 것을 포기하는 사람은 현명한 사람이다"라는 말을 남기고, 복음을 듣지 못한 부족을 위해 선교사로 헌신하여 남미 에콰도르에서 29세로 순교하였다. 예수님의 흔적이 되고자 스스로를 '스티그마'(stigma, 흔적)라고 하며, 자신의 모든 물건에 "예수님이 내 중심이 되세요"(Jesus, Be the Center)라는 말을 새겨놓고 그렇게 살았던 고 안수현 대위(군의관)는 그리스도의 마음으로 환자를 자기 자신처럼 돌보았다. 이들 모두는 자기 영혼이 원하는 삶을 살았고, 자기 자신의 자아에 진실하였다. 예수 그리스도는 하나님과 동일한 본체이지만, 자신을 비워 인간의 몸을 입고 종의 형체를 취하셨다. 예수님이 그 자신에 진실하였을 때 하나님 아버지는 그를 높이 들어 올리시고 영광받으셨다.

한 수습곡예사가 자기 영혼의 리듬을 따라 새 리듬으로 곡예를 했듯이, 우리도 자신에게 진실하여 삶 속에 그리스도의 형상을 이룰 때, 새 노래로 하나님을 찬양한다. 자기 자신에게 진실함으로 찾게 되는 참 자아는 하나님의 영광으로 왕이신 하나님과 사람들을 감동시킨다.

국학원의 이승헌에 따르면, 한국인이 즐겨 부르는 아리랑은 복사판이 아닌 '참 자아'를 찾는 기쁨의 노래이다. 아리랑을 한자로 옮겨보면, 나 아(我), 이치 리(理), 즐거울 랑(郞)으로서, 아리랑이라는 말은 참 자아를 찾아가는 기쁨으로 해석할 수 있다. 아리는 나를 깨닫는 것이다. 여기서 아(我)는 참 자아와 같다. 참 자아를 버리고 떠나는 임은 거짓 자아를 일컫는다. 거짓 자아는 십리도 못가서 발병난다. 아리랑은 결국 거짓 자아를 버리고 하나님 형상인 참 자아를 찾아 기쁨을 나누라는 것이다.

참 자아는 이 어두운 세상을 이기고 빛의 자녀로 나타난다. 『레미제라블』의 장발장은 빵을 훔치다가 19년의 옥살이 후 가석방된다. 그러나 전과기록으로 인해 문전박대 당하며 자기 영혼을 잃고 살았다. 어느 날 그는 자신에게 사랑을 베푼 성직자를 통하여 하나님의 형상인 자신을 찾으며 죄악의 가면을 벗기 시작한다. "나는 누구인가?"라고 부르짖던 그는 자신의 영혼을 찾은 후, 당당하게 "나는 장발장"이라 말한다. 그리고 이웃에게 희생적 사랑을 베푸는 작은 예수가 되었다.

Discovering Your True Self in the Image of Christ

제 6 장

참 자아와 거짓 자아

지상에서의 유일하고 참된 기쁨은 거짓 자아의 감옥에서 탈출하여, 모든 존재의 본질 안에 그리고 우리 영혼의 중심에 거주하며 노래하시는 생명이신 분과 사랑으로 일치하는 일이다.

- 토마스 머턴

모든 인간에게는 하나님의 형상대로 창조된 자기만의 독자성을 지닌 참 자아(True self)가 있다. 이 참 자아는 그리스도 안에서 온전케 되며, 성령으로 거듭났고, 늘 하나님을 대면하여 그 앞에 서 있다.

불행히도 많은 사람들이 하나님을 떠나 거짓 자아로 살고 있다. 거짓 자아는 자아의 윤곽이 불분명하며, 세계를 자신의 형상으로 만들거나 그 세계와 융합된다. 이들은 자신과 타인 그리고 하나님에 대한 이미지가 왜곡되어 있다. 이러할수록, 이들의 영혼은 본래의 자신인 하나님의 자녀로 나타나기를 열망한다. 이런 참 자아를 찾기 원했던 한 학생은 다음과 같이 고백했다.

> 나의 거짓 자아인 못생기고 쭈글쭈글한 애벌레는 차츰 변하여 자신의 참 자아인 아름다운 나비가 되어 날아가듯이 나는 정말 그렇게 날고 싶었다.

그럼에도 불구하고, 왜 사람들이 참 자아를 버리고 남을 모방하려는지 르네 뮐러(Rene J. Muller)는 『최저한의 자아』(*The Marginal Self*)에서 다음과 같이 말한다.

> 우리는 우리 자신을 포기하기를 열망하는데, 이는 자신이 된다는 것이 어렵고 고통스런 일이기 때문이며, 또한 우리의 문화가 우리 자신과 교환할 때만 주게 되어 있는 보상을 바라기 때문이다.

이러한 거짓 자아가 파쇄되어 우리가 완전히 자유할 때만, 참 자아로 거듭나고 다른 피조물로부터도 초연하다. 예수님은 이러한 과정을 다음과 같이 말씀해 주셨다.

> 내가 진실로 진실로 너희에게 이르노니 한 알의 밀이 땅에 떨어져 죽지 아니하면 한 알 그대로 있고 죽으면 많은 열매를 맺느니라. 자기 생명을 사랑하는 자는 잃어버릴 것이요 이 세상에서 자기 생명을 미워하는 자는 영생하도록 보존하리라(요 12:24-25).

여기서 우리가 미워해야 할 목숨은 '거짓 자아'요, 영생하도록 보존할 생명은 '참 자아'를 가리킨다. '참'이라는 말은 '사실의, 정확한, 진정한'이라는 뜻이다. "참 마음"(히 10:22) 과 "참 장막"이 있고, "참 성소"와 "참 하늘"이 있다(히 8:2; 히 9:24). 예수님은 "참 빛"(요 1:9)과 "참 포도나무"(요 15:1)가 되신다. 참이란 "이름과 외모뿐만 아니라 이름에 상응하는 진정한 자질도 갖춘, 모든 면에서 이름이 의미하는 개념과 일치"한다는 뜻이다. "오직 여호와는 참 하나님"(렘 10:10)이시며, 예수님은 "참 빛"(요 1:9)이시듯 그리스도가 자신 안에 사는 사람은 '참 자아'이다. 성 버나드(Bernard)는 이 '참 자아'에 대해서, "그것은 지옥에서조차 타지 않는다"라고 말하였다. 참 자아는 하나님이 창조하여 주신 그대로의 실체로서 그리스도의 마음을 가지고 있고, 모든 일들을 그리스도의 눈으로 바라본다.

사람은 "자신이 자라온 성장 환경과 여러 상황 그리고 관계들, 신체적 특징들, 능력들 전체와 자기 안에 있는 여러 가지 자아들 중에서 그 핵심에 있는 하나님의 형상인 참 자기를 찾을 때, 기쁨이 넘치고" 하나님을 찬양하게 된다.[1] 이러한 참 자아는 천국을 소망하며 산다. 그러나 시인 채프먼은 많은 사람이 거짓 자아로 산다고 지적했다.

허위의 인간 사회여,
세속적인 명성을 찾기에 바빠

---

[1] 권오규, 『내게 새겨진 하나님의 형상 참 자기』 (서울:예영, 2007), p.35.

천상의 뭇 즐거움은 공중에 흩어지는구나.[2]

얼마 전 하버드대학에서 폭탄테러 소동이 일어나 사람들을 놀라게 한 일이 있었다. 한 학부 재학생이 기말 시험을 치루기 싫어서 허위로 테러 위협을 한 것이었는데, 결국 그 학생은 감옥살이를 하게 되었다고 한다. 하나님이 없는 거짓 자아의 삶은 세상 지식을 배운다 해도 실패할 수 있다. 그리스도의 손을 잡지 않은 삶은 모든 것이 헛되다.

미국에 이민 와서 일하는 사람들 중에는 자신의 본 이름을 숨긴 채 낸시, 줄리 같은 가명으로 사는 경우도 있다. 그 예로 어떤 가게에서 일하는 한 여성은 함께 일하는 동료 중에 진짜가 아닌 가짜로 사는 이가 많다고 한다. 가령 자신의 본 이름이 민지숙인데 낸시로만 미국 교포 사회에서 통하니 아무도 자신을 알 수 없고, 자신을 감추고 있으니 낸시는 자신의 욕망을 위해서라면 나쁜 짓도 서슴지 않는다고 하였다. 이러한 사람들 모두 거짓 자아로 살고 있다.

거짓 자아로 사는 자는 신경증에 걸린다. 클레르보의 베르나르는 "하나님과의 닮음을 상실한 영혼은 내면에 부조화 곧 내적분열을 경험하는데 근본적인 하나님을 닮음이 새로 획득한 상이와 병행하여 존속하기 때문에 그것을 뒷받침하는 것이 한층 더 어렵습니다"(아가서 설교 82:2)라고 하였다.[3]

수도하며 살았던 토마스 아 켐피스는 '거짓 자아'의 짐에서 벗어나

---

2 헨리 데이비드 소로우, 『월든』, 강승영 역 (서울:이레, 2004), p.51.
3 클레르보의 베르나르, 『나에게 입 맞춰 주세요』, 엄성옥 역 (서울:은성, 2010), p.10.

도록 다음과 같이 기도했다.

> 예수님과 함께 십자가에서 죽었다고 하지만
> 끊임없이 내 자아가 불쑥불쑥 살아납니다.
> 주님, 내 자아를 무너뜨려 주소서.
> …
> 아 슬픕니다!
> 사람들의 이야기를 들으면 쉽게 웃음을 터뜨리는 제가
> 예수님의 말씀과 행하심을 듣고도
> 아무 감동을 느끼지 못하기 때문에 눈물이 나지 않습니다.
> 저는 날마다 죄를 짓습니다….
> 아! 주님, 내 자아를 무너뜨려 주소서.[4]

상처 입은 거짓 자아는 자신도 이웃도 사랑할 줄 모르지만, 참 자아는 하나님을 마음을 다해 사랑하고 이웃을 내 몸같이 사랑한다. 참 자아는 항상 지금 여기서 성령을 체험하며 산다. 참 자아에게는 그리스도가 전부의 전부가 된다. 세상 모든 것을 잃더라도 자기 생명인 하나님 한 분을 잃지 않으면 성공한 것이기 때문이다. 참 자아는 옛 자아가 십자가에 못 박혔고, 하나님의 안식 속에 거한다. 이러한 자는 겸손하고 온유한 그리스도의 마음을 드러낸다.

참 자아는 하나님이 지으신 그대로 진짜이다. 참 자아는 하나님이

---

[4] 토마스 아 켐피스, 『그리스도를 본받아』, p.134.

지으신 그대로 주님의 기쁨이다. 참 자아는 하나님의 형상을 다른 사람에게 전달하려고 하는 거울과도 같다. 자기부인의 산고를 통해 거듭난 참 자아는 성령안에서 자신의 하나님을 영원히 즐거워한다. 먹든지 마시든지 오직 하나님의 영광을 위해서 산다.

거짓 자아와 참 자아를 다음과 같이 비교해 본다.

거짓 자아는 병든 영혼이지만
참 자아는 평강의 영혼이네

거짓 자아는 두려움과 교만에 빠졌지만
참 자아는 사랑과 겸손이 우러나네

거짓 자아는 자신밖에 몰라 쭈그러들지만
참 자아는 그리스도의 빛을 발하네

거짓 자아는 슬픔이지만
참 자아는 기쁨이네

거짓 자아는 버림받았지만
참 자아는 주님 손의 왕관이네

거짓 자아는 '내 중심'이지만
참 자아는 '하나님 중심'이네

거짓 자아는 그 안에 야만인이 살지만

참 자아는 그 안에 그리스도가 사시네

거짓 자아는 풀과 같이 무성해도 곧 시들지만

참 자아는 연한 순 같아도 생명나무가 되네

거짓 자아는 고난의 태양빛에 가시를 내지만

참 자아는 진리와 사랑의 열매를 맺네

거짓 자아는 하나님과 단절되었지만

참 자아는 주와 합해 한 영이 되네

거짓 자아는 타락한 마귀 같지만

참 자아는 빛나는 하나님의 자녀라네

거짓 자아는 정죄함 받아 떨고 있지만

참 자아는 그리스도 안에서 자유하네

거짓 자아는 자신의 힘으로 살지만

참 자아는 오직 하나님의 신으로 사네

거짓 자아는 '스스로 있는 자'인 듯 우쭐대지만

참 자아는 '나의 나 된 것은 오직 하나님의 은혜'라 하네

거짓 자아는 절망과 어둠이지만
참 자아는 세상의 빛이라네

거짓 자아는 마술적 소원과 허상이지만
참 자아는 하나님의 형상인 실체라네

거짓 자아는 고난을 만나면 재같이 되지만
참 자아는 불속에서도 정금같이 나오네

거짓 자아와는 오랜 시간 대화해도 무의미하지만
참 자아와는 순간의 대화에도 생명이 나타나네

거짓 자아는 자기 얼굴을 보면서도 자신인 줄 모르지만
참 자아는 남의 얼굴을 보면서도 자기 형제자매임을 알아보네

거짓 자아는 마른 가지 같지만
참 자아는 그리스도의 생명을 드러내네

거짓 자아의 형성

대상관계 심리학에 의하면, 어린아이는 태어나서 처음 1년 정도는 어머니와의 관계 안에서 자기 자신을 인식한다. 이때, 아기에게는 어머니와 자신이 둘이 아닌 하나로 인식되어, 자신을 잘 대해주는 어머

니는 좋은 어머니이자 곧 '좋은 나'가 된다. 이 '좋은 나'는 그 아이의 건강한 자아가 그 영혼 속에 이루어지도록 도와준다. 그러나 나쁜 어머니는 '나쁜 나'로 인식되어 자신을 싫어하고 미워하게 된다.

갓난아이일 때부터 아기는 엄마의 얼굴을 보고, 방실 방실 웃거나 소리를 지르고 손짓 발짓을 하는데, 이 몸짓이야말로 최초로 참 자기의 표현이요 이 몸짓들의 근원에는 참 자아가 있다. 아기가 방실거릴 때 그 아기를 사랑의 눈으로 바라보는 엄마는 같이 방실 웃으며 아기의 웃음을 반영해 주는 거울이 된다. 아기는 점차 사랑이 넘쳐나는 어머니의 눈동자에 반사되는 자신의 모습을 발견하고 기뻐한다. 자기 자신에 대한 생생한 감정, 자신과 삶에 대한 자신감, 그리고 '나는 나'라는 확신이 어머니의 얼굴이라는 거울을 통해서 오는 것이다. 이러한 경험은 건강한 자기애의 형성을 도와 결국은 이웃도 내 몸같이 사랑하게 되는 성숙한 참 자아의 첫 과정이 된다.

그러나 어머니가 제때에 적당한 양의 젖을 주지 않는다던가 또는 아기 자신이 방긋 웃으며, 재롱을 떨 때에 어머니가 잘한다고 장단 맞추어 함께 놀아주지 못하고 오히려 야단을 친다던가 하면, 그 어머니는 아이에게 나쁜 어머니로 각인된다. 어머니와 아이 자신의 구분이 없는 이 때에 아이에게 '나쁜 어머니'는 곧 '나쁜 나'로 되어, 거짓 자아가 생기게 된다.

어린아이가 이런 일들로 화가 난다던가 또는 이가 날 때 가려워서 어머니의 젖을 깨물 때에 그 어머니가 아이를 이해하고 포옹하지 못하고 오히려 젖을 깨문다고 아이 머리에 꿀밤이라도 준다면, 그 아이는 사랑하는 사람이 자신을 해할 수도 있다는 피해망상의 자리를 가질 수 있다. 그리고 어머니가 우유병만 아기에게 물려 놓고 사라진다면, 그 아기는 어머니가 자신에게 꿀밤을 주더니, 이제는 자신이 보기 싫어서 갔다는 편집중의 자리를 만들 수 있다. 이런 사람이 장성하여 결혼하면 조그마한 일에도 배우자를 쉽게 의심할 수 있다.

햇빛을 받아야 식물이 살듯, 아이도 자기에 대한 깊은 사랑을 공급받아야 살아난다. 그런데, 이러한 사랑을 받지 못하고 과도하게 자기애에 깊은 상처를 받게 된다면 그 아이는 진정한 자아를 망각한 채 상처를 주는 그 생명공급자의 비위를 맞추는 거짓 자아를 개발하기 시작한다. 거짓 자아는 한 생명체의 자발적이고 직접적인 생명력의 표현을 하지 못하게 된다. 참 자아 대신 거짓 자아는 참된 실체라는 느낌(a sense of being real) 대신에 허망한 느낌이 텅 빈 자리를 채우게 된다. 본질적으로 어린아이는 태어나면 주위 사람들이 자신을 향해 '네가 제일이다', '너는 나의 사랑이야'라는 메시지를 상대방의 눈동자와 언행에서 받아야 정상적으로 발달하게 된다. 그러나 어머니의 충분한 사랑을 받지 못하고 자란 사람은 상실한 어머니의 사랑을 찾으려 어머니같은 친구를 사귀고 어머니같은 사람과 결혼한다. 그러나 누구도 그 아이가 바라는 어머니의 사랑을 충족시키기에 역부족이다. 이런 사람은 그 욕구를 충족시키고자 혼외 관계를 가지거나, 술이나 마약 등으로 어머니의 사랑에서 나오는 듯한 쾌락을 느껴보려고도 한다. 그 결과로 심신이 마비되고 목숨을 잃기도 한다.[5] 이들은 자신의 생명

---

5 거짓 자아는 참 자아를 누르고 진짜 자아 행세를 할 때도 있지만, 실상은 상처투성이의 가면에 불과하다. 자아의 실체가 없는 거짓 자아는 감정을 경험하는데 어려움이 있어서, 모든 문제를 머리로만 해결하고자 한다. 그 결과 학문적으로 성공을 거두기도 하지

인 그리스도를 만나 성령 안에서 뜨거운 사랑을 체험할 때에야 치유가 일어난다.

자기애적 상처를 가진 사람의 과대망상적 관심의 요구는 근본적으로 생의 초기에 잃은 자신을 올바르게 반영해주는 거울을 되찾고자 하는 헛된 시도를 담고 있다. 자신의 허영을 충족시켜 주는 사람들의 인기와 경탄도 성적 탐닉이나 마약도 참다운 만족을 주지 못한다. 이는 우리에게 참된 사랑과 돌봄 그리고 관심을 비춰주는 진실한 거울이 되는 우리의 원천적 원형인 예수 그리스도의 얼굴 안에서만이 우리의 진정한 얼굴을 찾을 수 있기 때문이다.

소아과 의사였던 위니코트 박사는 '거짓 자기'를 자기가 그렇게 되기를 바라는 자기라고 했다. 곧 약점과 수치가 있는 자기로서는 부모의 사랑을 받을 수 없다고 판단한 아이가 사랑받기 위해 만들어 낸 자기라고 했다. "이렇게 완벽해야 사랑을 받을 거야"라고 아이가 상상하면 가면을 쓰고 거짓 자아로서 일생을 연기하며 살게 된다. 이러한 완전주의자는 가면을 쓴 채, 자신의 참 자아로 사는 것을 경험해 보지 못했다.

만 가짜는 가짜일 뿐이다. 이런 사람은 자신이 쌓아 올린 성공을 스스로 폐기해 버림으로써 주위 사람들에게 실망을 안겨 줄 수도 있다. 거짓 자아가 공적이거나 사회적인 인간관계에서는 참 자아 행세를 하며, 자신을 속이고 이웃을 속일 수 있다. 그러나 그 사람이 하나의 전체적 인간이기를 기대하는 인격적 관계에서는 이 거짓 자아는 생의 근본적인 그 무엇을 결핍하고 있음을 드러내게 된다. 이러한 자기노출이 두려워 친밀한 인간적 관계를 회피함으로써 이를 감추기도 한다. 주님과도 친밀한 사랑을 나눌 수 없다. 거짓 자아는 속이 비어 있어 남들로부터 오는 칭찬과 경탄에 의존한다. 남들이 우러러 볼 수 있은 역할을 해냄으로써 끊임없이 세인의 관심을 불러일으킨다. 그러나 이런 것들 중 어느 한 가지가 실패하면 그 사람은 마치 바람 빠진 풍선처럼 되고 우울증에 빠지게 된다. 이는 자신의 역할을 하는 동안에만 자신을 지탱할 수 있고, 그 역할이 끝나면 자기 상실감에 빠지게 되기 때문이다.

거짓 자아는 자기 자신을 멸시하고 불안하며, 분노와 쓴 뿌리를 씹으면서도 자신은 그렇지 않다고 부인하며 무엇을 꼭 해야 한다는 무서운 압박감 속에 산다. 그 결과 그리스도의 형상으로부터 멀어졌다.

데이빗 시맨즈는 『상한감정의 치유』에서, 이러한 아이의 심리를 다음과 같이 표현한다.

> 나는 나의 실제 모습 그대로를 가지고는 다른 사람으로부터 사랑과 인정을 받을 수 없다. 내가 다른 사람으로부터 인정받기 위해서 나로서는 할 수 있는 모든 방법을 다 써 보았다. 그러나 결국 나는 나의 실제 모습 그대로를 가지고는 다른 사람들의 사랑과 용납을 받을 수 없다는 것을 알았다. 그러므로 실제적인 내 모습과 다르게 보여야만 다른 사람들로부터 사랑과 인정을 받을 수 있다.

어릴 때의 상처로 내면에서 자라지 않고 있는 성인아이의 거짓 자아도 있다. 이러한 가면을 쓴 한 청년은 다음과 같이 말한다.

> 어릴 때 입은 상처의 "가면이 나중에 나의 본 얼굴로 인식되어 살아가지만 그 깊은 속에는 치유되지 않고 성장이 멈춰버린 '어린 나'가 그대로 있어서, 육신이 지쳐서 조정이 되지 않을 때는 여지없이 주머니 속에 있는 송곳처럼 튀어 나오고 말았다."

이러한 때 자신 속에 있는 그리스도 형상인 '참 자아'는 그 상처나 울고 있는 아이를 보면서 "나는 너를 본다. 네 안에 계신 그리스도께서 너의 눈물을 닦아주시고 하나님의 빛나는 자녀로 나타나게 하신다"고 위로하며 포옹해 준다. 이때, 상처 입은 아이는, 성령 안에서 하나님의 따뜻한 사랑의 빛을 받아 치유되며 성장한다.

누구라도 자신이 아닌 다른 사람이 될 수는 없다. 하나님이 지어주신 그대로의 자아가 아닌 남이 되려는 자는 신경증에 걸린다. 상처와 한으로 형성된 거짓 자아가 깨어질 때 그리스도의 품성을 입은 참 자아가 드러난다.

열한 살 어린 나이에, 인도에 선교사로 가신 부모님을 2차 세계대전으로 인해 9년이나 만나보지 못한 데이비드 시맨즈 박사는 상처 받은 내면에 있는 어린아이의 가면으로 인해 결혼생활에서도 자신의 솔직한 감정을 표현할 수 없었다. 그래서 그는 신혼기에 "오늘 저녁에는 나르리라"고 몇 번이고 그 스스로에게 다짐했있다. "오늘 저녁 집에 들어가면 내가 얼마나 사랑하는지를 얘기 할 수 있으리라고, 나는 종일 연습을 하곤 했다"고 하였다. 그는 계속해서 다음과 같이 말한다.

> 우리가 인도에 선교사로 갔을 때였다. 나는 마을로 지프를 타고 들어가 몇 주간을 따로 나와 있었다. 나는 마음껏 연습을 할 수 있었다! 달라질 수 있다. 집에 들어서면 팔로 아내를 꼭 껴안고 '여보 사랑하오'라고 말하리라. 그렇게 다짐하곤 했다. 그러나 문을 들어서기만 하면 나는 굳어 버렸다. 내 안에 자리한 그 어린아이의 벽이 우리 사이를 갈라놓는 것이었다. 나는 내 손에 피가 흐르고 찢어진다 해도 그 벽을 부수고 싶었다. 그것은 우리 결혼을 망가뜨리고 우리 둘을 실망케 했다…내가 진실로 느끼고 있는 것을 그녀에

게 얘기한다면 우리 둘은 헤어지게 될 것 같은 두려움이 나를 사로 잡고 있었다. 그래서 나는 '자, 나는 너를 꼭 붙들고 있어야 해'라고 다짐했었다. 항상 내 안에는 두렵고 외로운 소년이 자리 잡고 있었던 것이다…어느 날 나의 자아를 겹겹이 둘러싸고 있던 댐이 터지자 나는 내 속의 두렵고 외로운 꼬마인 나의 상처 입은 자아를 털어놓을 수 있었다…나의 거짓의 가면이 깨어져 그녀에게 참 내 모습을 드러내게 되었을 때부터 나는 나의 사랑을 자유롭게 표현할 수 있게 되었다. 나는 나의 부정적인 것과 긍정적인 감정을 모두 표현할 수 있었다.[6]

필자의 수업을 듣던 한 여성은 가짜로 살아온 삶을 돌이켜 보고 '진짜 나'를 찾는 과정을 다음과 같이 고백한다.

나는 일평생 내가 아닌 다른 사람이 되려고 애를 많이 썼다. 내가 아주 어렸을 때 아버지는 나에게, "나는 첫째 아들 다음에는 딸을 갖기 원했다. 그런데 태어난 내 딸을 보니 아주 못생겼더라"고 말씀하셨다. 이 말은 나에게 아주 큰 충격이었다. 그리고 아버지는 당신의 자식들과 남의 자식들을 항상 비교하시면서 나에게 경쟁심을 불러일으키시곤 하셨다. 나는 심한 열등감에 사로잡혔고 매사에 자신감을 잃고 살았다…하나님의 형상으로 지은 바 된 나를

---

[6] 데이비드 A. 시맨즈, 『어린아이의 일을 버리라』, 윤병하 역 (서울:두란노, 1992), pp.65-67.

잃었고 나의 본질을 모른 채 오랜 세월동안 방황하며 슬픈 삶을 살아왔었다. 하지만 이제는 예수 안에서 회복된 나를 찾았고, 주님과의 친밀함과 회복된 관계 속에서 더욱 더 나를 발견하리라 믿는다.

R.D. 랭(R.D. Laing)은 『매듭들』(Knots)에서 다른 사람들의 생각들을 흡입하여 '가짜 나'로 전락하는 한 예를 다음과 같이 보여준다.

나의 어머니는 나를 사랑한다.
나는 기분이 좋다.
그녀가 나를 사랑하니 나는 기분이 좋다.
나의 어머니는 나를 사랑하지 않는다.
나는 기분이 나쁘다.
그녀가 나를 사랑하지 않으니 나는 기분이 나쁘다.
나는 기분이 나쁘니 나는 나쁜 사람이다.
나는 나쁜 사람이기에 나는 기분이 나쁘다.
그녀가 나를 사랑하지 않기 때문에 나는 나쁜 사람이다.
나는 나쁜 사람이기 때문에 그녀는 나를 사랑하지 않는다.[7]

---

[7] R.D. Laing, *Knots* (New York: Vintage Books, 1970), p.9.
"My mother loves me. I feel good.
I feel good because she loves me.
My mother does not love me.
I feel bad. I feel bad because she does not love me.
I am bad because I feel bad.
I feel bad because I am bad.
I am bad because she does not love me.
She does not love me because I am bad."

남이 자신을 인정해 주기를 바라는 것은 "진정한 나의 가치보다는 당신이 나를 보는 관점이 더 중요하다"라고 하는 것이다. 이때 그 특별한 사람의 인정 없이는 내 자신이 붕괴된다. 이런 '가짜 나'는 다음과 같이 말한다.

"나는 당신 없이는 살 수 없다."

"당신은 나를 매우 행복하게 만든다."

"당신은 내 인생의 태양이다."

"너 없이는 나는 아무것도 아니야."

그러나 '진짜 나'는 다음과 같이 말할 수 있다.

"나는 너를 사랑하는 것을 멈출 수 있다. 그러나 현재는 그렇게 하지 않기로 선택했다."

"나는 너에게 화를 낼 수도 있다. 그러나 지금은 그렇게 하지 않기로 선택했다."

"그리스도가 사는 '진짜 나'는 빛이 나!"

"누가 뭐래도, 나는 아버지 하나님이 사랑하고 기뻐하는 자녀야."

거짓 자아는 남이 자신의 공백을 채워 주어야만 살 수 있지만, 참 자아는 이웃을 사랑하고 즐긴다. 셰익스피어는 "너만이 너다"라고 하였다. 그러나 많은 이들이 "너만이 나다"라는 듯 살아간다. 어떤 이들은 다른 사람의 몸이 자신의 몸이었으면 좋겠다고 생각한다. 하나님은 우리 한 사람 한 사람 모두를 걸작품으로 만드셨다. 그러나 불행히도 많은 사람들이 하나님이 의도하신 그대로의 모습이 되지 못하고 산다. 「그리스도인」이라는 잡지에서, "진짜가 아닌 모조품들이 많다"는 다음의 글을 읽었다.

맥도날드(MacDonald)는 맥드노알드(McDnoald)로, 스타벅스(Starbucks)는 벅스스타(BucksStar)로, 피자헛(Pizza Hutt)은 피자 허(Pizza Huh)로, 실제 중국에서 상호로 사용되고 있다고 한다.

수년 전 밀가루로 만든 가짜 분유를 먹은 아이가 14명이나 영양실조로 죽었는데, 그 분유를 먹으면 몸은 약해지지만 얼굴은 살이 붙어 쉽게 속는다는 것이다.

모조품같은 인간에 대한 다음과 같은 이야기가 있다.

어린 시절부터 나는 나 자신이 되기를 원치 않았다. 난 빌리 위들던처럼 되기를 원했다. 하지만 빌리 위들던은 나를 거들떠보지도 않았다. 나는 그의 걸음걸이를 흉내 냈고, 그의 말투를 모방하려고 애썼다. 그리고 그가 응시한 고등학교에 따라서 응시했다.

고등학교에 들어가자 빌리 위들던은 변했다. 그는 허비 반데먼 주위를 맴돌기 시작했다. 그는 허비 반데먼처럼 걸었고, 허비 반데먼처럼 말했다. 나는 혼란에 빠졌다. 나는 허비 반데먼처럼 걷고 말하는 빌리 위들던처럼 걷고 말하기 시작했다.

나는 새로운 사실을 알았는데, 허비 반데먼은 조이 하벨린처럼 걷고 말하고 있었다. 그리고 조이 하벨린은 또 코키 새빈슨처럼 걷고 말하고 있었다.

그 결과 나는 코키 새빈슨처럼 걷고 말하는 조이 하벨린을 모방하는 허비 반데먼의 복사판인 빌리 위들던처럼 걷고 말하게 되었다. 그런데 코키 새빈슨은 또 누구의 걸음걸이와 말투를 항상 모방했

는지 아는가? 바로 도피 웰링턴이었다. 어딜 가든지 내 걸음걸이
와 말투를 모방하려고 애쓰는 그 머저리 같은 녀석 도피 웰링턴 말
이다!

- 작자 미상 스코트 슈만 제공.[8]

『리얼리어네어』(*Reallionaire*)에서 저자인 파라 그레이(Farrah Gray)는
진짜 부, 곧 돈 버는 것 이상의 삶을 사는 사람에 대해 썼다. 그는 다음
과 같이 거짓 자아에 대해서도 말한다.

> TV에 나오는 근사한 맨션에 사는 소문난 부자들은 나를 혼란에 빠
> 뜨렸다. 그들은 하루는 "부자와 유명인사의 라이프스타일"에 출연
> 하더니 그 다음 날은 "엑세스 할리우드"나 "엑스트라" 등의 프로에
> 나와 재활센터로 가거나, 자살을 기도하거나, 뭔가 정신 나간 짓을
> 해서 체포되었다…. 그들이 내면세계에 구축해 놓은 것보다 더 많
> 은 것들, 돈과 인기 등을 외부세계에다 쌓아 두었기 때문이다. 그 결
> 과 그들의 성공은 한쪽으로 치우친 반쪽짜리가 되어버린것이다.[9]

유대인 정신과 의사 브루노 베텔하임(Bruno Betelheim, 1903-1990)은
자신의 수용소 생활 체험기에서 사람들이 자신에게 닥친 극한 압박과

---

[8] 잭 캔필드, 마크 빅터 한센, 『마음을 열어주는 101가지 이야기』, 류시화 역 (서울:이레, 2000), pp. 43-44.
[9] 파라 그레이(Farrah Gray), "억만금으로도 마음의 가난은 해결하지 못한다." 잭 캔필드, 게이 헨드릭스, 『내 인생을 바꾼 한 권의 책』, 손정숙 역 (서울:리더스북, 2007), pp.164-165.

스트레스에 대처하는 방식을 살펴보았다. 그런데 참 자아를 잃고, 외적 소유와 성취에서 자신의 가치를 쌓아 둔 거짓 자아의 사람들은 고난을 이기지 못함을 다음과 같이 말한다.

> 양심적으로 생의 의미를 찾아 살던 이들은 고난을 잘 견뎠다. 그러나 자신의 영혼이 마비된 사람들은 일관성 있는 도덕적 또는 사회적 철학이 없었으므로, 자신들의 성실성을 지킬 수 없었고 나치에 대항할 내적 힘도 가지고 있지 못했다. 투옥이라는 충격에 부딪혔을 때 그들은 기댈 자원이 거의 없거나 전무했다. 그들의 자존감은 직업, 가장, 기타 유사한 외적 요인 등의 위치에서 오는 지위와 존경에 의존해 있었다. 그러다 갑자기, 오랜 세월 자기에 대해 좋은 느낌을 갖게 해주던 그 모든 것이 땅 밑으로 꺼져 버리자 쉽게 쓰러져 버렸다.
>
> - *The Informed Heart*[10]

그래서 본회퍼는 히틀러의 치하에서 고난을 견디는 길은 자신에게 진실해지는 것이라 말했다.

야구선수 박찬호도 거짓 자아의 허무함을 통탄하면서, 진정한 자아를 찾기 원했었다. 그는 과거의 자신을 화려한 포장을 한 선물박스에 비유하며 "그 포장은 부와 명예 그리고 여러분들의 마음으로 이루어져 아주 멋지고 화려하며 사람들은 아름답고 존경스럽다고까지 표현

---

[10] 알리스터 맥그래스 외, 『자존감』, 윤종석 역 (서울:IVP, 2003), p.48.

을 합니다"라고 말한 뒤 "그런데 나는 그 상자 속에 있는데 참 자아는 정작 그 상자 속이 텅 비어있는 것 같습니다. 그래서 그렇게도 집착하며 [거짓 자아의] 포장을 뜯기지 않으려 노력했나 봅니다"라고 했다.

그는 또 "텅 빈 상자 속에 무엇을 채워야 하는지, 그리고 그게 참 자아여야 한다는 것을 깊이 느껴 보았습니다. 이제부터라도 상자 속에 진정한 나를 채워서 고마운 사람들에게 선물 할 수 있었으면 하고 기원해 보았습니다. 앞으로 그 상자 속에는 수많은 경험으로 느끼고 배워서 이로움을 나눌 수 있는 큰 마음, 깊은 성숙으로 채울 수 있도록 노력해야 되겠습니다"라고 정리했다.

자신을 잃어버리지 않고자 정신병원에 온 한 청년을 칼릴 지브란이 만났다. 칼릴은 다음의 이야기를 들려준다.

> 내가 그 청년을 만났을 때, 그는 창백하고 사랑스러웠으며 잔뜩 놀란 표정이었다. 나는 그의 벤취에 앉아 물었다.
> "여긴 왜 와 있소?"
> 그러자 그는 상당히 놀라며 나를 바라보더니 말했다.
> "좀 모순된 질문이긴 하지만 답변해 드리지요. 나의 아버지는 나를 통해 그 자신을 재현하려 하셨고, 삼촌 역시 마찬가지였어요. 어머니는 그 저명한 외할아버지를 닮길 원했죠. 누이는 나를 위해, 더할 나위없는 예로, 선원인 남편을 내세워 내가 그를 따르길 바랐고, 형은 멋진 운동선수인 자기를 좋아하길 원했어요. 그리고 선생님들 또한 그들이 마음먹었던 철학자나 지휘자, 논리학자 등 거울에 비친 자신의 모습처럼 되어주길 원했고요. 그래서 이곳에 온 것

입니다. 나는 여기서야 비로소 온전한 정신이 든 거요. 적어도 나는 내 자신이 될 수는 있으니까요."¹¹

사람이 자신에게 진실할 때, 존재의 깊은 곳에서 드러나는 진정한 자아를 숨길 수가 없다. 가면 속에 영원히 숨길 수는 없다. 언젠가는 드러날 것이다. 우리는 어떠한 성취와 소유라는 가면 속에서 벗어나서 먼저 '내가 사나 내가 아닌 그리스도가 사는 참 자아'를 찾아야 한다. 우리 내면에 사는 예수 그리스도의 실체를 경험한 자는 외면도 자유롭다.

진정한 자아를 찾아가던 한 여성은 다음과 같이 고백했다.

"그동안 나는 검은 가면을 쓰고 살다가 밖에 나갈 땐 천사처럼 하얀 옷을 갈아입은 사람처럼 부끄럽기 시작했다."

『내게 새겨진 하나님의 형상 참 자기』를 읽으면서 필자의 한 학생은 다음과 같이 고백한다.

> 요즘 경제가 불안정하고 나의 가정이 불안정함으로 인한 경제적인 어려움과, 내가 하나님의 자녀로 살아간다고 하면서도 환경을 바라보면서 진정한 기쁨과 행복을 누리고 있지 못하다는 것을 깨닫는 시간을 가지고 나의 참 자기를 발견하는, 내 인생의 해답을 찾은 것 같아 참 기쁘다. 나는 태어나기 전부터 하나님의 자녀이고 하나님의 목적에 따라 하나님의 형상대로 만들어졌다. 나는 그냥

---

11 칼릴 지브란, 『길 가는 자의 꿈』, 편집부 역 (서울: 동문선, 1990), p.184.

아버지가 주신 것을 누리기만 하면 되는 것이다. 내가 처음 하나님을 만났던 날을 기억해 본다. 하나님은 믿음이 부족한 나에게 나의 이름을 부르시며, 나를 사랑한다고 말씀하셨다. 절망 속에 빠져있던 나에게 나를 사랑하신다는 그 말씀, 나도 사랑받고 있다는 그 사실에 나는 온전히 회복할 수 있었다. 나를 괴롭히던 모든 것, 환경은 하나도 변화된 것이 없었는데도 나는 그 이후로 모든 것이 기쁘고, 진정한 평안을 누릴 수 있게 되었다. 아무리 어려운 일이 다가와도 내게 힘이 되시고 능력이 되시는 하나님이 나와 함께하시는데 내가 무엇을 두려워 하겠는가.

모든 것은 나의 속에 아직도 한 귀퉁이에서 살아 있는 나의 거짓 자아가 자꾸만 자라나서 나의 참 자아를 누르므로 내가 회한 속에서 나의 환경을 탓하고, 나의 주변인물을 탓하면서 우울함과 실의에 빠져서 거짓 자기로서 살아가고 있는 데에 문제가 있는 것이다. 그러면 나의 참 자기를 찾는다면 나는 온전한 기쁨과, 행복과, 평안을 누리면서 하나님의 자녀로서 축복받은 삶을 살 수 있는 것이다. 나는 이 책을 읽으며, 내가 지금 거짓 자기에 갇혀서 살고 있음을 깨닫는 시간을 가지면서 거짓 자기 속에서 빨리 빠져나와야겠다는 결심을 했다. 예전에 가졌던 하나님과의 교제도 다시 시작하고, 항상 나를 참소하게 만들던 사탄의 꾀에서 빠져나와 날마다 날마다 말씀으로 거듭나고, 내가 지금 필요한 것을 하나님께 믿음으로 기도함으로써 나는 모든 것을 풍요롭게, 하나님이 복을 쌓을 곳이 없을 만큼 내려주시는 것을 누리고 살 것이다.

그 동안에 내가 너무나 긴 시간 기도하고 구했음에도 침묵하시는 아버지를 내가 원망하고 살았음을 고백한다. 내가 엇나가면 엇나갈수록 더 혹독한 현실로 나를 가르치고자 하신 아버지의 뜻을 이제는 조금은 알 것 같다. 나는 한동안 원망 속에서 살면서 말씀도 멀리하고, 기도도 그만두고 살았다. 이제는 내 속에 있는 하나님의 형상을 찾고 참 자기로서 살아 갈 것이다. 하나님 아버지가 나에게 원하시는 것이 무엇일까, 또 하나님이 나를 만드신 목적이 무엇인가를 안다고 했던 내가 이제는 아버지 뜻에 따라 살기를 다시 한 번 작정한다. 지금까지 살아 온 것도 아버지의 은혜이고, 내가 지금 여기에 있는 것도 아버지의 은혜며, 내가 이 세상에 있다가 갈 날 또한 아버지의 은혜 속에 있을 것이다. 이 세상 끝나는 날 나를 환하게 맞아주실 아버지를 생각하며 나는 잠시 머물다 가는 이 세상에서 최상의 아름다운 삶을 살 것이다. 이것은 나의 의지로 되는 것이 아님을 고백한다. 나는 언제나 늘 예수 그리스도께서 내 안에 살아서 나를 인도해 주시리라 믿는다. 내 안에서 나의 거짓 자기는 죽었고 예수 그리스도가 내 속에서 살고 있으니 말이다. 언제고 나의 거짓 자기가 머리를 내밀고 다시 살아나려고 할 때 과감하게 거짓 자기를 죽이고 나의 참 자기로 살아 갈 것이다. 나는 하나님의 형상으로 만들어진 하나님의 자녀이기 때문에 가능한 것이다. 지금 이후로 나는 참 자기로 살아가면서 자신을 잃어버린 사람들에게 참 자기를 찾는 방법을 알려 줄 것이다.

참 자아의 능력

예수님의 가르치심은 서기관들과 같지 아니하고 권위가 있었다. 예수님의 형상을 이루어 가는 참 자아도 그리스도로부터 나오는 참됨과 능력을 드러낸다. 미 해군 병사 로버트슨(Roy Robertson)의 이야기는 참 자아의 중요성을 일깨워준다.

1941년 12월 6일, 하와이 진주만에 정박한 함선 '웨스트버지니아'에서 복무하던 미군들은 일본기 360대의 습격을 받고 아수라장이 된다. 로버트슨은 기관포로 달려갔지만 거기에 있는 것은 단지 연습용 탄환뿐이었다. 실탄이 보급되기까지는 약 15분이 더 걸렸다. 15분 동안 그는 기관포에 앉아 소리만 내며 싸우는 시늉을 했다. 그는 그때 가짜의 무력함과 허무함을 절실히 맛보았다.

얼마 후 그는 성경공부 그룹에 참석했다. 열 명쯤 둘러앉았는데 인도자가 성구 한 구절씩을 돌아가며 외우라고 했다. 로버트슨 병사가 암송하던 성구는 요한복음 3:16 한 절 뿐이었다. 그러나 그 구절은 앞의 사람이 이미 외워버렸다. 자기 차례가 왔을 때 그는 같은 성구를 외울 수밖에 없었다.

그날 밤 교회 한 구석에 앉아 깊이 생각했다. 한마디로 "나는 가짜다"(I am fake)라는 결론이었다. 자기가 예수를 믿는 것은 가짜였다. 그건 마치 실탄 없이 공포를 쏘고 있는 인생이나 다름 아닌 것이었다. 그는 며칠을 반성하고 결심하고 진짜가 되기로 결심했다. 진실하게 예수를 믿고 진실한 친구, 진실한 인간이 되기를 힘썼다. 그리하여 로이 로버트슨은 한때 빌리 그래함 전도단의 주역으로 일하였고 그 후

트로트맨(Dawson Trotman)과 함께 네비게이토(Navigators, 청년신앙훈련단체)를 창설하였다.

필자의 설교학 수업시간에도, 남의 설교를 모방하는 것이 아닌, 진정한 자신이 되어 그 말씀을 자신의 삶에 현실화 한 이들의 메시지는 삶에서 우러나는 힘이 있었다.

아치볼드 하트는 자신이 되지 못했던 한 목회자를 만난 이야기를 하였다. 이 목회자는 롤 모델이라고 여겨왔던 선임 목회자의 기준에 미치기 위해 분투해왔다. 그는 선임목회자처럼 좋은 설교를 하기 위해 애쓰면서 준비하느라 고심했다. 신학교에서 배운 대로 좋은 설교를 만드는 규칙을 따르느라 애쓰고 있었지만 성공적이지 못했다. 기도하고 노력했지만 무엇인가 빠져있었다. 하트는 그에게 물었다.

"그냥 자신이 되기 위해 노력해 본 적이 있나요?"

질문은 받은 그는 매우 깜짝 놀라했다. 하트는 그가 나눠 줄 것이 많은 사람이라고 믿었다. 그의 삶은 성공과 실패로 가득 차 있었다. 하트가 그에게 던진 조언은 단지 이것이었다.

"다른 사람을 흉내 내거나 경쟁하는 것을 그만 두시오. 그리고 말해야 할 것이 있다면 그때 참된 자신이 흘러나오도록 허락하시오."

그는 곧 자기 자신이 되었다. 그의 독창적이고 개성 있는 스타일은 매우 아름다웠고, 그가 자신만의 독특한 방식대로 하자 매우 유능한 설교자가 되었다.[12] 가면이 벗겨지고 그리스도의 살아있는 영이 임재하는 '참 자아'의 영이 흘러나올 때, 비로소 청중들의 영혼은 움직이게

---

[12] 아치볼드 하트, 『숨겨진 감정의 회복』, 정성준 역 (서울:두란노, 2005), pp.313-314.

된다.

금세기 최고의 영성가로 일컬음을 받은 토마스 머튼은 참 자아를 "그리스도 안에서 하나님과 일치하고 있는 진정한 나"로 표현했다. 이 같은 참 자아가 있는 곳은 "절대적 가난의 지점, 죄와 환상의 영향을 받지 않는 무의 지점, 우리 존재의 중심, 하나님의 순수한 영광"이라고 이야기한다.

본래의 나란 하나님의 자녀이기 때문에 온전하고 영원하며 무한한 가치를 지니고 있다. 하나님 나라에서의 신분은 '그리스도가 사는 나와 하나님이 나의 모든 것이고 존재 의미'이다.

나란 누구인가?

나는 하나님의 자녀이며(갈 3:26) 그리스도의 동생이고(롬 8:29) 그의 친구이다(요 15:15).

나는 죄사함을 받았고(엡 1:7) 정죄에서 벗어났다(롬 8:1).

나는 죽음에서 살아날 것이다(살전 4:16).

나를 하나님의 사랑에서 아무 것도 분리할 수 없다(롬 8:39)

나는 그림자가 아닌 실재이다(골 2:17).

나는 하늘에 속한 모든 신령한 복을 받았다(엡 1:3).

나는 하나님의 자녀이며 그의 영으로 인도함을 받는다(롬 8:14-17). 나는 그리스도의 몸의 지체이다(엡 5:30).

나는 그리스도가 생명이고 그의 형상이다(골 3:4).

나는 그리스도가 나의 원천적 원형이기 때문에(골 1:15-17) 그 안에서 발견된다.

예수님은 우리에게, "너희는 세상의 빛이라 산 위에 있는 동네가 숨기우지 못할 것이요"(마 5:14)라고 하셨다. 바울은 "너희가 전에는 어두움이더니 이제는 주 안에서 빛이라 빛의 자녀들처럼 행하라"(엡 5:8)고 강조하였다.

또한 베드로는 진정한 당신에 대해 다음과 같이 기록한다.

> 오직 너희는 택하신 족속이요 왕 같은 제사장들이요 거룩한 나라요 그의 소유된 백성이니 이는 너희를 어두운 데서 불러 내어 그의 기이한 빛에 들어가게 하신 자의 아름다운 덕을 선전하게 하려 하심이라(벧전 2:9).

하나님의 형상대로 지음받은 참 자아는 그 삶으로 하나님의 향기를 발한다. 순수한 사랑의 결정체인 참 자아는 자신을 수도 없이 죽게 한 사람이 수백 번 죽었다 다시 살아온다 할지라도, 그 사람을 사랑하지 않고는 견디지 못한다.

5백 년 전 북인도 갠지스 강변에 살았던 시인 까비르는 "죽기 전에 아무리 많은 책을 읽을지라도 이 한 단어를 알지 못하면 그는 아직도 인간이 아니다. 그 단어는 사랑이다"라고 말했다. 사랑은 "당신은 누구인가요?" 하고 물을 때 "나는 당신입니다"라고 대답해야 문이 열린다(이븐 하라비).

사도 바울은 사랑에 대해서 다음과 같이 기록한다.

> 내가 사람의 방언과 천사의 말을 할지라도 사랑이 없으면 소리나는 구리와 울리는 꽹과리가 되고, 내가 예언하는 능이 있어 모든

비밀과 모든 지식을 알고 또 산을 옮길 만한 모든 믿음이 있을지라
도 사랑이 없으면 내가 아무 것도 아니요, 내가 내게 있는 모든 것
으로 구제하고 또 내 몸을 불사르게 내어 줄지라도 사랑이 없으면
내게 아무 유익이 없느니라(고전 13:1-3).

우리의 원천적 원형인 예수 그리스도는 이러한 참 사랑을 보여 주
셨다. 그리스도는 아무런 죄도 없이 십자가에 달려 죽으실 때, 자신을
모욕하고 못 박아 죽이는 자들을 위해서 다음과 같이 기도하셨다.

아버지여 저희를 사하여 주옵소서 자기의 하는 것을 알지 못함이
니이다(눅 23:34).

이러한 참 자아는 "나는 내 것이 아니라 하나님의 것"이라고 고백한
다(사 43:1). "내 몸과 영혼은 예수 그리스도께 속함을 알 때, 이것이 삶
과 죽음에서 우리의 유일한 위로가 된다"고 하이델베르크 교리문답
(Heidelberg Catechism)은 말한다.[13]

참 자아는 하나님의 영광

『당신의 모습대로』를 지은 김하태는 키르케고르의 비유를 인용해

---

[13] Heidelberg Catechism 에서, "What is your only comfort, in life and death?"에 대한 답
은 "That I belong, body and soul, to Jesus Christ."

하나님이 우리 자신을 창조하신 그대로 그리스도 안에서 뿌리를 내릴 때, 진정 영광이 됨을 말한다.

　시냇물 곁에 백합꽃 한 송이가 피어 그 근처에 있는 들꽃과 더불어 행복하게 살고 있었다. 이 꽃은 솔로몬의 영화보다 더욱 아름다운 꽃이었다. 하루는 새 한 마리가 날아와서 백합꽃을 유혹했다. 이 나쁜 새는 백합꽃의 아름다움과 즐거움을 나누려고 하지 않고, 자신은 자유롭게 날 수 있기 때문에 훌륭하다는 것을 항상 내세웠다. 그래서 백합꽃은 새처럼 자유롭지 못하고 한 곳에 고립되어 있다는 느낌을 가지게 되었다. 그 말 많은 새는 다른 곳에 가면 자기보다 더욱 아름다운 백합꽃이 만발해 있다고 했다. 꽃은 이러한 말을 계속 듣게 되자, "내가 왜 다른 곳에 태어나지 못했는가" 하고 한탄했다. 그래서 어느 날 백합꽃과 새는 그 이튿날 다른 곳으로 이사가기로 했다. 이튿날 아침, 새가 날아왔다. 이 새는 작은 주둥이로 백합꽃을 뿌리째 뽑은 후에 날갯죽지 밑에 백합꽃을 끼고 공중으로 날았다. 새는 아름다운 백합꽃이 많이 핀 곳에 다시 심어 주겠다는 것이었다. 그러나 공중을 나는 도중 그 백합꽃은 다 시들어 버리고 말았다.

　만일 백합꽃이 한 백합꽃으로서 자신이 심겨져 있는 그대로 만족하였다면, "솔로몬의 영화로도 이 백합꽃만큼 더 찬란하게 입지 못하였을 것이라"는 그 아름다움을 지녔을 것이다. 사람도 자신의 원천인 하나님과 분리되지 않고, 하나님이 지으시고 의도하신 그대로의 사람, 생긴 그대로의 참 자아가 가장 아름답다.

　'참 자아'는 변하지 않는데, 이는 자신의 생명인 그리스도가 변하지 않기 때문이다. '참 자아'는 영원하고, 변치 않는다. 참 자아는 그리스도와 함께 하나님 안에 숨겨있어(골 3:3) 모든 해악에서 자유롭다. 하나님을 원천으로 한 참 자아에게는 본래 어둠도 슬픔도 비통도 불쾌함도 없다. 그러나 죄가 있는 이 세상에서 우리는 그리스도의 마음으로 죄를 슬퍼한다. 그리스도가 그 안에 사는 '참 자아'에게는 죄와 죽음의 그림자를 무효화하는 은혜와 생명의 빛이 흐른다.

하나님이 기뻐하고 사랑하는 '참 자아'에 대해 민진희는 다음과 같이 노래한다.

너무도 소중한 당신

수억의 별들보다도 소중한 당신,
당신은 오직 하나입니다.
오래전 당신 위해 목숨까지 주신 이가
너는 내것이라 너는 내것이라,
잃어버릴 수 없는 내것이라. 내가 너를 기뻐하노라.
태에서 나면서부터 내게 안기웠고 품에 품기운 내 아들아
들리나요 그대, 너무도 소중한 당신.
저마다의 빛으로 외로운 별 무리들 속에서
당신은 가장 소중한 별 하나
하늘이 그 가슴에 품고 있는 가장 아름다운 별 하나.

제 7 장

죽음으로 찾은 참 자아

헨리 나우웬은 『영적 발돋음』에서 죽음을 초월한 루터교 감독의 이야기를 기록하고 있다.

2차 대전 중에 한 루터교 감독이 독일 포로수용소에 수감되어 히틀러 친위대원에게 고문을 받았다. 그 친위대원은 감독에게 자백을 강요했다. 작은 방에서 두 사람은 서로 마주 대하고 있었으며 친위대원은 감독에게 점점 더 고통을 주고 있었다. 감독은 보기 드물게 고통을 잘 참아내는 사람이었기에 고문에도 아무런 반응을 나타내지 않았다. 그러한 그의 침묵이 친위대원을 더 화나게 했다. 친위대원은 감독을 점점 심하게 때렸으며 마침내는 화가 머리끝까지 나서 감독에게 이렇게 소리쳤다.

"내가 널 죽일 수도 있다는 걸 몰라?"

감독은 자기를 고문하는 그 사람의 눈을 물끄러미 바라보다 천천히 이렇게 말했다.

"알고 있소. 당신이 하고 싶은 대로 하시오. 그러나 나는 이미 죽은 몸이오."

바로 그 순간, 히틀러 친위대원은 더 이상 손을 들 수가 없었고 그 감독에 대한 힘을 잃어버렸다. 마치 몸이 마비된 것같이 그는 감독에게 손을 댈 수 없었다. 그의 잔인한 고문은 이 감독이 자기 목숨을 가장 가치 있는 소유물로 여기고 거기에 매달리고 있으며 그가 자기 목숨과 맞바꾸어 기꺼이 자백을 하리라는 생각에 바탕을 둔 것이었다. 그런데 자기의 폭력의 기반이 사라져 버린 지금, 고문은 우스꽝스럽고 무익한 행동이 되어 버린 것이다.

어떤 거장에 의해 제조되었다는 바이올린이 박물관에 전시되어 있다. 그 바이올린에는 이런 글이 조각되어 있다.

> 살아있는 나무였을 때 나는 말없이 자라났다. 그러나 나는 죽은 뒤에 노래를 부르기 시작했다.

이는 묵묵히 십자가 죽음을 당하신 예수님이, 부활로써 평화라는 대교향악을 연주하기 시작한 것과 흡사한 이야기이다.

수만 마일을 다니며 일평생 복음을 전하는 이들 가운데서도 완전히 자기를 포기하지 못해 걸려 넘어지는 이들이 있다. 이는 참 자아를 찾지 못한 데서 오는 아픔이다. 어느 선교사님은 선교지에서 가장 힘든 것이 자신 안에 있는 거짓 자아와의 싸움임을 고백했다. 주님은 이러한 사람들을 그의 형상으로 점점 빚어 주고 계신다.

초등학교 때부터 지금까지 60년간 나무로 안 만들어 본 것이 없다고 하시는 이수봉 선생님이 그의 걸작을 선물로 주셨다. 이 작품은 "멈추어진 순간"이라는 제목의 새가 꽃의 꿀을 먹는 장면이다. 한 기자의 질문에 이 조각가는 다음과 같이 대답한다.

> 작업을 시작하기 전에 나무를 선별하는 과정을 거치고 나면 나무와 대화를 합니다. 대화를 하는 도중에 작품에 대한 많은 생각들이 떠오릅니다. 나무에 난 작은 상처 그리고 비틀림 등이 바로 작품에 반영됩니다. 나무 스스로가 내 작품을 이미 만들어 놓은 것이라고 생각합니다.

"멈추어진 순간"이 만들어 지기 전, 그는 작업하려는 나무 안에서 이미 '꽃의 꿀을 빨아 먹는 새'를 보았고 그것을 단지 드러내어 놓았을 뿐이다. 조각가가 그 나무 안에 있는 꽃과 새를 보았고 이들을 자유롭게 할 때까지 끌로 팠듯이, 하나님은 우리 안에 있는 '그리스도의 형상인 참 자아'를 보시고 고난의 십자가 끌로 깊게 파서 하나님의 영광으로 드러나게 하신다.

C.S.루이스(Lewis)는 『순전한 기독교』에서, 알이 새로 변하지 않고 날기를 배운다는 것은 정말 어려운 일이라고 하였다. 우리는 지금 알과 같은 존재들이다. 그러나 그냥 보통의 알로 머물러 있을 수는 없다. 알은 부화되거나 썩거나 둘 중의 하나가 되어야만 한다. 알이 깨어져야 생명이 탄생한다. 마찬가지로, 우리를 감싸고 있는 죄악의 껍질, 한의 껍질, 불신의 껍질들이 깨어질 때, 우리는 하나님의 자녀들로 나타나게 된다.

> 내가 진실로 진실로 너희에게 이르노니 한 알의 밀이 땅에 떨어져 죽지 아니하면 한 알 그대로 있고 죽으면 많은 열매를 맺느니라 (요 12:24).

예수님은 이 말씀 그대로 한 알의 밀같이 죽으심으로 그를 믿는 자마다 영원한 생명을 받아 살게 하셨다.

콩을 땅에 떨어뜨려 흙을 파고 묻었더니 땅속에서 콩알이 썩어서 죽고 그 껍질이 벗겨져 나가며, 그것에서 새로운 줄기와 잎이 돋아나고 많은 콩들이 열리는 것을 보았다. 한 알의 콩도 흙속에 떨어져 죽을 때에 그 콩 안에 있던 이상한 위력이 숨은 생명의 능력을 내어 이 에너지를 덮고 있던 껍질이 떨어져 나가며, 새것이 나타나게 된다. 하나님이 이것에 몸을 주고 많은 열매를 맺게 한다. 씨앗은 죽을 때 모든 씨앗을 소생시키는 생명으로 연결된다.

우리의 거짓 자아도 죽을 때만이, 그리스도가 생명인 참 자아로 거듭나게 됨을 예수님은 다음과 같이 강조하셨다.

> 자기의 생명(ψυχὴν αὐτοῦ)을 사랑하는 자는 잃어버릴 것이요 이 세상에서 자기의 생명을 미워하는 자는 영생(ζωὴν αἰώνιον)하도록 보전하리라(요 12:25).

자기 생명(ψυχὴν)은 인간의 일상적 생명과 영혼과 자아를 의미한다. 이는 육체와 구분된 영적인 부분만 의미하는 것이 아니요, 또 단순히 사람의 목숨도 아니며 그 속에 사람의 생활과 행복이 깃들어 있고 그것이 없이는 그의 존재와 삶이 그에게 기쁨이 되지 못하고 고통과 슬픔이 되고 마는 것을 가리킨다. 이러한 목숨을 구하고자 하면 잃을 것이요 그리스도를 위해 잃고자 하면 하나님과 그리스도로부터 나오는 영생하는 생명(ζωὴν αἰώνιον)을 얻게 되는데, 이것은 "본질적인 생명 그 자체"이다. 아브라함과 이삭 모두, 거짓 자아가 죽을 때, 참 자아로 거듭나고, 죽은 자 가운데서 다시 살려짐을 받는 진리를 깨달았다(히 11:17-19).

샘 슈메이커(Sam Shoemaker)는 『행복을 찾는 법』(How You Can Find Happiness)이라는 책에서 다음과 같이 말한다.

> 내가 처음으로 결정적인 영적체험을 하고 오랜 후 또다시 큰 걸음을 앞으로 내디뎌야 했을 때를 잘 기억하고 있다. 나는 내 실책을 정직하게 대면하기를 두려워했다. 나는 마치 이상한 나라의 앨리스처럼 쪼그라든 '자아'를 볼 수 있었다. 그리고 더 이상 만족되거나 표현되어진 적이 없었던 내 진정한 자아에 더 깊이 잠겨들게 되자, 이 모든 저항과 자기 고집의 팡파레는 내 자아가 승리에 찬 존재가 되지 못하도록 가로 막았던, 에고의 보호막이었다는 것을 깨닫게 되었다. 이 포기나 항복에 대한 두려움은 거짓된 에고의 간계이다.

페넬론이 말했듯, "우리가 자신을 자세히 들여다보면, 하나님에게 희생하지 않았으면 하고 원하고 있는, 비밀스러운 자리가 있다는 것을 알게 될 것이다." 그러나 이 거짓 에고가 죽기 전에는 진정한 자아가 살 수 없다. 그리고 이 에고의 죽음처럼 모든 인간에게 더 큰 고민은 없다. 이 에고가 죽을 때 비로소 "그리스도를 닮은 참 자아"가 드러난다. 놀랍게도 이 에고는 그리스도 안에 그와 함께 이미 십자가에 죽었음을 바울은 기록한다.

> 그러므로 우리가 그의 죽으심과 합하여 세례를 받음으로 그와 함께 장사되었나니 이는 아버지의 영광으로 말미암아 그리스도를 죽은 자 가운데서 살리심과 같이 우리로 또한 새 생명 가운데서 행하게 하려 함이니라(롬 6:4).

이 객관적 사실이 주관적으로도 우리에게 이루어지는 검증을 성령으로부터 받을 때, 우리는 비로소 하나님의 자녀된 삶을 살게 된다. 옛 자아가 죽은 자는 자신을 생각하지 않는다. 왜냐하면 참 자아는 죄와 고난과 세상과 사망에 대하여 완전히 죽었고 하나님을 대하여 살았기 때문이다. 회심이란 옛 사람을 벗고, 그리스도로 옷 입는 것이다. 레오 톨스토이(Leo Tolstoy)는 그리스도 안에서 진정 기뻐하는 사람들을 만나며, 그리스도를 믿게 되었다. 그 경험을 『나의 회심』이라는 글에서 이렇게 말한다.

> 5년 전 나는 정말 예수 그리스도를 나의 주님으로 받아들였다. 그러자 나의 전 생애가 변했다. 이전에 욕망하던 것을 욕망하지 않게 되고 오히려 이전에 구하지 않던 것들을 갈구하게 되었다. 이전에 좋게 보이던 것이 좋지 않게 보이고 대수롭지 않게 보이던 것들이 이제는 중요한 것으로 보이게 되었다. 나는 소위 행운의 무지개를 좇아 살았는데 그 허무함을 알게 되었다. 거짓으로 나를 꾸미는 것

이나 여인들과의 타락한 생활이나 술 취해 기분 좋은 것이 더 이상 나를 행복하게 할 수는 없었다.

그가 쓴 단편, 『사람은 무엇으로 사는가』(What Men Live by)는 우리가 어떻게 살아야 참 자아를 찾는지 깨닫게 한다.

한 불쌍한 영혼을 거두어 가던 천사가 강풍에 날개가 부러져 땅에 떨어졌다. 인간은 오직 사랑에 의해 살아가는 것임을 배운 그 천사는 하늘로 올라가기 전 자신을 돌봐준 한 구두장이와 그의 아내에게 그간 있었던 상황을 설명한다.

저는 벌거벗은 채 홀로 들판에 버려졌습니다. 그때까지 저는 인간 생활의 괴로움도 모르고 추위나 굶주림도 알지 못했습니다. 배가 몹시 고프고 몸은 얼어오는데 전 어떻게 해야 할 지 알 수가 없었습니다. 그때 문득 하나님을 섬기는 교회가 들판 가운데 서 있는 게 보였습니다. 저기 몸을 의지하면 되겠다 싶어 저는 그곳으로 다가갔습니다. 그러나 교회 문이 닫혀 있어 들어갈 수가 없었습니다. 그래서 바람이나 피하려고 교회 뒤쪽에 웅크리고 앉아 있었지요. 날이 저물자 허기는 더욱 심해지고 몸은 꽁꽁 얼어붙어 금방 죽을 것만 같았습니다. 그때 문득 어떤 사람이 장화를 들고 길을 걸어오면서 혼자 중얼거리는 소리가 들렸습니다. 저는 인간이 되어 처음으로 언젠가는 죽어야 할 인간의 얼굴을 보았습니다. 그 얼굴을 쳐다보기가 두려워 저는 고개를 돌려 버렸습니다. 그런데 가만히 들어보니 그 사나이는 어떻게 이 추운 겨울을 날 것인가, 어떻게 처자시을 먹여 살릴 것인가를 걱정하고 있었습니다. 그래서 저는 생각했습니다. '나는 지금 추위와 굶주림으로 죽어가고 있다. 마침 저기 사람이 오고 있지만, 그는 자기 아내의 모피 외투를 마련할 일이며 식구들을 먹여 살릴 일 때문에 걱정이 태산 같으니 나를 도와주긴 틀렸다.'

그 사람은 저를 보더니 이마를 찡그리며 아까보다 더욱 무서운 얼굴이 되어 그대로 지나가 버렸습니다. 실낱같은 한 줄기 희망마저 사라져 버린 것이었습니다. **그런데 갑자기 사나이가 되돌아오는 발소리가 들렸습니다. 그의 얼굴을 본 순간 저는 조금 전에 지나간 사람이 아니구나, 하고 생각했을 정도였습니다. 아까는 그 얼굴에 죽음의 기운이 서려 있었는데, 다시 돌아왔을 때 보니 만면에 생기가 돌고 하나님의 그림자가 그 속에 비쳐 있었거든요.**

사나이는 제게로 다가오더니 자기가 입고 있던 옷을 벗어서 입혀주고 저를 자기 집으로 데리고 갔습니다. 집에 당도하자 한 여인이 뛰어나와 잔소리를 늘어놓기 시작했습니다. 그 여인은 사나이보다 훨씬 더 무서운 얼굴을 하고 있었습니다. 그녀의 입에서 뿜어져 나오는 죽음의 독기 때문에 저는 숨을 쉴 수도 없었습니다. 여인은 저를 밖으로 내몰려고 했습니다. 만약 그대로 저를 내쫓았다면 여인은 그 자리에서 죽고 말았을 것입니다. 저는 그 사실을 알고 있었습니다. 그때 여인의 남편이 문득 하나님을 상기시켰습니다. 그러자 갑자기 여인의 기세가 누그러지면서 태도가 부드러워졌습니다. 여인의 얼굴에서 죽음의 그림자는 이미 흔적조차 사라지고 없었습니다. 여인의 얼굴에는 생기가 넘쳤습니다. 저는 거기서 하나님의 모습을 보았습니다. 그 순간 저는 하나님의 말씀이 떠올랐습니다. 하나님은 제게 말씀하셨지요. "인간의 내부에 무엇이 있는지 알게 될 것이다." 저는 인간의 내부에 있는 것이 사랑임을 깨달았습니다.

구두장이의 얼굴에 죽음의 기운이 서려 있었던 것은 그의 거짓 자아의 모습이다. 반면에 길가에 쓰러진 사람을 구하러 다시 돌아왔을 때 만면에 생기가 돌고 하나님의 그림자가 그 속에 비쳐 있었던 얼굴은 그리스도의 형상인 참 자아의 모습이다.

하나님 아버지의 얼굴이셨던 그리스도께서 아버지를 보여 주셨듯(요 1:18), 그의 형상인 참 자아도 그리스도를 보여 준다.

Discovering
Your True Self
in the Image of
Christ

제3부
하나님의 형상인 당신

하나님이 가라사대 우리의 형상을 따라 우리의 모양대로 우리가 사람을 만들고(창 1:26).

하나님의 '형상'이란 우리가 하나님의 자녀인 것을 의미한다(행 17:28). 그의 자녀란 우리와 하나님 사이에 연결되고 닮은 점이 있다는 것이다

-칼리스토스 웨어(Kalistos Ware), *The Orthodox Way*.

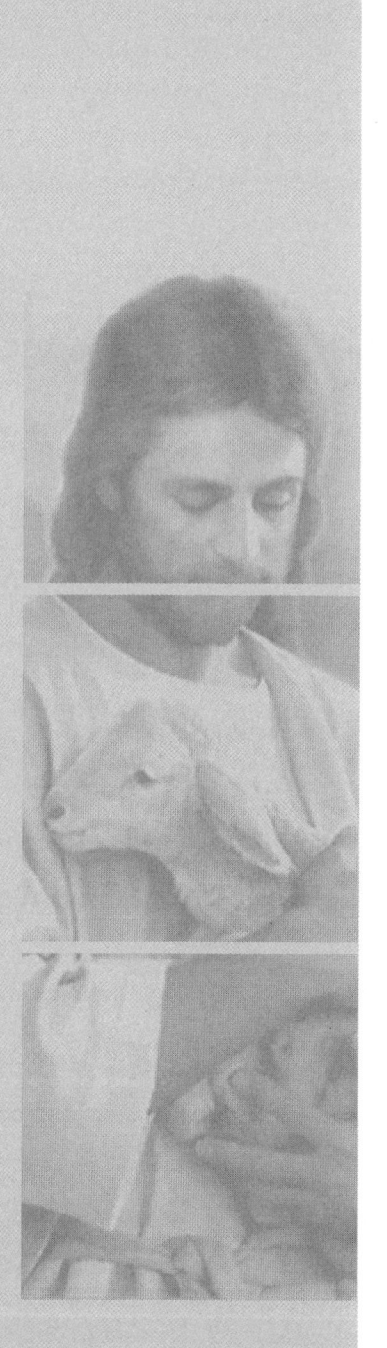

Discovering Your True Self in the Image of
Christ

제 8 장

하나님의 형상

하나님의 형상인 당신

영화 "라이온 킹"에서 어린 왕자 심바(Simba)는 어려서 아빠 무파사 왕을 잃고 방황한다. 자신을 염소인양 착각하고 "하쿠나마타타"(Hakuna Matata)를 노래하며 자기를 잃고 살았었다. 그때 심바의 어릴 적 연인 날라(Nala)가 황야에서 심바를 발견하고 충격을 받는다. 심바는 좋지 않게 많이 변해 있었기 때문이다. 심바는 왕이 되는 것에도 흥미를 잃어버렸다. "네 속에 왕이 있는 것을 보는데 왜 왕이 되지 않느냐"라고 노래해도 그를 변화시킬 수 없었다. 다행히 그는 영적지도자 라피키를 만난다. 그 지도자는 심바에게 그를 알고 있다며, "너는 무파사의 아들이야"라고 말한다. 라피키는 그의 아버지를 알며 아직도 살아있다고 했다. 그렇게 심바를 부추겨서 깊은 황야로, 반사하는 물웅덩이 옆으로 인도한다. 심바는 아버지를 보기 위해 물웅덩이를 들여다 보았고, 라피키는 잘 보라고 한다. 심바는 물에서 반사되는 자신의 얼굴에서 아버지의 얼굴을 발견한다. 그리고 라피키가 "그는 네 안에 살아계셔"라고 말할 때, 심바는 아버지의 음성을 듣는다. 무파사가 아들에게 "심바, 심바, 네가 나를 잊었구나!"라고 말할 때 심바는 '아니요'라고 변명한다. 그러자 아버지는 이렇게 말하고 사라진다.

"네가 누구인지를 잊은 것은 곧 나를 잊어버린 것이다. 네 자신을 들여다 봐라. 지금의 너는 네가 아니다. 너는 동물 세계의 왕이 되어야 한다…네 자신을 잊지 말라. 넌 내 아들이고 진정한 왕이다. 잊지 말라. 네가 누구인지 잊지 말라. 잊지 말라, 잊지 말라."

드디어 잃었던 자신을 찾은 심바는 자신의 왕국에 돌아와 적을 이기고 왕이 된다.

영적지도자가 심바에게 "네 아버지는 네 안에 살아계셔"라고 했듯이, 하나님은 우리 안에 사신다. 우리 존재의 원천인 하나님이 우리 안에 살아계시며, 그로부터 우리가 나왔다.

사람은 누구나 하나님의 형상인 씨앗을 자기 안에 가지고 있고, 하나님의 영적 유전자를 가져 하나님의 형상을 드러낸다. 그러므로 에밀 브루너는, "사람이란 하나님 본래 형상의 빛 안에서만 이해될 수 있다"라고 하였다.

'형상'이란 국어사전에 "사물의 생긴 모양이나 상태"로 정의되어 있는데, 우리는 하나님의 생긴 모양이나 상태대로 창조되었다.

내적치유 사역을 하는 찰스 크래프트 박사는 자신이 부모님의 결혼 전에 잉태된 것을 알고 죄 중에 출생하게 된 자신을 부끄럽게 여기고 혐오하였었다. 그러나 하나님의 형상대로 지어진 참 자아를 찾고는 기쁨으로 자신을 받아들이게 되었다.

'인간의 영혼이 존귀한 이유는 두 가지가 있다. 첫째는, 하나님의 형상대로 지음을 받은 까닭이요, 둘째는, 그리스도께서 그들을 구원하기 위해서 십자가에 못 박힌 까닭이다' 라고 존 밀턴은 강조했다. 그리스도의 형상으로서 살리심을 받은 인간은 죽음을 이기고 영원히 살 존재들이다.

욥은 자신이 창조된 것을 다음과 같이 표현한다.

> 주는 나를 우유처럼 쏟아 부으시고 치즈처럼 굳게 하셨습니다. 그러고서 나를 살과 가죽으로 입히시고 뼈와 힘줄로 얽어 매셨으며 나에게 생명을 주시고 사랑을 베푸셔서 주의 보살핌으로 내 영을 지키셨습니다(욥 10:10-12, 현대인의 성경).

욥이 말한 자신의 영은 곧 하나님의 형상이다. 이러므로 제노아의 성 카타리나는 "나의 나는 하나님입니다. 당신으로부터 분리된 나 자신은 알지 못합니다"라고 고백했다.[1]

필자의 한 학생은 다음과 같이 간증한다.

> 신앙의 초기에 있었던 일이다. 내안에 건조하고 사랑이 없음을 느끼던 중 이었다. 우연하게 행한 선한 일로 인해 기뻐하는 나를 보고 놀란 적이 있다. 내 속에 이렇게 선한 것이 있을 줄은 자신도 몰

---

[1] 이블린 언더힐, 『사도바울의 영성과 신비주의』, 김영택 역 (서울:누멘, 2010), p.72.

랐었다. 그렇다. 내 안 깊은 곳에 하나님의 형상이 존재하고 있었
던 것이다.

케런 호니(Karen Horney)는 이러한 하나님의 형상을 보편적 자아로
보았다.

> 내면에서 우러나오는 힘의 중심인 자아(the self)는 모든 인간존재
> 에 보편적으로 존재하는 것이기는 하지만, 각 사람들에게 독특한
> 모습으로 존재하고 있으며 성장의 깊은 원천이다.

김밥을 팔아서 저금한 돈으로 병원에 수억을 기증한 할머니의 모습
에서 하나님의 형상을 볼 수 있다. 공자도 석가모니도 자신들이 창조
된 신의 성품의 한 부분을 드러내었다.
하나님의 형상인 참 자아는 있는 그대로 하나님을 기뻐 찬양한다.

> 저를 천사(또는 하나님)보다 조금 못하게 하시고 영화와 존귀로 관
> 을 씌우셨나이다(시 8:5).

여기서 천사는 원문 상, 하나님으로 번역된 엘로힘에서 나왔다. 천
사는 이 엘로힘을 복수로 간주하여 "신적존재들"로 풀이한 데서 온 번
역으로 본다. 우리의 '참 자아'는 하나님의 본체(morpe)보다는 조금 못
하지만, 하나님의 형상(eikon)으로 창조되었다. 주님은 우리 머리에 영
광과 존엄의 왕관을 씌우셨다. 이러한 우리의 몸은 하나님의 영광의

빛을 발하게 지어졌다.

18세기의 러시아의 성 자돈스크의 티콘은 모든 사람들에게서 하나님의 형상을 보며 가난한 사람들을 구제하다가 가난 속에서 죽게 되었지만, "나를 하나님의 형상과 모양으로 지으셨으니 감사합니다!"라고 하나님을 찬양하였다.[2]

누가 보아도 아주 아름다운 한 자매가 다음과 같은 고백을 하였다.

> 나는 사춘기때 내 자신이 외적으로 아름답지 못하다고 생각하고 좌절에 빠진 적이 있었다. 나를 왜 이렇게 못생기게 만드셨냐고 울며 신을 원망했었다. 어머니에게도 언니는 저렇게 예쁜데 나는 왜 이렇게 못생기게 낳았느냐고 원망했던 일들이 생각난다. 실제로 어렸을 때부터 외모로 언니와 많이 비교를 당하며 살아왔으나. 친척들과 어머니 친구분들 모두 언니를 보며 어쩜 이렇게 이쁘냐고 감탄할 때에 나는 혼자 많이 외로워했던 것 같다. 열등감에 사로잡혀 많이 울었다. 외모 컴플렉스를 극복하고자 두꺼운 메이크업과 노출이 심한 옷들로 내 자신을 숨겼다. 그때마다 어머니는 안타까워하시며 나에게 나는 하나님의 존귀한 자녀이며 얼마나 아름다운 외모인지 일깨워 주셨다. 하지만 위로는 그때 뿐 나의 가슴엔 이미 커다란 컴플렉스와 열등감이 자리 잡고 있었다. 그 당시 교회에는 다녔으나 하나님이 나를 지으신 목적과 뜻도 알지 못하고 '하

---

2 Georges P. Fedotov, ed. *A Treasury of Russian Spirituality* (N.Y.: Sheed & Ward, 1948); 루이스 두프레 외, 『기독교 영성(III)』, 엄성옥, 지인성 역 (서울:은성, 2001), p.596.

나님의 형상인 나'를 그저 거짓 자기 안에 가둬 두었던 것이다. 그 얼마나 어리석은 모습이었는지 지금 생각하면 웃음이 난다. 후에 예수님을 인격적으로 만나고 하나님이 나를 그분의 형상대로 얼마나 존귀하게 지으셨는지 가슴으로 깨달았을 때에 그 상처는 회복되었다. 또, 나는 이해심이 깊고 다른 이들을 배려할 줄 알며 더디게 화내는 성품을 가지고 있다는 것을 깨닫게 해주셨다. 나에게 귀한 성품을 주신 하나님을 찬양하게 되었으며 나를 지으신 하나님께 감사하는 모습으로 바뀌어갔다.

하나님의 형상

하나님의 형상대로 지어진 우리는 태어나면서부터 하나님을 알 만한 것이 그 속에 보이며[3] 성령 안에서 그리스도와 같은 형상으로 변화되고 있다. 셋이 아담의 형상을 따라 났듯이(창 5:3), 우리가 하나님의 형상대로 창조되었다고 말함은 우리 존재 전체에 하나님과 연결되는 점이 있음을 말해준다.

이러므로, 칼리스토스 웨어(Kalistos Ware)는 다음과 같이 말한다.

하나님의 '형상'이란 우리가 하나님의 자녀인 것을 의미한다(행

---

[3] 이러므로 아이들은 자라면서 종교적 발달단계를 지난다. 어릴 때는 직관적으로 하나님을 생각하다가 초등학교에 들어갈 때부터 구체적으로 생각하며, 중학교에 들어갈 때쯤, 추상적으로도 사고하며, 점차 하나님 나라를 자신 속에 실현하며 산다. 종교적 발달단계와는 달리, 예수님을 영접한 후 사람은 나이에 관계없이 영적 발달 단계를 거친다. 또한 성령의 역사로 한 순간에 변화하기도 한다.

17:28). 그의 자녀란 우리와 하나님 사이에 연결되고 닮은 점이 있다는 것이다.

하나님의 형상이란 영, 인격 혹은 영혼에서 그의 단순성, 영성, 영원한 생명 등의 품성들과 지, 정, 의 등의 심력들과 자의식 및 자결성의 능력, 사랑, 지식, 의와 거룩함, 선과 아름다움을 포함한다.

칼뱅은 형상에 대해 말할 때, 외적 모양을 부인하지 않는다고 하면서 이 모양이 동물과 우리를 구분해주며 우리를 하나님께 더욱 가까이 오게 한다고 하였다. 그리고 비록 하나님의 형상이 주로 마음과 심장 또는 영혼에 자리하고 있지만, 그 능력들이 우리 몸의 어느 부분에서도 하나님의 영광의 빛을 비추지 않는 곳이 한곳도 없다고 하였다 (J. Calvin, *Institues* I, xv, 3.).

이런 의미에서 아담은 하나님의 영광을 드러냈다. 인간이 양심을 가지고 선악을 구분하고 하나님의 심판에 응답하는 것도 불멸의 영으로 지어졌기 때문이다. 그러므로 칼뱅에 있어서 하나님의 형상은 하나님의 심판 앞에서 불멸의 영(immortal spirit)이다.

폰 라드(V. Rad)도 강조한 바와 같이, 현존하도록 부름을 받은 그대로, 인간은 자신의 존재 전체에서 하나님의 모습을 하고 있다.[4] 자식이 아버지를 닮듯이 하나님의 자녀는 하나님을 닮았다. 또한 "성령이 친히 우리 영으로 더불어 우리가 하나님의 자녀인 것을 증거"(롬 8:16)

---

4 G. von. Rad, 『창세기』 국제성서주석 01, 박재순 외 역 (서울:한국신학연구소, 1981), p.61.

하신다.

웨스트민스터신학교의 구약학교수인 메리데스 클라인은 사람이 기능적인 면에서 주의 영광을 닮았다 함은 사람이 그에게 주어진 왕 같은 지위에 따르는 권위를 소유하고 또한 지배권을 행사할 수 있다는 의미이고, 하나님의 도덕적 영광을 닮았다 함은 사람이 심판주이신 하나님의 모습에서 볼 수 있는 거룩함, 의로움, 그리고 진실함을 투영하고 있다는 의미이며, 신체적 영광을 닮았다 함은 사람이 몸을 통하여 하나님의 현현적 영광 또는 성육신하신 하나님의 영광을 나타낼 수 있다는 것이다.

그런데, 그는 창세기 2:7 말씀, "여호와 하나님이 흙으로 사람을 지으시고 생기를 그 코에 불어 넣으시니 사람이 생령이 된" 말씀에서, 우리의 원형이신 영광의 영께서는 그 원형의 구체적 목적이었던 하나님의 형상이 새겨진 인간(ectype)을 아버지가 아들을 낳듯 낳은 것이었다고 말한다.[5]

한편, "우리의 형상을 따라 우리의 모양대로 우리가 사람을 만들고"(창 1:26)라고 하신 말씀은 "우리의 형상대로" 또는 "우리의 이미지가 되게 우리가 사람을 만들고"라고 해석될 수 있다. 그러므로 D.J. 클라인(D. J. A. Clines)은 말하기를, 사람이 하나님의 형상을 가진 것이 아니요 사람이 하나님의 형상 안에 만들어 진 것도 아니라, 사람이 하나님의 형상이라고 말한다.[6]

---

[5] 메리데스 G.클라인, 『구약에 나타난 성령의 형상』, 서홍종 역 (서울:줄과추, 1999), pp.39, 53-53.
[6] D.J.A. Clines, "The Image of God in Man," *Tyndale Bulletin*, 19/1968, p.80.

하나님은 인류를 히브리어로 '아다마'라 불리는 흙에서부터 지으셨기에 사람을 '아담'이라 부르셨다. 흙에서부터 만들어진 인간은 낮고 허무한 먼지 덩어리에 불과하다. 그러나 인간은 하나님의 영을 받아 자기 고유의 생명을 취하게 되었다. 흙에 불과한 인간은 오직 그리스도의 영으로 말미암아 산다. 특히 우리의 영이 하나님의 영과 연합할 때, 우리는 더욱 더 하나님의 영의 본성과 활동을 반영하는 하나님의 형상인 참 자아로 드러난다.

하나님의 형상이라고 할 때의 의미를 20세기의 뛰어난 가톨릭 철학자이며 신학자가 된 자크 마리탱(Jacques Maritain)이 말한다.

> 우리가 사람이라고 말하는 것은 우리 존재의 깊은 곳에서 우리는 부분이기보다는 더 온전하고 노예근성이라기보다는 더 독립적이라는 것이다. 우리는 동시에, 우주이기도 한 물질의 미소한 파편이며, 절대적 존재에 참여하는 거지며, 영원한 가치를 지닌 죽을 육신이며, 천국에 들어가는 짚 한 오라기라 말할 수 있다.

심리학자 칼 융은 인간존재 중심에 있는 참 자아(Self)가 하나님의 형상임을 다음과 같이 강조했다.

> 자기를 상징하는 것들은 경험적으로 하나님 상(像)과 구별되지 않는다. 실로 심리학은 자기와 하나님 상(像)이 구분되지 않는다는

사실을 확인할 수 있을 따름이다.[7]

신학자 칼 바르트는 "성령 안에서 그리스도가 각 사람을 대표한다"라고 하였고, 융은 기독교 신앙의 미래는 "각 사람 안에 있는 그리스도가 그 영혼 속에 이루어지는 데서 찾을 수 있다"고 보았다.[8]

하나님은 사람을 그의 형상대로 창조하셨다. 이러한 사람의 본질에 대하여 어떤 이들은 육체와 영혼으로 구성되었다고 한다. 다른 이들은 이성적인 혼을, 영적이고 불멸적인 본질과 구분하여, 몸과 마음과 영혼으로 나눈다. 우리의 몸을 입은 영혼, 영혼을 입은 몸은 모두 하나님의 영광을 반사하게 되어있다. 그러나 인간의 죄로 인해 영적 본질이 많이 훼손되었다. 우리는 각자 '나는 왜 하나님이 의도하신 상태에 이르지 못하고, 모자란 채로 살아야 하나' 생각해 보아야 한다.

필자가 대구에서 고등학교에 다닐 때였다. 하루는 친구와 함께 군 병원이 있는 공원을 산책하는데, 저 멀리서 어떤 청년이 환자복을 입은 채 혼자 걸어오고 있었다. 똑바로 오고 싶어 하는데 게걸음 걷듯이 옆으로 가는 것을 보았다. 그런데 그분의 머리를 보니 이마 위 전두엽 부분이 쑥 들어가고 없었다. 누군가에게 들으니 그분은 교통사고로 머리 한 부분을 상실했다는 것이다.

그런데 오늘날 많은 사람들이 죄악의 열차에 영혼의 머리를 부딪힌

---

[7] C. G. Jung, *The Collected Works of C. G. Jung*. Vol. 11 : Psychology and Religion: West and East, second Edition. Translated by R. F. C. Hull (Princeton: Princeton University Press, 1977), p.289.

[8] Wallace Clift, *Jung and Christianity: The Challenge of Reconciliation* (NY: The Crossroad Publishing Company, 1982), p.157.

채, 자기 영혼의 중요부분을 잃고 산다. 이러므로, 프랑스 속담에 신은 똑바로 걸으라고 우리 앞에 직선을 그어 놓았으나 사람들은 자꾸 지그재그로 걷는다는 말이 있다. 이렇다 할지라도, 누구든지 우리의 영혼의 위대한 의사이신 그리스도께로 돌아올 때 그는 우리의 영혼과 몸을 온전히 고치시고 회복시켜 주신다.

완전케 되기를 열망하여 애창되는 다음과 같은 복음성가가 있다.

    똑바로 보고 싶어요 주님 온전한 눈짓으로
    똑바로 보고 싶어요 주님 곁눈질 하긴 싫어요

    똑바로 걷고 싶어요 주님 온전한 몸짓으로
    똑바로 걷고 싶어요 주님 기우뚱하긴 싫어요

    하지만 내모습은 온전치 않아 세상이 보는 눈은
    마치 날 죄인처럼 멀리하며 외면을 하네요

    주님 이 낮은자를 통하여 어디에 쓰시려고
    이렇게 초라한 모습으로 만들어 놓으셨나요

    당신께 드릴 것은 사모하는 이 마음뿐
    이 생명도 달라시면 십자가에 놓겠으니

    허울뿐인 육신 속에 참 빛을 심게 하시고

가식뿐인 세상 속에 밀알로 썩게 하소서.

캔터베리의 대주교를 역임했던 윌리엄 템플(William Temple)은 이러한 참 자아의 소망을 『기독교와 사회질서』에서 말한다.

비록 손상되기는 했지만 하나님의 형상, 곧 거룩과 사랑의 형상이 아직도 우리에게 남아 있다. 그것은 우리의 소망의 원천이다. 그러나 그것은 손상을 입었기 때문에 우리의 사악함의 원천이 되기도 한다. 그것이 온전한 상태에 있을 때, 우리는 하나님의 형상에 응답할 수 있다. 그리고 예수 그리스도의 얼굴 속에 있는 하나님의 영광에 대한 지식의 빛을 볼 수 있게 된다. 그래서 얼굴을 가리우지 아니하고 주님의 영광을 비춰주는 거울로서, 주님과 같은 형상으로 변하여 영광에서 영광에 이르게 된다. 이것이 우리가 나아가야 할 목적지이다.

제 9 장

하나님의 얼굴 안에서 발견되는 참 자아

인디안 부족인 이로쿼이스(Iroquois) 사람들은 몹시 사납고 폭력적이어서 이웃 부족과 계속 전쟁을 했다. 그들 중에 용감한 사람들은 전사가 되기 위해 양육되었고 그들의 부족들은 전쟁을 치르도록 조직되었다. 그들의 문화는 습격, 잠복, 사나운 승리의 신화와 가치들로 형성되었다.

그때 하나님의 사도가 와서 그 마을을 지나 가장 위대하고 피를 많이 흘린, 사람을 먹는 사람의 집으로 가서, 그 지붕 위로 올라가 굴뚝을 통해 아래로 내려다보고 있었다. 그 식인종은 그의 희생자 중 한 명의 잘라진 몸으로 어떤 의식적 축연을 준비하고 있었다. 그는 그 사람의 몸을 먹음으로 그의 희생자의 힘을 받게 될 것이다. 큰 그릇이 불 위에 놓였는데, 굴뚝을 통해 아래로 내려다보고 있는, 하나님의 사도의 얼굴이 그릇 표면의 기름에 완전하게 반사되었다. 사람을 먹는 사람이 그 반사되는 얼굴을 보고는 그 얼굴에서 솟아나는 고상함을 보고서 아주 놀랐다. 그 고상한 얼굴은 아마도 그동안 죄악의 쓰레기 속에 묻혀왔던 하나님의 형상인 자신의 진정한 자아를 기억나게 하였을 것이다. "저것이 나의 얼굴이다"라고 그는 혼자 말하며, "이 얼굴은 다른 사람을 죽여서 그들의 힘을 훔치기 위해 그들의 육체를 먹는 사람의 얼굴이 아니야! 저것은 사람들을 함께 이끄는 얼굴이요, 전쟁이 아닌 평화를 만드는 자의 얼굴이야"라고 외쳤다.

그는 요리하던 그릇을 움켜잡고 밖으로 쏟아 버렸다. "이제 다시는 사람의 생명을 취하거나 다른 사람의 힘과 영을 훔치는 일은 결코 하지 않을 것이다"라고 그는 달려온 많은 사람들에게 다짐하였다. 하나님의 얼굴 안에서 자신의 얼굴을 찾은 이 사람은 하이어워사(Hiawatha: 롱펠로우의 시에 나오는 아메리카 인디언의 영웅) 영웅, 치유와 평화를 가져오는 하나님의 영광이 되었다.

좌절과 상처와 슬픔과 허무 속에 갇힌 인간이 살아나는 길은 거룩하신 분의 얼굴이 자신의 얼굴에 반사될 때이다. 이때 하나님의 얼굴에서 자신의 얼굴을 찾을 때, 우리는 모든 실패와 상처와 슬픔과 공허함과 죽음을 이기고 영광과 영생으로 나아간다.[1] 참 자아의 얼굴이란 하나님의 얼굴과 한 쌍으로 되어있음을 전제한다. 참 자아의 얼굴은 항상 하나님의 얼굴을 대면하고 있다. 하나님의 얼굴 앞에서 내 얼굴이 살고 존재한다.

---

1   죄 많은 옛 자아가 거룩하신 하나님을 보는 것만으로 죽음을 의미했던 때가 있었다(출 33:20). 그러나 그리스도와 함께 옛 자아가 죽고 그리스도의 생명주는 영으로 거듭난 사람은 하나님의 얼굴을 볼 수 있다(히 4:16; 10:19-20). 하나님과 인간 사이를 가로막았던 휘장은 그리스도의 십자가 구속으로 제하여졌다(히 9:14-15).

하나님의 얼굴을 대면하는 것은 우리의 생명을 보호하거나 구원해 준다. 야곱은 이르기를, "내가 하나님과 대면하여 보았으나 내 생명이 보전되었다"(창 32:30) 하였다. 또한, "왕의 희색에 생명이 있나니"(잠 16:15)라고 하였다.

시편 기자는 성령의 감동으로 다음과 같이 기록한다.

> 너희는 내 얼굴을 찾으라 하실 때에 내 마음이 주께 말하되 여호와여 내가 주의 얼굴을 찾으리이다 하였나이다. 하나님이여 우리를 돌이키시고 주의 얼굴빛을 비취사 우리로 구원을 얻게 하소서 (시 27:8; 80:3).

이는 "어두운 데서 빛이 비취리라 하시던 그 하나님께서 예수 그리스도의 얼굴에 있는 하나님의 영광을 아는 빛을 우리 마음에" 비추셨기 때문이다(고후 4:6).

하나님의 얼굴은 더 이상 감춰어 있지 않으며 우리 삶의 여정 가운데 언제나 나타난다. 우리의 하나님은 "내가 다시는 내 얼굴을 그들에게 가리우지 아니하리니"(겔 39:29)라고 약속하셨기 때문이다.

예수님을 사랑하는 한 기독교인 의사는 필자에게, 자신이 하루는 여행 중 모텔에 들어가 피곤한 몸을 의자에 기대었을 때, 문 앞에 예수 그리스도가 나타났었다고 감격하며 말했다. 깨어있는 중에 환상을 본 것이다. 필자에게도 예수 그리스도께서 밝은 얼굴로 나타나 그의 뜻을 알려 주셨다. 그리스도의 얼굴은 빛과 사랑과 온전함으로 충만했고, 회전하는 그림자도 없었다(약 1:17).² 하나님은 우리의 눈을 밝게 열어 그를 알아보시게 하실 수 있다(눅 24:31). 그리스도의 얼굴 안에서 우리의 참 자아가 발견된다.

한 형제는 다음의 이야기를 들려주었다.

> 어떤 집사님은 찬양을 드릴 때면 맨 뒷자리에 다리를 꼬고 팔짱을 끼고 얼굴은 항상 어두움에 가득 차 있었다. 그러던 그가 갑작스런 하나님의 임재하심을 통해 변화되는 모습을 보게 되었다. 주의 얼굴 빛 아래, 그는 눈물을 흘리며 그 어둠의 얼굴이 변하여 얼마나 평온해 보이던지 지금도 그분을 잊을 수 없다.

주는 그가 기뻐하는 자들을 위해, 그의 "얼굴의 빛"으로 구원하신다(시 44:3). 하나님의 얼굴은 예수 그리스도의 인격 안에 역사적, 경험적으로 구체화된다.

사람의 본성은 외로워서 엄마의 얼굴이 아이에게 해주는 것들을 모두 해주는 하나님의 얼굴을 갈망한다. 또한, 자신의 원천인 하나님의 얼굴을 본능적으로 열망한다. 하나님의 얼굴은 우리의 존재를 치유 변화시키고 생명을 공급해 주시며, 예배에 영감을 주고, 죽음이라는 궁극적인 분리 가운데서도 결코 우리를 떠나지 않는다. 우리는 어떤 의심나는 경우에는 우리에게 솔직히 물어 볼 수 있다. "주님이 여

---

2   또한 하나님은 말씀안에서 우리를 만나 주시기도 하며, 환상을 통해서 말씀해 주시기도 한다.

기 계실까?" 예수 그리스도는 우리에게 하나님의 얼굴로 나타나신다.

예수 그리스도가 하나님의 얼굴이라는 말은 거룩한 하나님의 임재를 나타낸다. '얼굴'을 뜻하는 헬라어 프로소폰(*prosopon*)과 히브리어 파님(*panim*)은 모두 '임재'(presence)를 뜻한다. 이는 단순히 문자적 의미의 얼굴이 아니라 실체의 임재가 없이도 경험된다. 두 실체의 관계 속에 그 얼굴이 나타나기 때문이다.

예수 안에서 하나님과 우리 사이의 관계가 충만해지고 완성된다. 이때 하나님의 영과 우리의 영 사이의 관계가 그리스도의 얼굴이 되어야 한다.³ 하나님과의 상호 관계 속에 나타나는 그리스도의 얼굴에서 우리의 얼굴을 찾을 수 있다.

하나님을 잘 섬기는 말끔하게 잘생긴 크리스라는 학생이 필자의 수업을 들었다. 그는 늘 겸손하고 주님을 사랑하였다. 그런데 젊은 나이인데 얼굴에 하얗게 핏기가 없어 보였다. 신장이 좋지 않아 혈액 투석을 받고 있었음을 후에 알게 되었다. 하루는 수업시간에 꿈에 대한 이야기를 마친 후, 스페인어와 영어가 한국말보다 편한 그가 내게 다가와서 "교수님, 꿈에 대한 질문을 해도 되나요?"라고 물었다. 편히 질문하라 했더니, "꿈에서 만난 예수님은 진짜 예수님인가요?"라고 물었다. 필자는 그에게 꿈에서 어떻게 예수님을 만났는지를 물었다. 그는 말하기를 "꿈속에서 예수님이 저에게 다가오셨습니다. 그분의 얼굴은 빛이 났습니다. 그 사랑의 예수님은 나를 위해 식탁을 준비하시고 저를 초대하셨습니다. 그리고 예수님은 저와 함께 더불어 드셨습니다.

---

3 제임스 로더, 『신학적 관점에서 본 인간 발달: 영의 논리』, p.161.

저는 예수님이 너무 고맙고 그의 사랑이 놀라워, 자꾸 얼굴을 돌리고 눈물을 닦고 있었습니다." 그가 예수님을 대면한 사랑의 관계 속에, 하나님의 얼굴이 나타났다.

"만일 사람이 그 자신에 진실하다면, 그는 자기를 창조하시면서 하나님 자신을 알게 하신 참 하나님을 대면하고 있는 자신을 발견할 것이다"라고 바르트는 말했다.[4]

다윗은 "내가 여호와를 항상 내 앞에 모심이여 그가 내 우편에 계시므로 내가 요동치 아니하리로다"(시 16:8)고 노래하며 하나님을 항상 대면하고 있는 자신을 발견했다. 생명의 길을 보여주시는 하나님의 얼굴 앞에는 기쁨이 충만하다(시 16:11).

야곱은 태어날 때부터 남을 속이고 탈취하는 자로 일컬어졌지만, 하나님의 얼굴을 뵐 때, 옛 자아의 가면이 떨어져 나가고 하나님 형상인 얼굴로 변화되었다. 삭개오가 그리스도를 만났을 때, 자신을 감싼 열등감과 소외의 가면은 떨어져 나갔고, 그리스도를 반영하는 참 얼굴을 찾았다. 십자가의 한 강도는 그리스도의 얼굴 앞에서 자기 소원을 아뢸 때, "네가 나와 함께 낙원에 있으리라"는 영생의 보증수표를 주께로부터 받았다. 수가 우물가에서 수치와 한의 가면 아래 눌려 살던 한 사마리아 여인이 예수님의 얼굴을 마주 대하여 뵙는 순간 모든 가면들은 떨어져 나갔고 그리스도의 형상을 이루는 빛나는 얼굴을 찾았다(요 4:1-42).

예수의 성상 앞에서, 루시 넬트가 자신이 막 하려고 했던 것에 대해

---

4 Barth, CD IV/4, The Christian Life (Lecture Fragments), p.120.

용서를 구했을 때, 모든 것은 위기 상황이었다. 그녀의 자살은 확정적이었다. 모든 계획이 수립되었고 마지막 기도를 드리기만 하면 되었다. 그녀는 밤낮으로 비통한 분노와 철저한 무기력에 휩싸여 있었다. 처음에는 슬픔이었던 것이 깊은 우울감이 되었고, 나중에는 절망이 되었다. 자살을 확정함으로 그녀는 고통을 처리할 수 있었고, 그녀에게 고통을 주었던 자들을 영원히 벌할 수 있었다. 하지만 자살은 단순히 상황에 대한 반응이 아니었다. 그것은 삶을 계속 살아갈 이유에 대한 상실이었다.

예수님의 성상은 그녀를 예수님 앞에 서게 했고, 그녀는 향으로부터 천천히 피어올라가는 연기 속에서 '하나님의 얼굴'을 보며 마침내 용서를 구할 수밖에 없었다. 그녀를 멈추게 한 것은 죄의식이나 두려움, 혹은 마음의 동요나 불안이 아니었다. 그녀 안에서 솟아난 기쁨이었다. 그녀는 성령이 임재하는 데서 오는 영적 힘으로 인해 무릎을 일으켜 세웠고, 다시 살고자 하는 욕구와 새로운 삶을 창조하고자 하는 삶에 대한 확신을 갖게 되었다. 마침내 그녀는 가족에게로 돌아가 회복될 수 있는 데까지 이르게 되었다. 하나님의 영은 본능보다 깊이, 복수심이나 죽겠다는 생각보다 더 깊이 작용하였다. 그것은 흐릿한 연기가 아니라, 하나님의 얼굴인 예수 안에 분명히 나타난 그분의 실재였다.[5]

죽어가던 얼굴도 하나님의 임재 앞에 나가면 생기를 얻고 살아난다. 이는 부활이요 생명인 그리스도의 영이 우리를 살려 주시기 때문

---

5 제임스 로더, 『신학적 관점에서 본 인간 발달: 영의 논리』, p.160.

이다. 주의 은혜로 그리스도 앞에 나갈 때, 우리는 얼어붙은 표정을 지을 필요가 없다. 이는 그가 우리의 뺨을 만져주시며 '내 사랑하는 자야, 너는 나의 기쁨이란다'라고 하시며, 잃었던 우리의 얼굴을 찾아 주시기 때문이다.

제 10 장

하나님과 상호관계성 안에 있는 참 자아

　마틴 부버는, "나는 당신과의 관계 속에서 생겨납니다. 그리고 내가 비로소 내가 되었을 때, 나는 당신에게 말합니다"라고 하였다.
　성부 성자 성령 삼위가 하나된 관계 속에 계신 하나님은 사람을 창조하실 때, 복수 주어로서, "우리의 형상을 따라 우리의 모양대로 우리가 사람을 만들고"라고 하셨다. 관계 속에 계신 하나님의 형상을 따라 창조된 사람은, 자연과의 관계, 배우자 또는 이웃과의 관계, 그리고 궁극적으로 하나님과의 관계 안에 창조되었다. 마틴 부버가 『나와 너』에서 말했듯, 나와 자연과 사람에 대한 관계는 나와 하나님을 향한 우리의 본질적이고 영원한 관계로 이끌어 준다. 나는 하나님을 통해 나가 된다.
　심리학자 에릭 에릭슨은 '하나님이 아담을 하나님 자신의 정체성(identity)의 대응적 존재(counterplayer)로 삼으시려고 그의 형상에 따라'

지으셨음을 인정했다.[1] 사람은 하나님과의 상호 관계 안에 존재한다. 머튼은 관계성 안에 있는 참 자아를 바라보고 다음과 같이 말했다.

> 나의 참된 정체성은 내 자유에 호소하시는 하나님의 부르심과 그분께 답하는 나의 응답 안에 감추어져 있다.

다윗은 하나님과의 관계 안에 존재함으로 "내가 여호와를 항상 내 앞에 모심이여 그가 내 우편에 계시므로 내가 요동치 아니하리로다"(시 16:8)라고 고백했다.

사도 바울은 이러한 참 자아의 삶이 어떠해야 할지 다음과 같이 말한다.

> 마음을 같이 하여 같은 사랑을 가지고 뜻을 합하며 한 마음을 품어 아무 일에든지 다툼이나 허영으로 하지 말고 오직 겸손한 마음으로 각각 자기보다 남을 낫게 여기고 각각 자기 일을 돌아볼 뿐더러 또한 각각 다른 사람들의 일을 돌아보아 나의 기쁨을 충만케 하라 (빌 2:2-4).

하나님과 관계 속에 존재하며 사는 자는 "그리스도의 마음"(빌 2:5)을 가지고 그의 형상을 이루어간다.

모세를 바로에게 보내려 할 때, 모세는 자신이 누구인가 하는 심각

---

1 Erik Erikson, *Identity* (London:Faber and Faber, 1968), p.40.

한 정체성의 위기를 겪었다. 모세는 하나님께 말하기를, "내가 누구관대 바로에게 가며 이스라엘 자손을 애굽에서 인도하여 내리이까"라고 물었다. 곧 나는 할 수 없다, 나는 가치 없다라는 낮은 자존감의 거짓 자아를 모세는 가지고 있었다. 이렇게 자신을 잃고 사는 모세에게 하나님은, 너는 출신학교도 좋고, 머리도 좋으며, 성장한 배경도 좋으니 거기에서 너 자신을 찾으라 하지 않으셨다. 오히려 "내가 정녕 너와 함께 있으리라"(출 3:12)고 응답하심으로 하나님과의 친밀한 관계 안에서 우리의 진정한 자아가 발견됨을 알려 주셨다. 이는 모세의 모세됨이 그의 성취와 소유에 있지 않고 오직 우리 존재의 원천인 하나님과의 관계 속에 있음을 알려 주셨다.

"나와 내 아버지는 하나"(요 10:30)라고 말씀하신 예수님은 아버지와 자녀 관계의 원형이 되신다. 예수님은 그가 우리 안에 계시고 아버지 하나님이 그 안에 계셔서 우리로 그와 한 영이 되어 온전함을 이루도록 기도하셨다(요 17:23).

그리스도와 연합하여 한 영이 된 게틀락 페터슨은 다음과 같이 말했다.

> 당신은 내 안에 계십니다. 그리고 나는 당신 안에 있습니다. 당신과 나는 하나가 되었습니다. 우리는 결코 나누어질 수 없으며 깨어질 수도 없습니다.[2]

---

2 이블린 언더힐, 『사도 바울의 영성과 신비주의』, pp 71-72.

그림 1.1 뫼비우스의 띠
(Mobius band)

관계의 본질에 통찰을 주는 것이 뫼비우스의 띠(Mobius band)이다.

이것은 '8' 모양의 띠로 두 면이지만, 실제로는 한 면이다. 뫼비우스의 띠는 긴 종잇조각을 180도 꽈배기처럼 뒤튼 다음 그 양끝을 서로 연결하여 만든 위상 기하학적 현상이다. 오직 한 가장자리와 한 면을 가지고 있지만 횡단면으로 보면 두 면과 두 가장자리가 있다(그림 1.1 참고). 이 띠의 바깥 면을 개미가 지나간다면 뫼비우스 띠는 꽈배기처럼 꼬여서 결국 개미는 안으로 걸어 들어가고 또 밖으로 나온다. 안과 밖을 다 다녔지만, 개미가 걸은 곳은 결국 한 면이다. 이 띠는 외관상으로는 반대되거나 양립되지 않는 양극성, 혹은 관점들 사이의 관계성을 말하고 있다.

다시 말해, 예수 그리스도는 참 하나님이시며 참 인간으로서 두 본성을 지닌 한 분이 시다. 우리는 몸을 입었지만 하나님의 형상인 영적 실체이다. 내가 살지만 내가 아닌 그리스도가 내 안에 산다. 내 생명이신 그리스도가 내 안에 살 때 '나는 참 자아'가 된다. 두려움을 쫓아 버리기 위해서는 "지식에 넘치는 사랑"(엡 3:19)이 필요하듯, 인간의 허무와 공허함은 오직 하나님의 완전함으로 채워져야 한다.[3]

엔드류 머레이는 『아침에 깨어남』에서 다음과 같이 말했다.

우리들 속에 그리스도의 형상을 형성하도록 하는 참된 기독교의

---

[3] 제임스 로더, 『신학적 관점에서 본 인간 발달: 영의 논리』, pp.31-34.

목적은 우리의 가장 일상적인 행동들 속에 하나님의 기질과 태도가 나타나도록 하는 것이다. 그러기 위해서는 하나님과 성령의 뜻을 사람들과 우리의 관계 속에서, 우리의 자유 시간 속에서 분명하게 소유해야만 한다. 그때 우리는 매일의 일상적인 일들 속에서 그리스도를 닮아갈 것이다. 이 모든 것은 우리 속에 살아계신 하나님이 그리스도 자신이시기에 가능하다.

대화 가운데 나타나는 하나님의 형상

달라스 윌라드(Dallas Willard)는 "사람이란 말하고 듣고 하는 하나님과의 계속 진행되는 대화 속에 살게 되어 있다"라고 달라스 윌라드는 말했다.[4]

다윗은 하나님의 인도하시는 말씀을 들을 때, 그냥 있지 않고 여호와 앞에 들어가 앉아서 "주 여호와여 나는 누구오며 내 집은 무엇이관대 나로 이에 이르게 하셨나이까"라며 감사했다. 그리고 축복해 주신 주님께, "주 여호와는 종을 아시오니 다윗이 다시 주께 무슨 말씀을 하오리이까"라고 했다. 여기서 다윗은 자신이 하나님 앞에 말씀드릴 때도 자신의 이름을 부르며 "다윗이 다시 주께 무슨 말씀을 하오리이까"라고 물었다.

하나님과의 상호관계 속에 지음받은 '다윗'이라는 존재는 하나님 안

---

4 Dallas Willard, *Hearing God: Developing a Conversational Relationship with God* (IL: InterVarsity, 1999), p.18.

에서 존재하고 행하는 영원한 실재이다. 다윗이 그러하듯 우리도 주님 안에 있는 영원한 실재이다.

참 자아는 항상 하나님과 친밀한 교제를 나누며 살고 있음을 다윗은 잘 보여 준다. 그는 자신이 거처를 옮겨야 할 때도, "내가 유다 한 성으로 올라가리이까?"라고 주께 물었다. 그때 여호와께서 "올라가라…헤브론으로 갈지니라"(삼하 2:1)고 대답하셨다.

동역하는 목사님이 지적했듯 많은 사람들이 주님의 음성을 듣지는 않고 '주시옵소서, 주시옵소서'라는 말만 반복하며 '줏, 줏, 줏' 하는 기도를 하지만, 하나님의 마음에 합한 자인 다윗은 무슨 일을 할 때 '까, 까, 까' 하면서 하나님의 뜻을 먼저 물어 보았다. 전쟁을 할 때도 주님 앞에 나가 '내가 올라가 치리이까?'라며 먼저 주님께 물어보고 행동하였다.

"울리는 소리를 통해 그것이 어떤 악기인지 알 수 있듯이 입에서 나오는 소리를 통해 그 사람이 어떤 존재인지를 알 수 있다"고 부룩스(T. Brooks)는 말했다. 참 자아는 주님과의 친밀한 관계 안에서 진솔한 대화를 한다. 여기에, 하나님의 얼굴이 나타나고 그의 형상인 우리의 참 자아가 나타난다.

자기 대화

사람은 누구나 자신에게 혼잣말을 하고 산다. 본래 우리의 언어는 하나님의 형상을 반영한다. 하나님 안에 존재하는 참 자아는 자기 대화 가운데서도 세상을 초월하신 하나님의 임재와 관점이 있다. 혹시 남과 비교하여 자신의 몸을 받아들이지 못했던 사람도, "나는 하나님의 걸작품이야!"라고 선포할 수 있다면 진리 안에서 자유하고 더욱 그리스도의 형상을 이루게 된다. 육신에 약함이 있어도 "나는 나의 약함 가운데 거하시는 하나님의 능력으로 온전케 된다"는 진리를 선포하는 자는 승리한다.

주 안에서 우리는, 내가 홀로 이야기하는 듯 해도 내가 아닌 그리스도의 마음과 시각으로 사물을 보며 말을 해야 한다.

베드로는 밤새껏 고기를 잡았지만 한 마리도 잡지 못했다. 그는 속으로 이제는 어부생활을 포기해야지 하는 절망의 말을 혼자 했을 수도 있다. 그때 자신과 대면하고 계신 주님이 깊은 곳에 가서 배의 오른쪽에 그물을 내리라 말씀하셨을 때 순종하니, 그물이 터질 듯 많은 고기가 잡혔다. **고난 가운데 절망스런 자기 대화는 죽음으로 끌고 갈 수 있지만, 우리 자신을 초월한 그리스도가 함께하는 자기 대화는 생명의 길로 인도한다.**

집 나간 탕자는 타향에서 돼지가 먹는 음식도 구하지 못해 주려 죽으려는 순간, 스스로 돌이켜 "내 아버지에게는 양식이 풍족한 품꾼이 얼마나 많은가…나를 품꾼의 하나로 보소서 하리라" 하고 아버지께 돌아갔다. 아버지는 그를 위해 잔치를 베풀고, "이 내 아들은 죽었다가 다시 살아났으며 내가 잃었다가 다시 얻었노라"며 즐거워했다(눅 15:24). 탕자는 바른 자기 대화를 했기에, 아버지의 환영을 받으며 잃어버렸던 자신을 찾았다.

인생의 풍랑 가운데 고통당할 때, 자기 자신에게서 나와서 하늘에 계신 하나님의 심장과 눈으로 자신을 바라보고 대화하여야 한다. 이

때, 성령이 우리 새 자아에 대한 정의를 내려주며, 새로운 방향을 준다. 하나님의 시각으로 하는 자기 대화는 그 사람 안에 있는 하나님의 형상(Imago Dei)을 드러낸다.

남과 비교하여 자신의 몸을 받아들이지 못했던 사람도, "나는 하나님의 걸작품이야!"라고 선포할 수 있다면 진리 안에서 자유하고 더욱 그리스도의 형상을 이루게 된다. 육신에 약함이 있어도 "나는 나의 약함 가운데 거하시는 하나님의 능력으로 온전케 된다"는 진리를 선포하는 자는 승리한다.

주 안에서 우리는, 내가 홀로 이야기하는 듯 해도 내가 아닌 그리스도의 마음과 시각으로 사물을 보며 말을 해야 한다.

베드로는 밤새껏 고기를 잡았지만 한 마리도 잡지 못했다. 그는 속으로 이제는 어부생활을 포기해야지 하는 절망의 말을 혼자 했을 수도 있다. 그때 자신과 대면하고 계신 주님이 깊은 곳에 가서 배의 오른쪽에 그물을 내리라 말씀하셨을 때 순종하니, 그물이 터질 듯 많은 고기가 잡혔다. **고난 가운데 절망스런 자기 대화는 죽음으로 끌고 갈 수 있지만, 우리 자신을 초월한 그리스도가 함께하는 자기 대화는 생명의 길로 인도한다.**

집 나간 탕자는 타향에서 돼지가 먹는 음식도 구하지 못해 주려 죽으려는 순간, 스스로 돌이켜 "내 아버지에게는 양식이 풍족한 품꾼이 얼마나 많은가…나를 품꾼의 하나로 보소서 하리라" 하고 아버지께 돌아갔다. 아버지는 그를 위해 잔치를 베풀고, "이 내 아들은 죽었다가 다시 살아났으며 내가 잃었다가 다시 얻었노라"며 즐거워했다(눅 15:24). 탕자는 바른 자기 대화를 했기에, 아버지의 환영을 받으며 잃어버렸던 자신을 찾았다.

인생의 풍랑 가운데 고통당할 때, 자기 자신에게서 나와서 하늘에 계신 하나님의 심장과 눈으로 자신을 바라보고 대화하여야 한다. 이

때, 성령이 우리 새 자아에 대한 정의를 내려주며, 새로운 방향을 준다. 하나님의 시각으로 하는 자기 대화는 그 사람 안에 있는 하나님의 형상(Imago Dei)을 드러낸다.

남과 비교하여 자신의 몸을 받아들이지 못했던 사람도, "나는 하나님의 걸작품이야!"라고 선포할 수 있다면 진리 안에서 자유하고 더욱 그리스도의 형상을 이루게 된다. 육신에 약함이 있어도 "나는 나의 약함 가운데 거하시는 하나님의 능력으로 온전케 된다"는 진리를 선포하는 자는 승리한다.

주 안에서 우리는, 내가 홀로 이야기하는 듯 해도 내가 아닌 그리스도의 마음과 시각으로 사물을 보며 말을 해야 한다.

베드로는 밤새껏 고기를 잡았지만 한 마리도 잡지 못했다. 그는 속으로 이제는 어부생활을 포기해야지 하는 절망의 말을 혼자 했을 수도 있다. 그때 자신과 대면하고 계신 주님이 깊은 곳에 가서 배의 오른쪽에 그물을 내리라 말씀하셨을 때 순종하니, 그물이 터질 듯 많은 고기가 잡혔다. **고난 가운데 절망스런 자기 대화는 죽음으로 끌고 갈 수 있지만, 우리 자신을 초월한 그리스도가 함께하는 자기 대화는 생명의 길로 인도한다.**

집 나간 탕자는 타향에서 돼지가 먹는 음식도 구하지 못해 주려 죽으려는 순간, 스스로 돌이켜 "내 아버지에게는 양식이 풍족한 품꾼이 얼마나 많은가…나를 품꾼의 하나로 보소서 하리라" 하고 아버지께 돌아갔다. 아버지는 그를 위해 잔치를 베풀고, "이 내 아들은 죽었다가 다시 살아났으며 내가 잃었다가 다시 얻었노라"며 즐거워했다(눅 15:24). 탕자는 바른 자기 대화를 했기에, 아버지의 환영을 받으며 잃어버렸던 자신을 찾았다.

인생의 풍랑 가운데 고통당할 때, 자기 자신에게서 나와서 하늘에 계신 하나님의 심장과 눈으로 자신을 바라보고 대화하여야 한다. 이

때, 성령이 우리 새 자아에 대한 정의를 내려주며, 새로운 방향을 준다. 하나님의 시각으로 하는 자기 대화는 그 사람 안에 있는 하나님의 형상(Imago Dei)을 드러낸다.

제4부
그리스도의 형상을 이루어가는 참 자아

하나님께서는 전부터 아셨던 사람들을 그분의 아들과 동일한 형상을 갖도록 미리 정하시고(롬 8:29, 쉬운성경). 그리스도의 품성을 완전히 본받은 사람은—사도바울이 "빛의 자녀들"이라고 말했던—자유롭고 창조적인 대행자들로서…영원히 하나님에 의해 능력을 받을 것이다.

-달라스 윌라드(Dallas Willard)[1]

---

[1] "Those who have fully taken on the character of Christ-those 'children of light' in Paul's language-will in eternity be empowered by God…as free creative agents."
-Dallas Willard.

Discovering
Your True Self
in the Image of
Christ

제 11 장

그리스도는 참 자아의 원천적 원형

> 너희는 하나님께로부터 나서 그리스도 예수 안에 있고 예수는 하나님께로서 나와서 우리에게 지혜와 의로움과 거룩함과 구속함이 되셨으니(고전 1:30).

스코틀랜드의 한 성에 있는 어떤 감옥에서는 죄수를 사형할 때, 땅속 깊이 파들어 간 가마솥 같은 형태의 감방에 죄수를 넣는데, 그 방에는 시계도 없고 아무런 참고점이 없으므로, 그 죄수는 며칠이 지나면 정신을 잃는다고 한다. 그런데 한 죄수는 6일이 지나도 정신이 말짱했다고 한다. 그 죄수는 회전하는 가마솥 같은 감방에 들어가기 전에 차돌 6개를 주워 와서 주머니에 넣고, 그것을 세면서 날짜와 시간가는 것을 기억하며, 제정신을 잃는 것을 방지했기 때문이다.

아무도 자기 스스로 생기지 않았다. 사람은 밖으로부터(ex) 존재한다(sists). 생명은 다른 분으로부터 시작되었다. 우리는 우리 자신의 생명을 우리 자신 밖에서 끌어당긴다. 아무도 자기 스스로 양육하지 못한다.

존 피치(John Fitch)에 의하면, 자기중심적인 삶은 자기를 목 졸라 죽이는 것과 다름없다. 자아가 자기중심성이라는 무덤으로부터 꺼내어지기 위해서는 오직 자기 바깥의 어떤 것에 자기를 붙들어 매는 수밖에 없다.[1]

우리의 '참 자아'는 하나님으로부터 나왔고 그리스도 안에서 존재하고 살아간다. 그리스도의 형상으로 지어진 인간 안에 그리스도가 없으면 진정한 자아가 없는 것이다. 그러므로, 패트모어(Patmore)는 "하나님은 유일한 실재이시다. 그분이 우리 안에, 우리가 그분 안에 있을 때 우리는 참다운 존재가 된다"라고 하였다. 우리의 진정한 정체성은 하나님으로부터 나온다. 그리스도는 우리의 생명의 원천일 뿐 아니라 우리 참 자아의 원래 형상임을 바울은 다음과 같이 알려준다.

> 그는 보이지 아니하시는 하나님의 형상이요 모든 창조물보다 먼저 나신 자니 만물이 그에게 창조되되 하늘과 땅에서 보이는 것들과 보이지 않는 것들과 혹은 보좌들이나 주관들이나 정사들이나 권세들이나 만물이 다 그로 말미암고 그를 위하여 창조되었고, 또한 그가 만물보다 먼저 계시고 만물이 그 안에 함께 섰느니라 (골 1:15-17).

---

1 "On Becoming a Self"(비간행물), p.3; 딕 카이스, 『인간의 자아와 하나님의 형상』, 김선일 역 (서울:아가페, 1994), p.150.

메시지성경(The Message)에서는 하나님이 우리로 이러한 그리스도의 형상을 본받게 하시려고 미리 정하셨음을 로마서 8:29에서 다음과 같이 표현했다.

> 하나님은 처음부터 자신이 하실 일을 분명히 아셨습니다. 처음부터 하나님은 그분을 사랑하는 사람들의 삶을 그분 아들의 삶을 본떠 빚으시려고 결정해 두셨습니다. 그분의 아들은 그분께서 회복시키신 인류의 맨 앞줄에 서 계십니다. 그분을 바라볼 때 우리는, 우리 삶이 본래 어떤 모습이 있어야 하는지 깨닫게 됩니다.

무제한적으로 자아가 커질 대로 커진 '아담의 질병'은 마귀에게 영혼을 파는 '파우스트적 노력'을 하나 결국 파멸하기에 이른다. 오직 자기를 비워 종의 형체를 가짐으로 죽기까지 복종하신, 우리 참 자아의 원형인 그리스도를 본받을 때 우리는 빛나는 하나님의 자녀로 나타난다.

그리스도는 우리 참 자아의 원래의 형상이시다. 하나님이 그 이름을 불러주셨고, 의롭다 하시며 영화롭게 하신 참 자아는 "내 안에 내가 사는 것이 아닌 그리스도가 사신다"라고 고백하게 된다. 그리스도는 우리의 원형적 원천이시다.

주님을 만홀히 여기는 자는 자신의 원천을 경멸하고 있는 것이다. 그 경멸하는 힘도 자신의 원천에서 나오고 있다.

어니스트 베커(Earnest Becker)는 다음과 같이 말한다.

> 인간의 참을 수 없는 모든 고통은, 인간이 이 모든 자연세계 속에

자신의 실재를 드러내려 하고 영웅적으로 승리하고자 하는 데서 비롯된다. 인간은 이 땅 위에서 완전을 성취하고자 하며 자기의 우주적인 중요성을 확인해주는 기념비를 세우고 싶어 한다. 그러나 자신이 얻고 싶어 하는 기념비는 저 너머 창조의 원천으로부터 주어질 수밖에 없다. 왜냐하면 오직 그분만이 인간의 책무와 삶의 의미를 알고, 인간의 가치를 알고 계시기 때문이다.[2]

인생이 무엇이며, 어떻게 살아야 할지는 우리의 원천적 원형인 그리스도를 바라보고 그의 마음을 가지게 되면 안다. 퍼즐을 맞출 때, 밝은 색, 어두운 색들이 섞인 이상한 모양들의 수백가지 이상의 퍼즐들을 보면 그것이 무엇인지 이해가 되지 않을 때가 많다. 그러나 그 퍼즐을 설계하고 만든 사람이 준 원래의 그림 형태를 보면서 맞추어 나가면 아름다운 모양의 집이나 그림들이 나타남을 본다.

마찬가지로 퍼즐보다 더 복잡한 우리 자신이 누구인지 알려면, 우리의 원래 형상이신 그리스도를 본받고 그의 시각으로 볼 때, 우리가 누구인지 빛 가운데 드러난다.

이러므로, "주님, 당신은 누구시오며, 나는 누구입니까? 주님, 당신 안에서 나를 발견하게 하소서"라고 앗시시의 성 프란시스(Francis of Assisi)는 기도했다.

일본 속담에 의하면 세상에서 가장 소중한 물건 세 가지가 있다. 세

---

[2] Earnest Becker, *Escape from Evil* (N.Y.:Free Press, 1975), p.136; 딕 카이스, 『인간의 자아와 하나님의 형상』, p.112.

번째가 검인데 검은 자신과 사랑하는 사람들을 침입자로부터 지켜준다. 두 번째는 보석인데, 이는 세속적 욕망을 충족시켜주기 때문이다. 그런데 실제로 일본인들이 가장 소중하게 여기는 물건은 거울이다. 왜냐하면 이것은 자기 자신을 비추어 알게 하기 때문이다. 거울은 거짓 없이 있는 그대로를 보여준다. 우리의 원천적 원형인 그리스도의 거울에 우리 자신을 비춰볼 때, 우리는 진정한 자신을 깨닫고 발견하게 된다. 그리스도는 우리의 '참 자아'를 밝히 비쳐주는 원래의 형상, 곧 원형이 되신다.

그런데, 우리의 원천적 원형인 그리스도를 잃어버리면 내 생명을 잃어버린 것이다. 내 생명을 잃고는 '나'란 없다. 인간은 그리스도를 잃은 만큼 자기를 잃고 산다.

많은 사람들이 진정한 자아를 모른 채 살아가고 있다. 어떤 장교는 자신을 '전투기 조종사'라고 칭하였다. 조종사는 그의 직업이지 그의 참 자아는 아닌 것이다. 결혼생활이 파탄 난 한 남성은 자신을 낙오자라고 칭했는데, 가정생활의 실패가 진정한 자신은 아닌 것이다. 고아원에서 가난하게 자란 소년은 자신을 부모 없는 고아라고 말했는데, 고아라는 상태가 진정한 자신을 말하는 것이 아니다.

데이비드 옥스버그 교수에 의하면, 인간의 기술과 능력을 추구하며 사는 사람들은 자기를 '의사', '교수', '변호사', '운동가' 또는 '예술가'로 생각할지도 모른다. 이것들은 교육과 훈련에 의해 갈고 닦은 역할들이지 참 자아는 아니다. 또 다른 사람들은 사회에 영향을 끼치는 슈바이처, 링컨 같은 분들을 모델로 삼아 살기도 한다. 그들은 훌륭한 삶의 유형들이나, 그들은 당신도 아니고 나도 아니다. 당신의 참 자아를 발견하기 위해서는 당신은 그 유형들 아래 깊숙이 있는 성숙한 자아의 본래 인간 모형에 이르러야 하고, 영혼이 성장함으로 이것을 실현시켜야 한다. 그러나 이것은 무엇인가 그 이상을 필요로 하는데, 이는 곧 우리의 생명일 뿐 아니라 인간 가능성의 본질과 핵심이며 영적 화신인 참 자아의 원천적 원형(Prototype)을 인식하고 만나는 것이다. 이 원형은 모든 인간을 초월한, 유일한 본질적 인간인 예수 그리스도를 만남으로 그의 영과 그의 형상 안에서 발견된다.[3]

자신이 무가치하다고 고통받는 사람도, 자신의 원천적 원형인 그리스도의 영 안에서 그의 형상을 이룰 때, 하나님의 자녀로 나타난다. 우리는 하나님께로 나서 하나님의 자녀가 되었다(요일 3:9-10). 여기서 요한이 사용하는 자녀에 해당하는 헬라어는 테크나(tekna)로서 이는 낳아진 자식같이 하나 됨을 강조한다.

예수 그리스도는 참 자아의 원천적 원형이 되신다. 그는 태어날 때부터 마른 땅에서 나온 뿌리 같아 삶의 위기를 체험하였고, 슬픔의 사람으로 고난을 많이 겪었다. 그는 천지만물의 창조자요 주인이시지만 무엇을 가지려 하지 않았고, 자기욕망을 달성하려고도 하지 않았다. 오히려 그는 죄인들을 위해 자신의 전부를 내어 주시며, 십자가에 죽기까지 복종하심으로 부활하사 하나님 보좌 우편에 앉으셨다. 이러한 그리스도의 형상을 이루어가는 참 자아는 오직 성령을 좇아 하나님의 뜻을 이 세상에 행하기 위해 존재한다. 오직 하나님의 영광을 위해서.

---

[3] 권오균, 『내게 새겨진 하나님의 형상 참 자기』(서울:예영, 2007)에서 데이빗 옥스버그의 추천의 글.

가가와 도요히꼬(하천풍언)는 1888년 고오베에서 어느 시장의 서자로 태어났다. 그러나 실제는 창녀의 둘째 아들로 태어나 버려진 사람이었다. 4살 때 아버지를 잃고 5살 때 어머니마저 잃고 고통 가운데 살았던 그는 살 의욕이 없었다. 그가 열두 살 되던 해, 길 모퉁이에 서 있는데 구세군이 나팔을 불면서 노방전도를 하는 것이었다.

"하나님을 믿으세요. 예수님을 믿으세요. 예수님은 여러분을 사랑하십니다"하고 소리치며 지나갈 때 어린 소년은 가까이 다가가 이렇게 물었다.

"하나님은 서자도 사랑하십니까?"

"그럼요. 저 감옥에 있는 죄수도 사랑하십니다."

그 말을 들은 가가와 도요히꼬는 즉시 그 대열을 따라 나섰고 예수를 알게 되었다.

그가 중학교에 들어갔을 때, 학년 담임교사로 그리스도인을 만나게 되었다. 그리고 그는 그 선생님을 통하여 선교사 두 분을 알게 되었다. 그 중에 한 선교사는 독일 선교사인데 더럽고 지저분한 움막에서 음식을 나누어주며 기도해주는 선교사의 사랑이 하나님의 사랑에서 온 것을 알게 되었고, 그것이 하나님의 사랑이라면 나도 믿어야지 하고 결심하였다. 가가와는 하나님은 사랑이시며 용서하시는 분이심을 알게 되었다. 가가와는 성서를 읽고 배우는 동안에 인생의 새로운 길을 찾았다. 그리고 그는 거기에서 무릎을 꿇고 기도하기 시작했다.

"오! 하나님이시여, 저로 하여금 그리스도와 같게 하여주소서."

그의 삶은 이미 그리스도를 본받아가고 있었다.

그는 대학 2학년 때, 폐병이 급격히 악화되어, 각혈을 하게 되었고,

사선을 몇 차례나 넘는 극렬한 투병 속에서도 성경을 손에서 놓지 않았다. 가가와 도요히코는 결핵말기임에도 불구하고 고오베의 빈민굴에서 전도하다 피를 토하고 쓰러졌다. 치료 안 하면 죽는다는 의사의 충고에도 오히려 죽음으로 주님을 증거하고 싶어했다. 그런데 의식을 회복해 보니 사선을 넘고 기적적으로 결핵이 없어졌다. 그는 1960년 죽기까지 일흔 살이 넘도록 가난한 사람들과 노동자들을 위해 빈민굴에서 생활을 하면서 복음을 증거한 20세기의 기적을 만든 일본의 성자가 되었다. 그는 인생 끝에서 구원 받아 하나님의 사랑을 땅 끝까지 전한 자이다. **서자로 태어나 서러움을 받았던 그는 이렇게 말한다. "나는 서자의 아들이 아니고 하나님의 아들이다. 나는 천대 받는 서자가 아니라 사랑 받는 하나님의 아들이 되었다." 그때부터 그는 삶의 의욕을 얻었다. 얼굴에 생기가 돌았다. 어둠이 물러가고 빛이 왔다.**

'서자'라는 열등감 속에서 정체성의 혼란을 겪어온 그가 그리스도 안에서 "나는 하나님의 아들"이라는 진정한 자아를 발견하고는 기쁨이 충만하였다. 자신의 원천적 원형인 예수 그리스도를 닮아가는 가가와의 삶은 그리스도의 사랑과 생명의 빛을 온 세상에 비추었다.

제 12 장

그리스도는 우리를
살려주는 원천적 원형

> 첫 사람 아담은 산 영이 되었다 함과 같이 마지막 아담은 살려 주는 영이 되었나니(고전 15:45).

사람은 오직 그리스도 안에서 그로 말미암아 참 자아가 된다. 그리스도는 진정한 자아의 원천적 원형이시다. 그러므로 바울은 "너희는 하나님께로부터 나서 그리스도 예수 안에 있고 예수는 하나님께로서 나와서 우리에게 지혜와 의로움과 거룩함과 구속함이 되셨으니"(고전 1:30)라고 기록한다. 예수님이 우리의 진정한 정체성을 결정해 주신다.

하나님으로부터 나온 우리의 '참 자아'가 온전히 존재할 수 있는 곳은 자아의 본래적인 원천(Source)속에 있다.

우리가 참 자아의 모습을 그대로 간직하려면, 자아는 키르케고르가 언급했듯이 "자아를 존립하게 하는 능력(Power)의 원천 속에 뿌리박고 있어야 한다."

이웃의 존재를 번성하게 할 때도, 우리는 우리를 존재하게 해 주는 능력의 원천에 기반을 두고 있다. 자아를 "존재하게" 하고 또는 번성케 하는 것인 존재 자체의 본성인 그리스도를 드러낼 때 자아는 그 본래의 형상으로 존재하는 것이다. [1]

하나님은 인간을 창조하실 때 "자기 형상 곧 하나님의 형상대로 사람을 창조"하셨다(창 1:27). 여기서 어거스틴은 하나님의 형상대로 지음 받은 형상이란 "삼위일체 하나님으로부터의 파생물뿐만 아니라 원형과 원리(Exemplar-Principle)를 향한 경향을 나타내는 역동적인 특징과 닮음(likeness)이 내포되어 있다고 주장하였다.

토마스 아퀴나스(Thomas Aquinas)도 "하나님은 원형이시며 모든 것들의 목적이며 실제로 육체적 생명의 원천"이라고 하였다.[2] 또한 마르다 로빈스(Martha Robbins)에 의하면, "그리스도는 특유의 사람이 되는 원형적 형상(image)일 뿐 아니라 모든 창조물의 생성과 특별히 그 창조 안에서 인류의 생성에 원형적인 원천이 되신다."[3]

그리스도는 우리의 원형적 원천과 원천적 원형이 되심을 사도바울은 다음과 같이 증거한다.

> 그는 보이지 아니하시는 하나님의 형상이요 모든 창조물보다 먼저 나신 자니 만물이 그에게 창조되되(골 1:15).

---

[1] 제임스 로더, 『종교체험과 삶의 변화』, 김성민 역 (서울:한국신학연구소, 1988), p.135.
[2] St. Thomas Aquinas, *Summa Theologiae*, 1989, p. 85.
[3] Martha Robbins, "The Desert-Mountain Experience: The Two Faces of Encounter with God," *The Journal of Pastoral Care*, March 1981, Vol. XXXV, No.1, p. 35. 인용, 권오균, 『내게 새겨진 하나님의 형상 참 자기』(서울:예영, 2007).

여기서, "먼저 나신 이"(골 1:15)라는 헬라어 프로토코스에서 앞부분 프로토에 붙어 있는 강세를 뒷부분 '토코스'에 두면 만물을 처음 낳으신 자 또는 산출자라는 적극적 의미를 함축한다. 그렇게 할 때 다음 이어지는 구절 "만물이 그에게서 창조되되"와 더 잘 조화된다.

"만물이 그에게서 창조"되었다. 또한 "만물이 다 그로 말미암고 그를 위하여 창조"되었다. 곧 모든 피조물은 그에게서 나왔고 그를 위하여 존재하며 그를 향하고 있다(요 1:3; 히 1:2). 그리스도는 처음과 나중이시며, 우리를 살리는 원천적 원형이 되신다.

> 그리스도께서 죽은 자 가운데서 다시 살아나사 잠자는 자들의 첫 열매가 되셨도다(고전 15:20).
> 그는 사망을 폐하시고 복음으로써 생명과 썩지 아니할 것을 드러내셨다(딤후 1:10).

이러한 그리스도는 우리를 살려주는 참 자아의 원형(Prototype)이 되신다.

니겔 터너(Nigel Turner)는 그리스도를 모든 창조의 원형으로 보며, 사도 바울에게 있어 '그리스도의 중요성은 우주적 원형'으로서 모든 어둠의 권세와 이단에 대항하기 위해 충분히 현실화되지 않으면 안 된다고 하였다.[4] 그리스도의 형상을 이루어 가는 참 자아는 거짓 자아

---

4 Nigel Turner, in *Grammatical Insights into the New Testament* (Edinburgh: T.& T. Clark, 1965), pp.122-124. 이 내용은 권오균, 『내게 새겨진 하나님의 형상 참 자기』에서 인용.

와는 달리, 어둠의 권세와 악의 영에 대항할 수 있다. 그런데, 어둠의 권세와 악의 영, 파괴적인 세력에서 우리를 건질 수 있는 것은 오직 우리를 살리는 원천적 원형인 그리스도를 통해서이다.

프랑스 부르쥬 감옥에서 여덟 번째 수감생활을 한 마흔 살의 감상적인 거지의 오른팔에는 이러한 문신이 새겨져 있었다. "과거는 나를 속였고 현재는 나를 괴롭히고 미래는 나를 위협한다." 인생은 에덴동산에서부터 뱀에게 속임 당하고, 위협과 고난을 받아왔다. 흉한 꿈에 가위눌리는가 하면, 어둠의 혼, 악의 영에 갇혀 사는 사람들이 많다. 이러한 고통 받는 인간도 오직 우리를 살리는 영인 그리스도에 의해서 자유하게 된다.

기원전 2000년에, 니느웨에서 발견한 진흙 판에는 다음과 같은 글이 적혀 있었다.

> 내 영혼과 육체를 소유한 이 무도한 유령을 어찌해야 떼어낼꼬. 여러 날 동안 이 무시무시한 망령이 나를 고약하게 괴롭혔도다. 유령은 내 등에 달라붙어 떠나지 않는도다. 고요한 밤에 공포가 엄습해 머리카락은 곤두서고 눈은 튀어 나오는구나. 유령이 힘을 모두 빼앗아가는구나. 왜 이 유령은 나를 택하였는가? …어찌 그를 달랠꼬. 어찌해야 벗어날 수 있단 말인가?[5]

---

[5] 데이비드 옥스버거, 『문화를 초월하는 목회상담』, 임헌만 역 (서울:그리심, 2005), p.434.

이러한 악의 영과 어두운 혼은 한의 태고유형(archetype)에 속하며 이들은 인간을 갇히게 한다. 그러나 우리를 살리는 영인 그리스도의 원형(prototype)안에서 우리는 모든 악의 영과 어둠의 세력을 이긴다. 영어로 아케타이프(archetype)란 우리말로 풀이하면 태고유형으로 이는 국어사전에 "인간의 정신 내부에 존재하는 조상이 경험한 것의 흔적"이라고 번역되어있다.

심리학자 칼 융은 이러한 것에 대하여 말하기를, "인생의 전형적인 삶의 사건, 장면과 같은 수많은 태고유형들이 있다. 이는 무한한 반복에 의해 이러한 경험들이 인간의 정신 속에 새겨진 것이다"라고 하였다.[6]

원래 태고유형은 우리가 창조된 하나님의 형상을 가리켰으나, 죄악으로 깨어진 사람의 정신 속에 한 맺힌 다른 태고유형들이 마음 깊이 새겨지게 되었다. 그리하여 사람들은 무의식 속에 내재된 양식이나 생각의 유형에 따라 사고하고 행동한다. 바울은 자신이 싫어하는, 자기 '지체 속의 죄의 법'(롬7:23) 아래 갇히는 것을 한탄했다. 이렇듯, 무의식 속에 내재된 양식이나 생각의 태고유형은 선경험적으로 사람의 경험을 조직하게 된다. 가령 대지(大地)라는 말을 들으면 대자연의 넓은 땅이 떠오른다. 어머니란 말을 들으면 사랑이 생각난다. 이러한 것들은 인간의 정신 속에 있는 태고유형들이다.

특히 죄악으로 물든 한의 태고유형들을 보시고, 그리스도는 다음과 같이 말씀하셨다.

---

[6] Carl Gustav Jung, *Collective Works*, vol.9i. p.48.

속에서 곧 사람의 마음에서 나오는 것은 악한 생각, 곧 음란과 도
둑질과 살인과 간음과 탐욕과 악독과 속임과 음탕과 질투와 비방
과 교만과 우매함이니 이 모든 악한 것이 다 속에서 나와서 사람을
더럽히게 하느니라(막 7:21-23).

희망의 신학을 부르짖은 몰트만(Moltmann)은 인간을 잡아매는 이
상한 끈과 같은 어두움의 세력에 대해 다음과 같이 말한다.

> 인간의 관계들 속에서, 개인들과 세대들의 공유된 경험을 넘어서,
> 사람들의 심리 자세와 외부의 관습에, 고정된 형태를 습득하는 집
> 단적인 경험이 있다. 이들이 개인의 자기 자신에 대한 경험을, 구
> 체화하고(대개 무의식적으로), 익명으로 한 사회의 집단적 행동과
> 가설을 조정한다. 이들 형태들이 공동의 생활을 하게 하지만 이들
> 역시 맹목적이고 죄된 것이다. 만일 사람들이 이것들로부터 개인
> 적으로 관계를 끊으려 해도 자신들 스스로를 해방할 수 없는 공동
> 적인 경험들이 있는데, 이러한 것들은 자신을 계속적으로 따라붙
> 기 때문이다.[7]

인간 정신에 따라붙어 다니는 태고유형들은 '어떤 지각과 행동의
단순한 가능성을 나타내는 알맹이 없는 형태들로서', 잠자고 있다가
동화, 신화, 꿈, 무의식 수준의 이야기나 현실의 삶과 사건에서 나오는

---

[7] Jurgen Moltmann, *The Spirit of Life* (Minneapolis: Fortress Press, 1992), p.26.

이미지를 만나면 강하게 활동하기 시작한다. 풍력 발전소에서 바람의 힘을 이용하여 빛과 열을 내는 전기로 바꿔 주듯이, 이미지들은 무의식으로부터 에너지를 해방시켜 행동으로 변형시켜 준다. 태고유형의 이미지들이 본능 곧 정서를 제공하는 자율신경계에 연결될 때 복부와 정서가 영향을 받으며, 이미지는 힘을 갖고 효력을 발생하게 된다.

무의식에서부터 인간을 따라붙는 한(恨)의 태고유형들(archetypes of Han)은 모든 어둠의 혼과 악의 영 그리고 죄로 물든 세상에 사는 모든 인간적인 것으로 구성되어 있고, 절망과 죽음에 관계된 것들을 다 포함한다. 억누르는 한의 태고유형은 심장을 타게 할 듯한 한숨과 고뇌이며, 상처와 눈물이다. 이러한 어두운 한의 태고유형은 인간을 갇히게 하고 멸망시키려 하지만 우리를 살리는 영인 그리스도의 원형은 우리를 자유하게 하고 영생을 준다.

인간의 정신 속에 잘못 심어진 모든 한과 가짜자아의 유형(archetype)을 그리스도의 원형(Prototype)이 정복하고, 치유 변화시킬 때, 우리는 하나님의 형상인 참 자아를 찾게 된다.

그리스도의 원형은 어둠을 쫓는 빛이요, 추함을 이긴 아름다움이며, 허상을 벗긴 실체이며, 죄를 씻는 보혈이고, 죽음을 정복한 생명이며, 슬픔을 정복한 기쁨이며, 오류를 벗긴 진리이며, 어둠을 이긴 빛이며, 고난을 정복한 사랑이고, 상처를 이긴 영광이며, 지옥을 이긴 천국이며, 악령을 이긴 성령이며, 세상을 이긴 그리스도시다. 몰트만은 그의 책 『생명의 영』(*The Spirit of Life*)에서 "인간 생존에 절대 필요한 한 가지는 하나님의 영에 의해 소생된 생명에 대한 무조건적 긍정이다"라고 강조하였다.

인간의 약함으로 인해 일어나는 모든 고통들, 어둠의 파괴적인 세력들, 악의 영들을 포함하는 한의 태고유형은 사람의 무의식과 일상적인 삶에 침입하여 인간을 파멸시키려 한다. 어두운 면의 한은 인간을 억누르고, 압제하며 갇히게 하고 악몽에 시달리게 만든다. 인간의 죄악과 약함을 미끼로 하여 이 세상 권세 잡은 악의 영과 사탄은 인간을 유에서 무로 돌리려고 한다. 그러나 무에서 유를 만드신 우리를 살리는 원형이신 그리스도의 영은, 한의 태고유형에서 우리를 해방하고 치유 변화시켜 준다. 우리를 살리는 영인 그리스도의 원형은 모든 한의 태고유형을 십자가에서 멸하셨고, 우리를 해방하사 살려주셨다. 하나님은 이미 우리를 한의 태고유형이 다스리는 "흑암의 권세에서 건져 내사 그의 사랑의 아들의 나라"로 옮기셨다(골 1:13).

모톤 켈시(Morton Kelsey)는 인간의 성장을 위한 가장 중요한 문제를 다음 두 가지로 지적해준다.

> 어떻게 우리는 우리 자신들의 모든 것을 하나님 사랑의 충만한 데로 가져올 것인가? 그리고 어떻게 우리는 어두운 파괴적인 세력들에 의해 전염된 불일치에 우리 자신들이 빠져 들어가는 것을 막을 수 있는가?[8]

이것은 오직 우리를 살리는 영인 그리스도를 통해서이다. 우리의 살아 있는 원형인 그리스도는 우리를 위해 친히 십자가에 죽으신 후

---

8 Morton Kelsey, *Christo-Psychology* (N.Y.: Crossroad, 1982), p.92.

부활하사 죄악과 어두운 파괴적인 세력들, 억누르는 한과 죽음을 이기고 승리했다. "죽을 것이 생명에 삼킨바 되게" 하셨다(고후 5:4).

사도 바울은 "지킬 박사와 하이드 씨"같이 자기 육신에 선한 것이 거하지 아니하는 줄을 알고 "내가 원하는 바 선은 하지 아니하고 도리어 원치 아니하는 바 악은 행하는도다. 오호라 나는 곤고한 사람이로다. 이 사망의 몸에서 누가 나를 건져내랴"라고 절규했었다. 그 순간 그는 예수 그리스도 안에 있는 생명의 성령의 법이 자신을 해방하였음을 경험하고 다음과 같이 기뻐 외쳤다.

> 이제 그리스도 예수 안에 있는 자에게는 결코 정죄함이 없나니, 이는 그리스도 예수 안에 있는 생명의 성령의 법이 죄와 사망의 법에서 너를 해방하였음이라(롬 8:1-2).

이렇듯, 그리스도의 영이 임재하는 그리스도의 산 원형은 살리는 영으로 인간을 억누르고 갇히게 하는 모든 우울함, 절망, 슬픔과 원한을 포함한 한의 태고유형들을 감싸 무효화 하고, 우를 치유 변화시켜 준다. 이때 우리는 그리스도의 형상을 이루어가는 하나님의 빛나는 자녀로 나타난다.

두려움과 자괴감과 불안감 등의 한의 태고유형의 사슬에 묶여 있는 이들이 의외로 많다. 그들을 위해 필자가 치유기도를 할 때, 그리스도의 살아 있는 원형이 그들을 갇히게 한 태고유형을 감싸서 무효화하고 그들에게 평안함과 든든함, 그리고 참된 자유를 주시는 역사를 체험했다.

중국에 주재원으로 있는 한 자매는 이러한 것에 대해 다음과 같이 간증한다.

아주 오래전에 금요 예배 찬양 시간에 어떤 새로 오신 분을 안아 드린 적이 있다. 그분은 안겨서 계속 울었다. 나중에 그분은, 자기의 힘든 생활을 아는, 자기를 인도해 온 친구가 안아준 줄 알았다고 하셨다. 그리고 처음 본, 아직 인사도 나누지 않은 사람이 안아 주었음에 살짝 당황하셨던 것으로 기억한다. '그리스도의 원형은 인간을 억누르는 한의 태고유형들을 감싸 무효화하고 치유 변화시켜 준다'는 말씀처럼 나를 통해 일하신 성령께서 하신 일이다. 이 구절에서 나를 멈추게 하였던 것은 '감싸'라는 단어였다. 감싸서 무효화하고 치유하고 변화시켜 주신다. 이끄는 것이 아니라 예수님께서 그 사랑과 치유의 광선을 우리에게 비추어 감싸주시므로 우리의 영혼은 회복되는 것이다. 하나님을 찾아 돌고 돌아 온 그 삶이 하나님의 사랑의 품 안에서 그의 치유의 광선으로 감싸 안음을 받을 때 우리 안에 있는 '하나님의 형상인 나'가 깨어나 위로를 받는 것이 아닐까?

그는 실로 우리의 질고를 지고 우리의 슬픔을 당하였거늘…그가 찔림은 우리의 허물을 인함이요 그가 상함은 우리의 죄악을 인함이라 그가 징계를 받음으로 우리가 평화를 누리고 그가 채찍에 맞음으로 우리가 나음을 입었도다 (사 53:4-5).

[주께서] 상심한 자를 고치시며 저희 상처를 싸매시는도다 (시 147:3).

우리를 고치고 살리는 영인 그리스도는 어둠과 혼돈 가운데 고통받는 자들을 찾아가서서 사랑과 생명과 치유의 빛을 비추어 그의 형상을 이루는 하나님의 자녀로 드러나게 하신다. 그리하여 그들에게 그리스도 안에 있는 명확함과 실체와 헌신과 확신을 제공한다.

세계적인 복음 전도자인 래비 재커라이어스(Ravi Zacharias)는 청소년 시절, 학교 공부에도 취미를 갖지 못한 채 '나는 누구인가, 나는 도대체 무엇을 하고 있는가?'라는 혹독한 질문에 시달리고 있었다. 우연히 이 세상에 와서 아무것도 아닌 무의 바다를 부유하는 쓸모 없는 존재라면, 임의적인 무언가가 되기보다는 차라리 무로 돌아가는 편이 나을지도 모른다고 생각하였다. 그는 자살을 결정함으로 자신의 가족을 더 이상 괴롭게 하지 않기로 한다. 화장실 문을 잠그고 그는 독약을 마셨다. 그리고 고통 속에 본능적으로 집안의 하인을 부르며 앞으로 쓰러졌다. 하인에게 발견되어 웰링턴 병원의 응급실로 실려갔다.

중환자실에서 한두 달 천천히 회복되어 가는데 상태가 별로 좋지 않아 친구들의 방문은 허락되지 않았다. 그런데 어느 날 프레드 데이빗이라는 사람이 그를 병문안 왔다. 래비는 그가 인도하는 수련회에 참석하고 정기모임에 참석하기 시작했었다. 프레드는 래비를 보고서는 말을 할 수 있는 형편이 아니라는 것을 알고, 그의 어머니에게 성경 한 구절을 손가락으로 짚으며 "래비에게 읽어 주십시오"라고 하였다. 프레드가 돌아가자, 래비의 어머니는 성경을 보여 주시면서 그에게 그 구절을 읽어 주셨다. 래비는 다음과 같이 그리스도로 인해 살아난 체험을 말한다.

어머니는 요한복음 14장을 펴셨다. 도마와 대화를 나누시는 예수님의 이야기를 기록한 부분이다. 어머니는 성경을 보고 이 구절부터 읽기 시작하셨다.

"그것은 내가 살아 있고, 너희도 살아 있을 것이기 때문이다"(요 14:19, 표준새번역).

그 말씀은 엄청난 무게로 나를 내리쳤다.

'살아 있다고?'

"어머니," 내가 끼어들었다.

"그거 다시 한 번 읽어 주실래요?"

거기서 말하는 '삶'이란 평범한 삶이 아닌 것처럼 들렸다…적어도 내게는 14:19의 그리스도의 말씀은 새로운 패러다임의 제시였다.

"그것은 내가 살아 있고, 너희도 살아 있을 것이기 때문이다."

'이게 내 유일한 소망일지도 몰라.' 나는 생각했다. '새로운 삶의 길, 인생을 만드신 분이 정하신 삶.'

나는 속으로 기도하기 시작했다.

'예수님, 당신이 내게 생명을 주신 분이라면, 기꺼이 그것을 받겠습니다. 이 병원에서 무사히 제 발로 퇴원하게만 해주신다면, 무슨 수를 써서라도 당신의 진리를 따르겠습니다.'

아주 간결하고도 실용적인 기도였다. 하지만 그 결과는 엄청났다.[9]

아무것도 아닌 무의 바다에서 죽어가던 래비는 우리를 살리는 영인

---

9 래비 재커라이어스, 『인도하심』, 이지혜 역 (서울:Korea.com, 2008), p.146-154.

그리스도 안에 살아나서 다음과 같이 고백한다.

> 이전의 나는 아무것도 아니었다. 그러나 이제 더 이상 아무것도 아닌 사람이 아니었다. 무언가가 있는 사람이 되었다. 아무것도 아닌 사람이 무언가가 되기는 불가능에 가깝지만, 무언가가 있는 사람은 또 다른 무언가가 될 수 있다… '나는 누구인가?' 그제야 나는 비로소 이 질문에 대답할 수 있었다. '나는 당신의 것입니다, 주님.'[10]

찰스 웨슬리가 지은 찬송가의 가사가 예수님과 그의 만남을 잘 그려준다.

> 죄와 밤의 세력에 묶여 오랫동안 갇힌 내 영혼
> 당신의 눈에서 생명의 빛 흘러나와
> 칠흑 같은 어둠, 빛으로 불타오르고 나는 깨어났네.
> 나의 사슬 풀리고 내 마음은 자유 얻었네.
> 나는 일어나 당신을 따랐네.

에스겔 골짜기의 마른 뼈들이 살아나듯이 허무와 상처와 한과 절망 가운데 죽어있던 자도 그리스도 안에서 살아난다. 그리스도는 우리를 살리는 영이다.

---

[10] Ibid, 158-159.

하나님의 신이 나를 지으셨고 전능자의 기운이 나를 살리시느니라(욥 33:4).

하종관 목사님이 호남신학대학교의 학감으로 계실 때의 일이다. 신학교 입학생들을 면접하는데 한 학생은 자신의 신상에 대해서 질문하자 별로 밝히지 않고, 선교사의 추천으로 왔다는 말만 했다. 면접이 다 끝나고 어느 날 그 학생이 하 목사님께 조용히 찾아와서 다음과 같은 이야기를 했다. 자신은 고아원에서 자랐는데, 성장하여 그 고아원에서 고아들을 돌보는 일을 해달라는 요청을 받고 고아원에서 일하고 있었다. 그런데 고아원의 아이들이 나쁜 일을 하면 벌을 주고 하지 못하도록 가르쳐야 할 자신이 정작 그 나쁜 일을 하며 괴로워했다. 그는 어느 날 자살을 결심하고 산에 올라가 약을 마셨다. 얼마 후 눈을 떠보니 병원이었다. 그는 죽으려고 하던 자신을 왜 살렸냐고 고함을 질렀다. 간호사들이 다가올 때 왜 자신을 죽게 놓아두지 않았느냐고 성난 음성으로 고함쳤다.

그때 한 선교사님이 그의 곁으로 다가오셔서 예수님의 사랑을 전하기 시작했다. 자신을 위해 죽으신 사랑의 예수님을 만나 영접하고, 그는 살아나기 시작했다. 그리스도의 영에 의해 살리심을 받은 그는 복음을 전하는 자가 되리라 결심하고 신학교에 입학했다고 간증했다.

우리는 그리스도의 영에 의해서만 살아갈 수 있다. 사람이 죽은 다음에 아무리 좋은 인공호흡에 대한 지식과 기술 그리고 최신 장비를 가지고 와도 죽은 이를 살릴 수는 없다. 오직 그리스도의 영이 들어갈 때 에스겔의 마른 뼈 같이 죽은 이들도 생명체로 살아난다. 죽은 나사로도 우리를 살리는 영인 그리스도를 만날 때 살아났다.

> 살리는 것은 영이니 육은 무익하니라 (요 6:63).

금발머리에 키가 크고 껑충한 여성이 분노로 억눌린 얼굴로 상담치료를 받으러 왔다. 상담시간 내내 그녀는 자기 팔을 찔러 피를 흘리고는 으르렁거리듯 숨을 내쉬며 계속해서 "그를 죽여!"라고 외쳤다. 지도교수의 소개로 로더 교수에게 상담을 받으러 왔던 헬렌은 분노와 의심으로 가득 차 있었다. 상담자의 진심어린 말들은 가려져 있던 햇빛이 갑자기 섬광을 발하듯 살인과 미움의 감정과는 정반대되는 정말로 기분 좋은 미소를 짓게 했다.

그녀는 스물여섯 살이었고, 노동자 가정의 장녀였다. 그녀는 동네 사람들이 서로를 잘 아는 캔사스의 한 작은 마을에서 태어나 자랐다. 그녀는 태어나기 약 10개월 전에 그녀의 엄마가 아기를 유산한 이후로 '대용품 아이'로 간주되었다. 문제는 헬렌이 남자가 아니라 여자라는 것과 헬렌에 대한 어머니의 분노가 처음부터 거기에 있었다는 사실이다. 다만 그녀의 아버지는 아주 예쁜 미소를 갖고 있는 자신의 작은 금발머리 소녀를 예뻐했다.

그녀가 열 살이 되었을 때, 그녀는 아버지와 함께 친구네 집에 놀러 갔는데 뒷마당에서 놀다가 지쳐서 아버지를 찾아 방으로 들어갔다. 그녀는 자기 아버지와 친구의 어머니가 발가벗은 채 침대에 있는 것을 목격하였다. 그들은 헬렌에게 자기들이 운동을 하고 있었노라고 말했지만 헬렌을 설득할 수 없었다.

헬렌은 어머니에게 그 이야기를 하였고, 그녀의 가정은 파탄나고 말았다. 체면을 잃은 아버지는 헬렌의 어머니와 아이들만 남겨두고 마을을 떠났다. 이 때문에 헬렌의 어머니는 마을 극장에서 테이블에 음식을 나르는 일을 하면서 바닥을 닦는 일까지 추가로 해야 했다. 헬렌은 이웃집을 지나 청소도구를 들고 자기 어머니와 시내로 걸어가던 일을 기억했다. 학교에서는 아이들이 "네 아버지 어디 계셔? 히히!" 하며 놀려댔다.

헬렌은 자존감을 상실하고 수치와 분노 가운데 거칠고 공격적인 행동을 하게 되었다. 그녀는 결국 다른 가정, 다른 학교로 옮겨가게 되었고, 자신의 명석함으로 학업의 사다리를 타고 올라가기 시작하여, 대학원에까지 오게 되었다.

그녀는 한 침례교 목사님 부부에 의해 받아들여졌다. 이 상황을 교묘히 이용하여 헬렌은 목사님의 부부관계를 희생시켰다. 그녀는 침례신학의 진실한 충고를 받았지만, 거기에는 위선이 가미되어 있었고, 깊은 냉소마저 담고 있었다. 영적생활을 허위적인 것이라고 우습게 여기게 되었다. 그녀는 브룩시즘(bruxism, 분노, 긴장, 공포, 좌절 등의 이유로 대개 취침 중에나 혹은 무의식적으로 이를 갈거나 이를 부딪히는 습관)을 보였는데 이 습관은 여전히 고쳐지지 않고, 살인동기도 줄어들지 않은 것 같았다.

어느 날 밤, 그녀는 자포자기에 빠져 자살하기로 막 결심한 참이었다. "사람은 왜 죽는 것일까?" 이런 질문이 그녀의 머릿속을 계속 맴돌았다. 그녀가 목숨 걸고 추구한 학문의 좋은 성적도 학급 1등도 정서적 고통을 덜어 줄 수 없었고 사람이 왜 죽는지에 대한 질문에 답을 줄 수도 없었다. 그녀는 벌컥 화를 내면서 자신의 책장에 있는 책들을 빼서 벽과 문에 집어 던졌다. 그녀는 자신을 파멸시키는 방법들을 쌓고 있던 셈이다. 마침내 책을 거칠게 집어던지며 화가 머리끝까지 올랐을 때, 그녀는 독일에서 만났던 친구들에게서 작별의 선물로 받은 성경책 앞으로 갑자기 다가갔다. 그들이 폴란드로 돌아갈 때 헬렌에게 우정 어린 작별의 선물로 준 것이다. 그녀는 성경책 안에 끼어 있는 북마크를 보자 멈췄다. 그것을 벽에 집어던질 수가 없었다. 그녀는 그 북마크가 끼워져 있는 본문이 무엇인지 알고 있었기 때문이다.

그녀가 성경을 펼쳤을 때, 그곳은 요한복음 16장이었고, 그녀는 12절을 읽기 시작했다. "내가 아직도 너희에게 이를 것이 많으나 지금은 너희가 감당치 못하리라. 그러하나 진리의 성령이 오시면…." 그리고 그녀는 무릎을 풀썩 꿇었다. 천국이 그녀의 방 천장보다 훨씬 높은 것처럼, 성령은 그녀의 분노보다 훨씬 더 큰 강도로 그녀에게 찾아오셨다. 이제 기도는 그녀의 전부가 되었다! 그녀는 성령을 더욱 갈망하며 성령 안에서 기도하였다. 그러자 그녀의 삶의 초점이 바뀌기 시작했다. 이제 헬렌은 그녀의 속박에서 해방되었고, 치유함을 얻었다. 함께 기도를 마쳤을 때, 성령께서 함께 하사 위하여 기도해 주심을 느낄 수 있었다.

치유기도의 과정에서 당신을 진리 안으로 이끌어 줄 심상들을 의지해도 좋다. 그녀는 진실한 상담자 로더 교수와 함께 기도 중에, 어릴 때 친구들의 놀림을 받고 건물 모퉁이에 숨어있는 그녀에게 예수님이 다가와서 그녀 곁에 무릎을 꿇고 앉는 것을 본다.

그분은 제 심장을 꺼내어 보세요. 그것은 마치 돌처럼 딱딱하고 차가워요. 그리고 그분은 자기 심장을 꺼내어 제 안에 넣어 주세요. 이제 저는 구석구석 따뜻해지기 시작해요. 그분은 제 손을 잡고 건물 앞쪽으로 데리고 가세요. 그리고 다른 아이들과 마주하며 이렇게 말씀하세요. "이 아이는 헬렌이란다. 나의 친구지!"

기도 중에 헬렌은 아버지와 친구 어머니가 있던 그 두려웠던 과거의 침실로 되돌아가야 했는데 가장 어려운 것이었다. 예수님이 그 문앞에 서 계신 것과 그분이 그 안에 들어가실 것과 헬렌도 함께 들어오기를 원한다는 것을 알지만, 자신은 아직 들어가지 않고 있다. 그러나 상담자의 도움으로 다시 시도했다.

그녀는 말한다.

내가 거기 들어가기로 되어 있다는 것을 알아요. 하지만 난 할 수 없을 것 같아요. 나는 문손잡이에 손을 올려놓고 문을 열어요…. 오, 여기는 완전히 빛으로 가득 차 있어요! 나의 아버지와 그 여자가 완전히 벌거벗고 있어요. 예수님과 함께 서서 말이에요. 나는 안으로 들어가서 아버지 손을 잡아요. 그리고 우리는 침대 옆에 무릎을 꿇고 앉아요. 우리는 하나님의 용서를 구해요. 그리고 서로를 용서해요.

그 기억은 이제 더 이상 전에 그녀를 위협했듯이 그렇게 음울하게 남아 있지 않았다. 그녀는 그 기억을 불러 일으켜서 그 안으로 다시 걸어 들어갔고, 그녀 자신만의 힘으로는 결코 할 수 없었던 일을 하였다. 실상 그녀의 아버지와 그 여자를 용서하면서, 헬렌 역시 그 장소를 가득 채웠던 성령이 특별하고 구체적으로 나타나신 예수님으로부터 죄 용서를 받았다.

어느 날 헬렌과 상담자 로더가 기도하고 있을 때 그녀가 말했다.

하나님이 제가 저의 생일때로 되돌아가길 원하시는 것 같아요.

헬렌과 그녀의 엄마와의 관계는 가정이 붕괴되기 전에 아버지와 가까웠던 것만큼 가까웠던 적이 없었고, 그 이후로는 그 관계가 훨씬 더 황폐해졌다. 헬렌이 열세 살 되던 날 아침에 아래층으로 내려갔다.

엄마, 안녕히 주무셨어요. 오늘 제 생일이에요. 이제 열세 살이에요!

그러자 그녀의 엄마가 몸을 돌려 그녀의 뺨을 손바닥으로 찰싹 쳤다. 이제 그녀의 인생에서 가장 강력한 관계로 다시 들어갈 때가 되었던 것이다. 그러나 그것은 새롭고 그전과 다른 관계였다.
그래서 상담자는 헬렌에게 그때의 일을 말해 보라고 했다.

병실, 베이지 색 벽, 하얀 철제 침대가 보여요. 그 방의 냄새를 맡을 수 있어요. 약냄새가 가득하고 홈 하나 없이 깨끗해요. 그렇지만 저는 작은 테이블 위에 가죽 끈으로 묶여 있어요. 저는 몸을 흔들면서 비명을 지르지만 엄마는 저를 가만히 응시하고만 있어요.

뭔가 잘못 되었어요! 저는 엄마의 시선을 견딜 수가 없어요. 엄마는 계속 저를 쳐다보고만 있어요. 저는 계속 소리를 질러요! (긴 침묵이 흐른 뒤에) 저는 여전히 비명을 지르고 있어요.

때때로 깊은 기도 가운데 문제해결의 심상이 상대방에게 나타나는 경우가 있다. 이 경우에 그것이 경건한 상담자인 로더 교수에게 나타났다. 로더 교수가 말한다.

그건 당신이 아니에요. 그건 예수님이세요. 그분이 당신의 자리에 계세요. 그분이 아이가 되셨어요. 그분이 당신을 위해 고통당하고 계세요.

갑자기 헬렌이 깊은 한숨을 내쉬고 나더니, 이윽고 상쾌하고 흥분된 목소리로 말했다.

그분이 저를 붙잡아주고 계세요! 우리는 함께 방을 돌며 춤을 추고 있어요!

이것이 바로 최종적인 승리였다.
주와 함께 춤을 추면서, 그녀는 잃어 버렸던 진정한 자신을 찾았다. 그리스도의 형상대로 창조된 독특한 자신을 발견하였다. 그녀는 하나님의 자녀이다. 그녀가 그분 안에서 기뻐하는 것처럼 그분은 그녀 안에서 기뻐하신다.

헬렌은 다음 해 봄에 자격시험을 통과하고 지난 100년간의 역사상 학부에서 여성을 고용해본 적이 없는 한 대학에서 교수직을 구했다. 그리고 화해하고 재결합한 부모님을 교수직을 시작할 때 초청하였다. 그녀의 어머니는 헬렌의 집에 들어올 때, 아파트 현관에 붙어있는, 헬렌을 상징하는 어린 소녀가 방에 들어가려는 그림을 보면서 "정말 예쁜 소녀구나"라고 말했는데, 이는 헬렌이 정말 예쁜 소녀였음을 상기시켜 주었다.

헬렌은 배신당하고, 희생당하고, 버림받고, 사랑받지 못했다고 생각했던 거짓 자아가 진리의 성령 안에서 십자가에 못 박히고 하나님이 낳으신 사랑받는 아이로 거듭났다.

주의 손을 잡고 춤을 추는 자는 상처의 싸맴을 받고, 슬픔이 변해 기쁨이 됨을 체험한다. 인간의 영이 하나님의 영에 붙들리지 않으면 무게중심이나 방향 그리고 길도 없이 방황할 것이다.[11]

상처 입은 영혼에 사탄이 들어와 인간을 파멸하려 할 때도 우리를 살리는 영인 그리스도를 만나면 살아난다.

필자의 학생으로 만난 40대 후반의 한 남성은 얼굴에 생기가 돌았다. 그런데 육남매의 막내인 그의 과거는 어둠으로 점철되어 있었다. 그는 어릴 때부터 집에서 아버지 찾아오라 할 때, 시골의 상을 치르는 집에서 도박과 술에 빠진 부친을 찾아다니며 자라 왔다. 그 아버지는 그가 11살에 병으로 돌아가셨다. 초등학교에 다녀오면 다른 친구들은 어머니가 집에서 "철수야, 어서 오너라" 인사도 하는데 자기 집

---

[11] 제임스 로더, 『신학적 관점에서 본 인간 발달』, pp. 71-109.

에는 아무도 자신을 반겨주는 이가 없었다. 그는 집에 책을 던져 놓고 동네로 곧장 뛰쳐나갔다. 어머니는 행상을 하셔서 집에 안 계셨는데, 그 어머니도 일찍 돌아가셨다. 그는 부모의 사랑이 무엇인지 모르며 살았다. 한번은 초등학생 때 I.Q.테스트를 했는데, 75점이 나왔다고 한다. 그때부터 그는 자신이 개보다 못하다라는 거짓된 자아상을 가졌고, 잘못된 자아상이 그를 잘못된 길로 몰고 갔다. 그는 세 번이나 가출을 했었다. 그의 부모님이 돌아가실 때 어린 아들에게 남긴 말은 "너 때문에 내가 죽는다"라는 말이었다. 정말 자신이 그런 줄 알고 살았다.

그는 속에서 끓어오르는 분노를 이기지 못해 쇠막대기로 주차된 자동차들을 마구 부수기도 하였다. 또한 또래 아이들을 모으기 위해 익살도 떨어야만 하는 자신을 발견하였다. 그러한 그가 어른이 되자 자신도 술과 도박에서 헤어나오기 힘든 상태에서 고통하며 막가는 인생을 살게 되었다. 그는 돈을 위해서 납치 및 깡패짓을 하다가 판사로부터 34년형을 선고받고 미국 연방 감옥에 갇혔다.

평소에는 아는 사람도 많았는데 그가 감옥에 가게 되자 도와줄 줄 알았던 사람이 아예 자신의 전화마저 받지 않았다. 그는 그 사람을 죽이고 싶을 만큼 미워했는데 어느 날 꿈에 자신의 가슴에 용서라는 두 글이 가슴에 새겨지며 그 아래로 피가 흘러내리는 환상을 보았다. 그는 감옥에서 기적적으로 1년 만에 석방이 되었다. 그러나 여전히 술과 도박, 여자와 마약으로 도피하며, 방탕하게 살았다. 그러던 중, 하루는 담배를 피우다가 그만 의식을 잃고 쓰러졌다. 심장이 멎어서 응급실에 가니 그의 심장 모니터가 거의 뛰지 않고 있었다.

다행히 과거 자신과 함께 잘못된 삶을 살다가 그리스도를 만나 새 사람이 된 사람들이 그를 찾아왔다. 그 친구들의 도움을 받고 그는 살아나게 되었다.

친구의 권유로 기도원에 갔다. 첫날 기도원에서 잠을 잤는데 꿈속에, 보이지 않는 하나님이 자기 곁에 서 계셨다. 그리고 그 하나님 형상은 그 사람의 옛 얼굴이 그의 왼쪽 마음속에 있는 것을 거울에 비춰 보여주면서, 그 몸에서 나가라고 명령하였다. 그때 자신의 마음속에 있던 정욕에 찌든 옛 사람의 얼굴이 막 굴러서 소리 지르며 도망쳤다.

기도원에 온지 3일째에, 기도할 줄도 모르던 그가 옛날 깡패 생활을 하던 때와 같이 주먹을 쥐고 "하나님 나를 살려 주세요"라고 바닥을 치며 눈물 콧물 흘리며 기도하였다. 아내와 아이가 집에 있는데도 거짓말을 하고 카지노를 가면서, 원하지 않는 바 악을 행하는 자신을 회개하였다. "나를 살려 주시지 아니하면 내가 여기 소나무에 목을 매고 죽겠다"는 간절한 소망을 가지고 부르짖었다. 그때 그의 옆에는 누구도 믿고 의지할 사람이 없었다. 그는 진짜 죽으려고 했었다. 그렇게 사생결단하며 세시간 반 동안 기도할 때, 목에서 피가 났었다. 그리고 첫째 날에 오셨던 그분께서 자신의 오른쪽 마음에 있던 뱀을 보게 해주셨다. 하나님 형상인 그분이 뱀에게, 나가라 하니 그 뱀이 마침내 여유를 부리며 자신에게서 나가는 것을 보았다. 그를 오랫동안 노예로 삼았던 악의 영이 물러갔다.

뱀이 나가고 나서 꿈을 꾸었는데 산천초목도 하나님을 알고 찬양하는 것을 보았다. 세상 재미를 보겠다는 욕망들이 한순간에 사라져 버렸다. 그리고 하늘의 지혜와 평강으로 채워 주셨다. 그에게 나타난 하나님의 형상이신 분은 믿고 순종하는 자 안에 계시는 예수 그리스도이시다. 다음의 말씀이 그에게 이루어졌다.

> 너희의 허물과 죄로 죽었던 너희를 살리셨도다. 그 때에 너희가 그 가운데서 행하여 이 세상 풍속을 좇고 공중의 권세 잡은 자를 따랐으니 곧 지금 불순종의 아들들 가운데서 역사하는 영이라. 전에는 우리도 다 그 가운데서 우리 육체의 욕심을 따라 지내며 육체와 마음의 원하는 것을 하여 다른 이들과 같이 본질상 진노의 자녀이었더니, 긍휼에 풍성하신 하나님이 우리를 사랑하신 그 큰 사랑을 인하여, 허물로 죽은 우리를 그리스도와 함께 살리셨고(너희가 은혜로 구원을 얻은 것이라), 또 함께 일으키사 그리스도 예수 안에서 함께 하늘에 앉히시니(엡 2:1-6).

어떠한 상처와 아픔도 우리를 살리는 영인 그리스도 안에서 치유된다. 영이 깨어 있다면 우리의 일생을 통해 예수 그리스도가 함께 하시는 것을 온 몸으로 느낄 수 있다. 잉태되어 빛을 보지 못하고 부지중이나 사고로, 낙태나 유산으로 죽은 경우에도 상한 갈대도 꺾지 아니하시고 꺼져가는 심지도 끄지 아니하시는 하나님의 품안에서 항상 소망이 있다. 생명을 창조하신 여호와는 "내가 너를 모태에 짓기 전에 너를 알았고"(렘 1:5)라고 말씀하신다. 생명은 오직 하나님만이 만들 수 있다. 사탄도 천사도 사람도 생명을 만들 수가 없다. 생명의 주인은 하나님이시다. 낙태된 영혼들은 죽어 쓰레기 더미에 실려 묻히는 것이 아니라 자신의 생명인 그리스도께로 올라간다. 어둠속에 죽은 아이들도 부활이요 생명이신 그리스도의 품안에서 기뻐 뛴다. 바울은 다음과 같이 외친다.

> 누가 우리를 그리스도의 사랑에서 끊으리요 환난이나 곤고나 핍박이나 기근이나 적신이나 위험이나 칼이랴. 기록된 바 우리가 종일 주를 위하여 죽임을 당케 되며 도살할 양 같이 여김을 받았나이다 함과 같으니라. 그러나 이 모든 일에 우리를 사랑하시는 이로 말미암아 우리가 넉넉히 이기느니라. 내가 확신하노니 사망이나 생명이나 천사들이나 권세자들이나 현재 일이나 장래 일이나 능력이나 높음이나 깊음이나 다른 아무 피조물이라도 우리를 우리 주 그리스도 예수 안에 있는 하나님의 사랑에서 끊을 수 없으리라 (롬 8:35-39).

다윗은 그의 갓난 아들이 죽었을 때 천국에서 다시 만난다는 소망으로 인해 참된 위로를 받았다.

> 시방은 죽었으니 어찌 금식하랴 내가 다시 돌아오게 할 수 있느냐 나는 저에게로 가려니와 저는 내게로 돌아오지 아니하리라(삼하 12:23).

낙태나 유산으로 아이들을 잃어버린 부모는 그 아이들을 그리워하며 슬퍼할 수 있다. 이렇게 슬퍼하는 자들도 성령 안에서 기도하면서 낙태되는 그 순간으로 돌아가 본다. 병원에서 모태에 잉태된 태아를 온통 칼로 오려내는 때에 태아는 죽어간다. 그런 상황 속에서도, 예수님이 그 아이의 영혼을 지켜 주시며, 그 아이를 대신하여 상하고 찢기는 것을 본다. 예수님이 그 아이 대신 칼에 잘려 몸에 성한 부분이 없이 죽어가는 것을 본다. 고난당해 죽으신 예수님은 부활하여, 영적 몸을 입는다. 낙원에 계신 그의 영원하신 팔에는 버려졌던 아이가 살아 온전한 모습으로 편히 안겨있다. 세상 그 어떤 비극이나 죽음도 우리의 생명을 해할 수 없다. 이는 "너희 생명이 그리스도와 함께 하나님 안에 감추었기 때문"이다(골 3:3).

유산 등으로 죽은 아이를 생각하며 슬퍼하는 부모들을 위해 다음과 같은 치유의식을 행하기도 한다. 곧, 그 아이를 안고 그 아이의 이름을 짓고 이름을 불러본다. 그 아이를 포근히 안고, 하고 싶은 이야기를 다 한다. 그 아이에게 용서를 구한다. 그리고 하나님이 이미 그리스도 안에서 자신을 용서하심도 느끼며 용서를 받아들인다. 자신의 잘못도 스스로 용서한다. 그리고 그리스도 안에서 그 아이와 영원히 함께 살 날을 믿음으로 소망하면서 그 아이를 그리스도의 품에 안겨 드린다.

절망과 사망을 지나는 허무한 인생일지라도 길과 진리와 부활과 생명인 그리스도의 영에 의해 살리심을 받고 온전하게 된다.

제 13 장

그리스도의 형상을 이루어가는 참 자아

> 우리가 다 수건을 벗은 얼굴로 거울을 보는 것같이 주의 영광을 보매 저와 같은 형상으로 화하여 영광으로 영광에 이르니 곧 주의 영으로 말미암음이니라(고후 3:18).

나다니엘 호손이 쓴 '큰 바위 얼굴'에는 다음과 같은 이야기가 나온다. 남북전쟁 직후, 어니스트란 소년은 어머니로부터 바위 언덕에 새겨진 큰 바위 얼굴을 닮은 아이가 태어나 훌륭한 인물이 될 것이라는 전설(傳說)을 듣는다. 어니스트는 커서 그런 사람을 만나보았으면 하는 기대를 가지고, 자신도 어떻게 살아야 큰 바위 얼굴처럼 될까 생각하면서 진실하고 겸손하게 살아간다. 세월이 흐르는 동안 돈 많은 부자, 싸움 잘하는 장군, 말을 잘하는 정치인, 글을 잘 쓰는 시인들을 만났으나 큰 바위 얼굴처럼 훌륭한 사람으로 보이지 않았다. 그러던 어느 날 어니스트의 설교를 듣던 시인이 어니스트가 바로 '큰 바위 얼굴'

이라고 소리친다. 하지만 할 말을 다 마친 어니스트는 집으로 돌아가면서 자기보다 더 현명하고 나은 사람이 큰 바위 얼굴과 같은 용모를 가지고 나타나기를 마음속으로 바란다. 이야기 속의 큰 바위 얼굴은 그리스도의 형상을 이루어 가는 참 자아를 생각나게 한다.

그리스도는 그의 신기한 능력으로 생명과 경건에 속한 모든 것을 우리에게 주셨으니, 그의 약속대로 의가 있는 곳인 새 하늘과 새 땅을 바라본다(벧후 1:3; 3:13). 우리로 "정욕을 인하여 세상에서 썩어질 것을 피하여 신의 성품에 참예하는 자가 되게 하려 하셨으니"(벧후 1:4) 우리는 그의 장성한 분량에 까지 이르도록 허락되었다.

시편기자도 다음과 같이 기록한다.

> 내가 말하기를 너희는 신들이며 다 지존자의 아들들이라(시 82:6).

이레네우스(Irenaeus, 136-202)는 "만일 말씀이 인간이 되었다면, 그것은 곧 인간이 신이 될 수 있다는 것을 의미한다"라고 하였다. 또한 그리스도께서 "그의 한없는 사랑으로 우리와 같은 인간이 되신 것은 우리 인간을 자기 자신과 같은 존재로 만들기 위함이다"라고 하였다.

그리스도는 '하나님의 형상'을 잃고 사는 인간을 그의 형상으로 회복시키고자, 하나님의 본체이신 자신을 비우고 강림하사 자신의 피조물로 들어오셔서 역사의 한 지점에서 인간이 되셨다. 그리고 그의 십자가의 고난과 죽으심을 통해 우리를 살려 그리스도의 형상을 본받는 하나님의 자녀로 드러나게 하셨다!

요한 웨슬리는 그의 책 『그리스도인의 완전』에서 기록하기를, "하나님의 이 위대한 선물, 우리 영혼의 구원은 하나님의 형상이 우리 마음에 새롭게 새겨짐으로 그 본질을 나타내는 것 외에 다른 것이 아니다"라고 하였다.[1]

인간의 자아는 세상에서 문제를 해결하려 하며 살아간다. 하지만, 어느 순간에 인생은 슬픔과 공허함에 봉착한다. 여기서 헤어나려고 발버둥 칠 때, 우리는 '내가 사나 내가 아닌 그리스도'가 사는 진정한 자아로 거듭나게 된다. 그리고 성령 안에서 우리는 그리스도와 같은 형상으로 변화된다.

로스앤젤레스(L.A.)에서 복덕방을 운영하던 김수철 씨는, 친구에게 돈을 14만 달러 빌려 주었다. 그런데 이 현금을 빌린 친구가 길을 가다가 그만 소매치기를 당해 돈을 다 날렸다. 복덕방을 운영하며 없는 돈을 구해서 마련해 주었는데, 돈을 전부 잃어 버렸다는 소식을 들은 그는 실신할 뻔하였다. 돈 잃은 친구와 만나 말다툼을 한 후, 너무 억울한 나머지 그는 자살을 기도했다.

새벽에 경찰이 의식불명인 그를 발견했다. 그는 병원에 옮겨졌고, 뇌수술을 받았다. 빨리 회복되어 퇴원하여 교회에 나왔다. 놀라운 것은 사납던 그가 온순하게 변했다. 그는 병상에서 귀로만 듣던 하나님을 눈으로 뵙는 역사가 일어났다. 그는 이제 옛 자아에서 놓임 받고, 그리스도가 사는 진정한 자아로 거듭났다. "내게 사는 것이 그리스도니 죽는 것도 유익함이라"고 고백하는 그는 사역 준비를 한 후, 한국

---

[1] John Wesley, *A Plain Account of Christian Perfection* (Missouri:Beacon Hill Press of Kansas City, 1966), p.28.

농촌에 가서 그리스도의 자취를 따라 평생 복음 전하는 자로 살기로 서원하였다.

드러먼드(Henry Drummond) 교수는 이야기 했다.

> 그리스도를 닮는 것은 우리가 세상의 모든 것을 걸고서라도 추구해야 할 가치가 있는 유일한 일이다. 이것 이외의 인간의 모든 욕망은 어리석은 것이다. 그리고 저급한 모든 성취들은 헛되다.

천사의 말과 지능, 능력, 지식, 재능, 봉사 외에 예언을 할지라도, 그리스도의 형상인 참 자아를 이루는 것에 비하면 아무것도 아니다. 이 모든 것들이 다 사라져도 그리스도의 형상인 참 자아는 영원하다.

인도에 가 있는 한 선교사가 너무 늙고 머리가 둔해 복음사역에 필요한 언어를 습득하지 못했다. 어느 날 선교 본부는 이 선교사에게 모국으로의 소환을 요청하는 편지를 보냈다. 그때 인도의 전도 사역지에서 그 선교사를 돕고 있던 한 조력자가, "그를 고국으로 소환하지 마십시오. 왜냐하면 그의 삶 자체가 그의 모든 대화이기 때문입니다" 라고 답했다.

우리 그리스도인들이 할 질문의 핵심은, '어떻게 우리를 통해서 예수님이 다른 사람에게 감화를 주실 수 있는가?'이다.

사도 바울은, "나의 자녀들아 너희 속에 그리스도의 형상이 이루기까지 다시 너희를 위하여 해산하는 수고를 하노니"(갈 4:19)라고 하였다. 여기서 "너희 속에 그리스도의 형상을 이루기까지"라고 할 때의 헬라어 '모르포'는 우리에게 그리스도의 본질적 형상이 이루어지는 것을 가리킨다. '모르포'는 영원히 변하지 않는 형체를 나타낸다. 인간의 몸은 늙고 쇠퇴하지만 그리스도의 형상은 늙지도 않고 죽지도 않고 영원하고 영롱한 아침이슬같이 항상 젊다. 그리스도가 생명인 우리는 이러한 그리스도의 형상을 이루어가고 있는 중이다.

피터 윌리엄슨(Peter Williamson)은 이렇게 쓴다.

> 내가 아는 어떤 그리스도인들은 이런 문구가 적힌 푯말을 흔든다. '제발 참아 주세요. 하나님은 아직 절 다듬고 계신 중이거든요.' 이 말은 전적으로 옳다. 우리는 하나님의 형상과 하나님의 닮은꼴로 변경되는 과정의 한가운데에 있다…바울은 그리스도의 생명이 그리스도인 안에서 형성되어야 한다고 믿는다. 그러나 그것은 갑자기 생겨나지 않는다. 거기에는 시간과 노력이 든다. 우리는 그 과정의 중간 어디쯤 있다.[2]

태아는 태내에서 수정된 후 아이로 출생하듯이, 사도 바울은 마치 우리가 성령 안에서 그리스도의 영적 유전자로 잉태되어 그리스도와 같은 형상, 같은 성질을 갖는 하나님의 자녀로 출생됨을 바라보았다.[3] 로마서 8:29에서도, "하나님께서는 전부터 아셨던 사람들을 그분의

---

[2] Peter Williamson, *How to Become the Person You Were Meant to Be* (Ann Arbor, Mich: Servant, 1981), 42-43. 인용, 제임스 패커, 『성령을 아는 지식』(서울:홍성사, 2002), 164.

[3] 이는 또한 하나님과 본체시나 오히려 자기를 비워 종의 형체를 가져 십자가에 죽으심으로 우리 죽을 죄인들을 살려 주신 예수 그리스도의 구속의 원리가 내 마음속에 확립될 뿐만 아니라 자기희생적 겸손과 사랑의 마음을 가지는 것이기도 하다.

아들과 동일한 형상을 갖도록 미리 정하시고"(쉬운성경) 라고 하였다.

그 아들의 형상을 본받게 하심은, 우리를 하나님의 자녀들로 삼으셔서 예수 그리스도로 많은 형제 중에서 맏아들이 되게 하려 하심이다.

그리스도는 맏아들로서, 근본이요 죽은 자들 가운데서 먼저 나서 하나님의 자녀들의 원천적 원형이 되신다. 하나님의 자녀인 우리도 이 땅에서 비할 바 없이, 영원한 하늘에 직접 그리스도와 함께 있어, "하늘에 기록한 장자들"(히 12:23)에 속하게 되었다. 우리의 원형이시며 개척자요 맏형이 되신 그리스도 안에서 우리도 상속자들이 되었다.

이러한 우리는 현재 그리스도와 같은 형상으로 변화되고 있다. 우리는 "주의 영광을 보매 저와 같은 형상으로 화하여 영광으로 영광에 이르니 곧 주의 영으로 말미암음이니라"(고후 3:18).

예수 그리스도께서는 십자가에서 죽으심으로 우리를 하나님께 연합하게 하셨고, 그로부터 오는 영원한 생명을 받아 그리스도의 장성한 분량에까지 자라나게 하셨다.

오스왈드 챔버스(Oswald Chambers)는 그리스도를 닮은 삶에 대해 다음과 같이 말했다.

> 그리스도인 성격의 표시(expression)는 유익한 일을 하는 것이 아니라 하나님을 닮은 것이다. 만일 하나님의 영이 당신을 마음속으로 변화시켰다면 당신은 당신의 삶과 생명(life) 속에서 착한 인간의 특성들이 아닌, 신의 특질들을 나타낼 것이다. 우리 속에 있는 하나님의 생명은 경건해지려고 노력하는 인간의 생명이 아닌, 그 자체로 하나님의 생명을 나타낼 것이다. 한 그리스도인의 삶의 비밀

은 하나님의 은혜로 초자연적인 것이 그 사람 안에 천부적으로 자연스럽게 된 것이며, 이것의 경험은, 하나님의 성찬을 나누는 시간들이 아니라, 삶의 실제적인 세부적인 일들에까지도 이루어진다.

성 프란시스코는 아침마다 기도하기를 "아버지 하나님, 나를 보는 모든 이들이 저를 볼 때마다 주님을 생각하게 해 주소서"라고 기도했다. 그리스도의 형상을 이루어가는 자는 "누구든지 나를 본 자는 그리스도를 보았다"(요 14:9)라고 대답할 수 있다.

그리스도의 형상을 이루는 사람의 모습은 그리스도를 드러낸다. 2004년 11월 남가주 로즈볼에서 수만 명의 사람들 앞에서 설교하시는 빌리 그래함 목사님의 얼굴에서, 필자는 진실함과 그리스도의 생명이 넘쳐나는 하나님의 얼굴을 엿볼 수 있었다.

아시시의 클레르(Clare of Assisi)는 그리스도를 닮아 가는 이들을 위해 다음과 같이 조언한다.

> 당신의 마음을 영원의 거울 안에 두시오.
> 당신의 영혼을 영광의 광채 안에 두시오.
> 당신의 중심을 신성의 모양 안에 두시오.
> 그리고 명상을 통해 당신의 전존재를 하나님 자신의 형상으로 변화시키시오.

온전케 하시는 그리스도를 바라보는 가운데 주의 영이 우리의 전존재를 그와 같은 형상으로 변화시키신다.

이러한 자는 다음과 같이 고백한다.

> 내가 율법으로 말미암아 율법을 향하여 죽었나니 이는 하나님을 향하여 살려 함이라 내가 그리스도와 함께 십자가에 못 박혔나니 그런즉 이제는 내가 산 것이 아니요 오직 내 안에 그리스도께서 사신 것이라 이제 내가 육체 가운데 사는 것은 나를 사랑하사 나를 위하여 자기 몸을 버리신 하나님의 아들을 믿는 믿음 안에서 사는 것이라(갈 2:19-20).

나는 그리스도와 함께 십자가에 못 박혀 죽었음으로 내가 하나님을 향하여 살려면, 누군가 내 안에 사셔야 한다. 곧 내 생명이신 그리스도가 내 안에 사실 때, 나는 성령 안에서 그리스도의 형상을 이루어가는 '참 자아'로서 하나님을 향하여 산다.

내 안에 사시는 그리스도와 연합할 때, 나는 그리스도의 죽음에 참여하고 죄에 대해 죽는다. 동시에 나는 그리스도의 생명에 참여하고 그로써 그리스도의 형상을 드러내는 참 자아로서 하나님께 대하여 살게 된다.

금세기의 영성가 헨리 나우웬은 말한다.

> 영적인 삶을 산다는 것은 살아있는 그리스도가 되는 것을 의미한다. 최대한 그리스도를 닮으려고 애쓰는 것만으로는 충분하지 않다. 다른 사람들에게 예수님을 일깨워주는 것으로도 충분하지 않다.…오히려 영적인 삶은 우리에게 훨씬 더 철저한 요구를 한다.

즉 그것은 시공간 속에서, 즉 지금 여기에서 살아있는 그리스도가
되는 것이다.⁴

우리가 그리스도와 연합할 때, 그의 생명이 그의 지체된 우리의 몸을 통해 자연히 나타난다. 이때 우리는 성령 안에서 그의 형상을 이루어가며, 천국의 능력을 체험한다.

한나 스미스(Hannah w. Smith)는 그리스도를 닮고 그와 연합하며 그의 형상을 이루어 가는 것은 우리가 느끼는 것이 아니라 우리가 존재하는 것에 관한 것이요 실제적인 것이요 인간의 본질에 일치하는 것이라고 하였다.

만일 우리가 진정 그리스도와 하나가 된다면, 그 결과 그리스도같이 되고 그가 걸었던 것 같이 걷는 것은 우리의 본질과 반대되지 않을 것이며 우리의 천성과 일치될 것이다.

2세기의 기독교 저작인 『바울과 테클라 행전』(Acts of Paul and Thecla)은 사도 바울을 키가 작은 대머리에 다리가 굽은 사람으로 묘사한다. 하지만 그리스도와 연합했던 바울이 "은혜로 풍성했고, 어떤 때는 사람처럼 보였지만 어떤 때는 천사의 얼굴을 가진 것처럼 보였다"고 기록한다.⁵ 한 자매는 그리스도 안에서 살아가는 한 구역장을 다음과 같

4　헨리 나우웬, 『세상의 길, 그리스도의 길』 (서울:IVP, 2003), p.13.
5　W. M. Ramsey, *The Church in the Roman Empire* (Grand Rapids: Baker Books, 1954), p.32; 부르스 디마레스트, 『예수, 영혼의 안내자』, 박지은 역 (서울:국제훈련원, 2009), p.252.

이 소개한다.

미국에 처음 와서 부목사님이 구역장을 소개해 주었다. 전화를 받고 나가서 처음 그분의 얼굴을 뵙는데 깜짝 놀랄 수밖에 없었다. 그 집사님 얼굴은 화상으로 인해 본 얼굴을 찾을 수 없었기 때문이다. 그분은 "내 얼굴 때문에 깜짝 놀라셨죠" 하셨지만 내 맘은 아팠고, 그 당시 내 형편이 어려운 가운데서 그분이 나의 롤모델이 되셨다. 항상 그분과 대화를 나누면 기도로 준비하시고, 남의 이야기는 전혀 안하시며 믿는 분으로서의 롤모델이 되었다. 지금도 5년이 지났지만, 한결같은 마음으로 다른 사람들을 대하며 하나님의 사랑을 전하는 마치 천사와 같은 분이다.

약 2년 후에 자매를 만나서 들은 이야기는, 그 구역장의 아버지는 80대 중반에 질병으로 세상을 떠났는데, 그 구역장의 얼굴에는 슬픔을 넘어서 위로부터 오는 평화가 어리었다고 한다.

한국에서 한 그리스도인은 늘 쉽게 화를 내며 살다가 어떤 선교사의 지적을 받게 되었다. 선교사는 화를 낼 때마다 그리스도의 마음을 찌르는 것이나 다름없다고 말해 주었다. 그러자 그는 깜짝 놀랐다. 그는 예수의 그림을 벽에 걸어두고, 자신이 성을 낼 때마다 그림에 가시를 꽂았다. 얼마 지나지 않아 그 그림은 온통 가시로 뒤덮였다. 후에 그는 이렇게 말했다.

그때 주님의 크신 사랑이 나를 사로잡았습니다. 그분이 나의 죄 때문에 고난 받으셨음을 절실히 깨닫고 저는 그 사랑으로 극복해 내었어요. 내가 아니라 내 속에 계신 그리스도가 그리고 그분의 사랑이 나의 나쁜 기질 대신 나타나기 시작했습니다.

필자가 섬기던 교회에서 후원하던 김종성 선교사는 아프리카 가나에서 여러 해 동안 돼지들을 주민들에게 사육하게 해 주며 선교를 해 오고 있다. 그는 필자가 있던 교회를 방문한 어느 수요예배에서, 인상 깊은 간증을 하였다. 그가 사역하는 가나에는 한 백발의 노의사가 와서 마을 광장에서 줄지어 오는 많은 환자들을 헌신적으로 진료해 준다고 하였다. 그런데 환자들을 자기 몸같이 돌보아 주는 그의 모습이 얼마나 진지하고 거룩한지, 그 백발의 노의사의 모습을 멀리서 보기만 해도 말할 수 없는 은혜를 받는다고 하였다. 왜냐하면 그 노의사의 삶에서 그리스도의 모습을 볼 수 있었기 때문이다.

우리는 점점 그리스도와 같은 형상으로 화하고 있다.

스펄전(C. H. Spurgeon)은 어느 날 앤드류 보나르(Andrew Bonar)로부터 『레위기 주석』을 한 부 선물받았다. 스펄전은 "보나르 박사, 당신의 서명과 사진을 여기에 붙여주시면 감사하겠습니다"라고 써서 그 책을 도로 보낼 정도로 감사하고 기뻐했다. 보나르 박사는 다음과 같이 써서 그 책을 돌려보냈다.

친애하는 스펄전 씨, 여기 나의 서명과 사진이 첨부된 책이 있습니다. 하지만 만일 당신이 조금만 더 기다려 주신다면 당신은 하나님과 좀 더 닮은 나를 보실 수 있을 것입니다. 얼마 지나지 않아 저는 하나님이 계신 곳에서 하나님을 더 닮을 수 있을 것이기 때문입니다.

한나 스미스는 한 감리교 목사의 아내로부터 들은 다음의 이야기를 전해 주었다. 새로운 동네로 이사를 갔는데, 하루는 아들이 오후 내내 나가 놀다가 들어와서는 신이 나서 다음과 같이 얘기했다.

"엄마, 아주 착하고 상냥한 여자아이를 만나서 신나게 놀았어요. 다시는 다른 동네로 이사하고 싶지 않아요!"

"그래? 참 잘 됐구나."

아이의 엄마는 아들이 행복해 하는 모습에 같이 기뻐서, "그래, 그 친구의 이름은 뭐니?"라고 물었다.

그랬더니 아들의 얼굴이 갑자기 진지하게 변하면서, "음…, 그 애 이름은 예수님인 것 같아요."

"뭐라고, 프랭크?"

크게 놀란 엄마가 물었다.

"그게 무슨 뜻이니?"

그러자 아이는 왜 그렇게 놀라느냐는 표정으로 "엄마, 그 아이가 너무 상냥하고 착해서 예수님 외에는 다른 이름으로 불릴 것 같지가 않아요"라고 말하는 것이었다.[6]

가짜 자아는 그 이마에 짐승의 이름이 있지만(계 13:16) 참 자아는 그 이마에 그리스도의 이름이 새겨져 있다. 장차 수정같이 맑은 생명

---

6 한나 휘톨스미스, 『나의 참 위로되신 하나님』, 이영배 역 (서울:하늘산책, 2009), pp.303-304.

수 강과 생명나무가 있는 천국에서 하나님의 종들이 "그의 얼굴을 볼 터이요 그의 이름도 저희 이마에 있으리라"(계 22:4).

천국은 그리스도의 이름이 새겨진 얼굴을 가진 자들이 하나님의 얼굴을 보며 영원히 기뻐 찬양하는 곳이다.

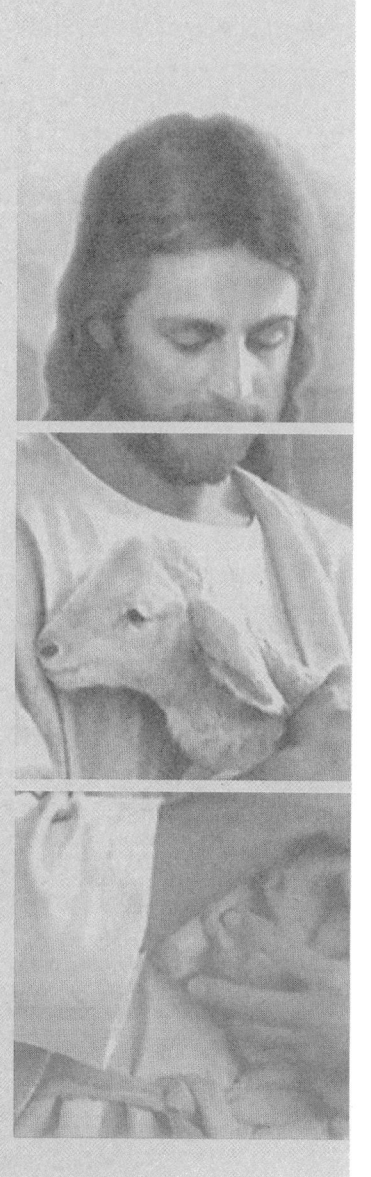

Discovering
Your True Self
in the Image of
Christ

제 14 장

그리스도의 형상을 드러내는 길

> 너희는 유혹의 욕심을 따라 썩어져 가는 구습을 좇는 옛 사람을 벗어 버리고, 오직 심령으로 새롭게 되어 하나님을 따라 의와 진리의 거룩함으로 지으심을 받은 새 사람을 입으라(엡 4:22-24).

2006년 토리노 올림픽에서 토비 도슨(Toby Dowson) 선수가 8년간 피나는 노력 끝에 스키부문에서 동메달을 땄다. 미국과 한국을 비롯한 전 세계에 중계된 시상식과 인터뷰에서 그는 자신의 생부모를 찾기 위해서 올림픽에 출전했고 메달을 땄다고 말했다. 매스컴을 통하여 주목받으면 자신의 생부모가 자기를 찾으러 올 것이라고 믿었기 때문이다. 그의 사연은 후에 영화 "국가대표"로도 만들어졌고 그는 그토록 그리던 생부모를 찾았다. 유아 때 부산 범일동 시장에서 길을 잃어버려 '김봉석'이라는 본명을 잃어버리고 '김수철'이라는 이름으로 미아보호소에 있다가 미국 콜로라도의 양부모에게 입양되었던 것이다.

도슨이 자신의 생부모를 처음 만났을 때의 느낌을 인터뷰한 기사에 다음과 같은 흥미로운 내용이 쓰여 있다. 자신을 꼭 닮은 자신의 생부모를 만난다는 것이 무엇인지를 생각하게 하는 기사이다.

> 친부모를 만났을 때 이 생각이 들었다. "DNA 테스트 따위는 필요 없겠구나!" 친아버지와 내가 엄청 닮았다. 누가 봐도 그분들이 내 친부모라고 확신할 수 있을 정도다. 특히 나에게는 그 순간이 매우 특별하고 신기했다. 왜냐하면 미국 콜로라도에 있었을 때 나는 누구와도 비슷하게 생기지 않았다. 양부모님도 미국인이라 나와 전혀 다르게 생겼다. 나와 닮은 사람이 아무도 없다는 사실이 슬프기도 했다. 그런데 친부모를 봤을 때 마치 거울을 보는 것 같아서 충격적이었다.[1]

아버지 하나님을 떠난 인간은 어떤 면에서 이와 같이 자기 정체성을 잃고 헤맨다. 그러나 자신의 원래의 형상인 예수그리스도를 만날 때 자신의 생긴 모습이 비치는 거울을 보듯이 자기 원래의 형상을 보게 된다.

"각 영혼들은 신체를 가졌고, 현자들의 영은 덕을 옷으로 소유하고 있다"라고 필로는 말하였는데, 영지주의에서는 하늘의 옷이나 빛의

---

[1] "영화 '국가대표'의 실제 주인공 토비 도슨, 영화보다 더 영화같은 인생 이야기," 「문화놀이 인터뷰」, 2012년 5월 31일자, 2014년 1월 22일 online 인용, 출처: http://culturenori.tistory.com/2624. 김현섭의 출판되지 않은 논문(Fuller Theological Seminary, Pasadena, CA)에서 인용.

옷은 인간의 진정한 자기, 인간의 천상적 현상을 나타낸다.

인간은 본래의 자기 형상으로 해방되어야 한다. 도마의 시를 보면, 왕의 아들이 땅으로 내려올 때 '화려한 옷'을 잃어버렸지만, 하늘의 본향으로 되돌아 갈 때에는 그 옷을 되찾았다고 묘사되어 있다.

> 나의 부모는 발칸의 언덕들에서 내가 벗어 놓았던 화려한 옷을 이곳으로 보내 주셨다. 비록 나는 그 옷의 가치를 알지는 못했지만- 왜냐하면 나는 어렸을 적에 내 아버지의 집을 떠났기 때문이다. 마치 거울의 내 모습을 보는 것처럼 그 옷이 내 자신과 갑자기 꼭 같아졌다.[2]

이것은 하나님의 형상인 본래의 자신을 이루는 것을 보여 준다. "누구든지 그리스도와 합하여 세례를 받은 자는 그리스도로 옷입었느니라"(갈 3:27)고 하였다.

그리스도로 옷 입는다는 것은 그리스도와 연합하여 '본래의 나'인 그리스도의 형상을 이루어 간다는 의미이다. 참 자아는 정욕과 썩어져 가는 옛 사람을 벗어 버리고 하나님의 전신갑주(엡 6:11-17)와 구원의 옷을 입고(사 61:10), 의와 진리와 거룩함을 따라 그리스도를 드러내는 빛을 발하며 산다.

요한은 우리가 하나님으로부터 났음을 다음과 같이 기록한다.

---

2 A. Adam, *Die Psalem des Thomas und das Perlenlied als. Zeugnisse vorchristlicher Gnosis* (BZNW 2) (Berlin 1959), p.53.

"자녀 여러분, 여러분은 하나님에게서 났고, 그들을 이겼습니다."
(요일 4:4, 표준새번역)

우리의 참 자아는 하나님께로서 났으니, 우리는 하나님같이 행동하도록 기대된다. 하나님이 그러셨던 것처럼 우리도 사탄을 결박하고 세상을 이기며 살아가게 되어 있다. 참 자아는 자신이 항상 대면하고 있는 그리스도가 행하시는 것을 보고 행한다. 그리스도가 하시는 일을 보지 않으면 혼자서는 아무것도 할 수 없다. 그리스도와 분리되어 있지 않기 때문이다.

참 자아는 사람의 인정과 칭찬을 구하기보다는 하나님으로부터 오는 칭찬을 받도록 애쓰며 산다. 그리스도의 마음을 가지고 그가 이 땅에서 사셨던 그 자세로 산다. 거짓을 버리고 각각 그 이웃으로 더불어 참된 것을 말하는데 이는 우리가 서로 지체가 됨이다(엡 4:25). 예수님이 원수도 사랑하셨듯, 진정으로 사랑하며 산다. 예수님 안에서 거룩하다. 그리스도를 모신 참 자아는 영생을 가졌고(요일 5:11-12), 그리스도의 형상을 이루어가는 하나님의 자녀로 거듭났다. 그럼에도 불구하고 많은 사람들이 거짓 자아로 살고 있다.

한 조용한 동네 어떤 미국인 가정에 어린 강아지가 있었다. 그런데 그 옆집 아주머니가 보니까, 하루는 자기 집 진돗개가 옆집 강아지를 물고 왔는데, 이미 그 강아지는 진흙투성이로 죽어있었다. 진돗개 주인은 자기 집 개가 옆집 강아지를 죽였다고 생각하는 순간 놀라서 어쩔줄 모르고, 그 죽은 강아지를 자기 집 목욕탕에 안고 가서 샴푸를 하고 털을 말리고 깨끗이 손질하여 옆집에 있는 그 강아지 집에 살아있는 듯이 앉혀 놓았다. 잠시 후 죽은 강아지 주인이 나와서 강아지를 보자 기절할 뻔하였다. 왜냐하면 그 강아지는 며칠 전에 죽어서 정원 땅속에 묻었는데 마치 살아 돌아온 듯이 강아지 집에 앉아 있었기 때문이었다. 진돗개가 땅속에 묻혀있던 강아지를 파내어 갔던 것이다.

우리의 옛 사람은 죽어 장사지냈다. 그러나 많은 경우 죽은 자가 살아 있는 듯이 걸어다님으로 죄를 짓는다.

> 우리가 알거니와 우리 옛사람이 예수와 함께 십자가에 못 박힌 것은 죄의 몸이 멸하여 다시는 우리가 죄에게 종노릇 하지 아니하려 함이니(롬 6:6).

우리 옛 사람이 예수와 함께 십자가에 못 박혔다고 할 때, '십자가에 못 박히다'라는 헬라어동사 "쉬스타우로오"는 과거 수동태 직설법으로서 그 뜻은 우리 옛사람이 그리스도와 함께 십자가에 못 박혀 완전히 죽었다는 것이요 죄의 몸이 멸했다는 것이다. 옛 자아는 죽어 해골이 되었다. 그런데 이것을 헤아려 알지 못하니, 죽은 자가 산 자 같이 행동한다.

> 만일 우리가 그리스도와 함께 죽었으면 또한 그와 함께 살 줄을 믿노니(롬 6:8).

이제 우리는 그리스도와 함께 그 안에서 살게 되었다. 우리 생명이신 그리스도 안에 거해야 한다.

언덕에 어린 사과나무를 심고 한두 해가 지났다. 강한 바람이 지나간 후에 보니 나무가 보이지 않았다. 가서 살펴보니 사과나무에 물이 잘 공급되지 않아 뿌리부터 말라 넘어진 것이었다. 우리도 생명의 원천이요 생수의 근원인 그리스도 안에 있어야 산다. 우리는 죄에 대해서 죽었고 그리스도 안에서 살아있다. 우리 옛 사람, 거짓 자아는 죽었다. 그리고 우리는 십자가를 통해 사망을 이기시고 부활하신 그리스도가 생명인 참 자아로 거듭나, 예수 그리스도 안에서 하나님에 대하여 살아있다.

새 생명 가운데 살아가지만, 우리가 육신을 입고 있을 때에는 아직도 연약하여 승리하기 위해서 성령을 의지하여야 한다. 달라스신학교의 총장을 역임한 존 월부어드(John F. Walvoord) 박사는 다음과 같이 강조한다.

> 그리스도인들을 대항하는 세력들과의 싸움에서 그리스도인의 무능력은 하나님의 뜻 안에서의 영적 삶을 위해서는 성령을 좇아 행하는 이외의 다른 방도는 없음을 알려줄 뿐이다.[3]

전기는 막대한 에너지가 있지만, 그 힘을 잘 끌어 사용하지 않으면 아무런 도움이 되지 않는다. 마찬가지로 성령은 과학과 인간의 지혜를 초월하며 인간을 치유 변화시키고 죽은 자도 살리는 큰 능력이 있지만 사람이 생명의 성령을 좇아 살지 않으면 그 능력을 체험할 수 없다. 생명의 영에 의해 그리스도의 생명을 받은 우리는 자연적으로 "사

---

3 존 월부어드, 『성령』, 이동원 역 (서울: 생명의 말씀사, 1981), p.282.

랑과 희락과 화평과 오래 참음과 자비와 양선과 충성과 온유와 절제"의 많은 열매들을 맺게 된다.

히브리서와 데살로니가전서에는 사람을 영과 혼과 몸으로 구분하기도 하였다. 우리의 영은 하나님의 형상이다. 혼은 옛 자아에 집착하는 마음이며 고난을 두려워하며 십자가를 보고 물러나는 마음을 가진 거짓 자아이다. 혼은 옛 자아가 손상되지 않고 보존되기를 바란다. 우리의 영이 자기보존만을 추구하고, 세상의 쾌락과 정욕만을 열망하는 거짓 자아의 혼과 연합할 때 우리는 목숨을 잃게 된다. 그러나 우리의 영이, 육신의 혼을 따르지 않고, 성령을 좇아 연합할 때, 우리는 그리스도로부터 오는 생명을 받아 하나님의 자녀로 나타난다. 이러할 때, "성령이 친히 우리 영으로 더불어 우리가 하나님의 자녀인 것을 증거"(롬 8:16)하신다.

성경 다음으로 가장 많이 읽히는 토마스 아 켐피스의 『그리스도를 본받아』에서 다음과 같이 말한다.

> 많은 사람들이 그리스도의 복음을 자주 들으면서도 변화받는 일은 아주 적은데, 이는 그들 안에 그리스도의 영이 없기 때문이다. 누구든지 그리스도의 말씀을 온전히 통감하며 이해하고자 한다면 자신의 삶을 그리스도의 삶과 전적으로 일치시키려 노력해야 한다.[4]

---

4 토마스 아 켐피스, 『그리스도를 본받아』, 최치남 역 (서울:생명의말씀사, 2001), p.23.

하나님은 다음과 같이 말씀하신다.

이는 힘으로 되지 아니하며 능으로 되지 아니하고 오직 나의 신으로 되느니라(슥 4:6).

승리하는 삶은 하나님의 은혜로 됨을 스티브 멕베이는 다음과 같이 말했다.

우리는 그리스도를 닮은 삶을 살기 위해 노력하지만 그렇게 할 수 없는 자신을 발견하게 된다. 결국 우리의 고백은 '우리는 스스로 할 수 없다'는 것이다. 처음에 구원을 얻어 주님을 향한 첫사랑으로 가득할 때는 이 일이 쉽다. 그러다가 얼마 지나지 않아 그것이 쉽지 않음을 깨닫는다. 마침내 우리 스스로의 힘으로 그리스도인다운 삶을 사는 것이 불가능하다는 사실을 깨닫는다. 하나님은 믿는 자로서 우리가 기적의 삶을 살기 원하신다. 이것이 우리를 향한 하나님의 소망이고 선물이다. 은혜의 삶을 산다는 것은 우리가 믿는 자로서 그리스도 안에 올바른 정체성을 찾는 것이다. 예수님이 하나님 아버지께 전적으로 의지했던 것처럼, 우리도 예수님을 전적으로 의지해야 한다. 그분을 전적으로 의지한다는 것은 내 의지로 그분을 섬기는 것이 아니라, 우리가 그리스도께 항복하고 그분의 생명이 우리를 통해 나타나도록 하는 것이다. 이것이 바로 은혜

의 삶이다.[5]

은혜 가운데, 참 자아는 다음의 말씀을 삶에 실천한다.

> 너희도 너희 자신을 죄에 대하여는 죽은 자요 그리스도 예수 안에서 하나님을 대하여는 산 자로 여길지어다(롬 6:11).

여기서 죄에 대해 죽는다는 것은 마치 시체가 물리적인 자극물에 대해 반응하지 않듯이, 죄에 대해 반응하지 않는 죽은 사람처럼 행동해야 한다는 것이다. '여기다'라는 말은 마치 목록을 작성하듯이(to take an inventory), 돈을 세듯이 정확하게 계산(reckon)하라는 아주 강한 명령형이다. 우리의 옛 사람은 이미 십자가에 못 박혀 죽었으므로 이 계시의 빛 가운데서 성령을 좇아 살아야 한다.

실천 방법으로는 죄의 몸이 죽은 사실을 믿고 선포할 때, 죄악의 유혹으로부터 승리할 수 있다. 이는 자신의 잘못된 관점을 바꾸는 것뿐 아니라 진리 안에서 자유함을 누리는 것이다. 죄의 유혹과 도전이 있을 때 우리는 말씀(롬 6:6; 갈 2:20; 롬 8:2-3)을 근거로 입을 열어 성령 안에서 선포해야 한다.

> 나의 옛 자아는 죽었다. 이제 나는 '내가 사나 내가 아닌 그리스도'가 사는 하나님의 자녀로 거듭났다. 나는 하나님이 사랑하고 기뻐

---

[5] 스티브 맥베이, 『은혜의 영성』 (경기:NCD, 2002), pp.16-28.

하시는 자이다.

거울을 보며, "하나님, 나는 하나님의 사랑받은 자입니다"라고 진심으로 고백한다. 성령 안에서 스스로에게 자신의 이름을 부르며 '너는 하나님의 형상이요 영광이야'라고 말하여 스스로가 이 진리를 듣고 인정하게 한다.

그 다음은 우리의 자아에 끊임없이 거짓을 말하는 사탄을 향하여 "사탄아 물러가라, 나는 예수 그리스도께서 피로 값주고 사신 하나님의 자녀이다"라고 선포한다.

피흘림이 없이는 죄사함을 받지 못하고 영생도 얻지 못한다. 그리스도께서 우리를 위해 "한 영원한 제사"(히 10:12)를 드리셨다. 그리스도는 죄를 위하여 자신을 제물로 드림으로 믿음을 통하여 거룩하게 된 우리들을 완전케 하셨다. 이러므로 히브리서 10:14은 다음과 같이 기록한다.

저가 한 제물로 거룩하게 된 자들을 영원히 온전케 하셨느니라.

이러한 참 자아는 "십자가에 못 박히고, 일으킴 받고 앉힘 받은" 자답게 산다(갈 2:20; 엡 2:6). 또한 고난 속에서도 "이 모든 일에 우리를 사랑하시는 이로 말미암아 우리가 넉넉히 이기느니라"(롬 8:37)고 선포하며 씩씩하게 산다.

박관준 장로(1875-1945)는 그의 몸을 하나님이 기뻐하시는 거룩한

산제사로 바친, 세례요한과 같은 존재로 그리스도를 드러내며 살았다.[6]

그가 막 30세에 들어서던 1905년 어느 가을날, 그에게 잊을 수 없는 사건이 일어났다. 고서를 뒤적이다가 잠시 명상에 잠기려는데, 갑자기 하늘에서 "절벽이 위험하면 혈벽(血壁)에 서라"는 요란한 음성이 들려왔다. 소스라쳐 놀라 사방을 둘러보았으나 사람의 인기척은 없었다. 놀라움과 두려운 마음을 억누르면서 그가 읽은 많은 책들 중에서도 그런 글귀가 생각나지 않아 그는 '이것이 영계의 계시가 아닌가' 하고 생각했다. 그는 떨리는 손으로 종이와 붓을 꺼내서 방금 들은 그 명령을 한문자로 옮겨 보았다. "절벽유위면 혈벽입하라!" 그는 처음에는 무슨 뜻인지 이해 할 수 없었다. 그러나 곰곰이 생각해 보니 '절벽'은 곧 그의 방탕한 생활이 절벽과 같이 위험한 생활이라는 뜻이다. 그러면 이같은 생활이 위험하니 다른 방향에 옮겨 서라는 말이 아닌가! 그런데 '혈벽'의 뜻은 곧 이해할 수 없었다. 그는 "절벽이 위험하면 혈벽에 서라"는 말을 종이에 적어놓고 곰곰이 생각하다가 무릎을 탁 쳤다. 절벽이란 주색잡기로 허랑방탕한 내 생활이고, 혈벽이란 언젠가 선교사가 말하던 십자가, 예수가 흘린 피 바로 그것 아닌가! 이렇게 풀이하고 나니 마음이 후련하고 기쁨이 넘쳐났다.

이러한 진리를 깨달은 그는 자신의 부끄러웠던 생활을 돌이켜 보며 지난날에 저지른 죄를 그 자리에서 하나 하나 하나님 앞에 자복했다. "하나님, 이 못난 자를 불러주시니 감사하고 송구스럽습니다. 저는 하나님을 등지고 나쁜 짓을 많이 하였습니다. 하나님, 저 같은 것도 용

---

[6] 김광수, 『한국기독교인물사』(서울:기독교문사, 1976), p.162.

서받을 수 있을까요? 하나님….” 그는 말을 잇지 못하였다. 눈물이 비 오듯 쏟아졌다. 이렇게 회개를 하며 그는 드디어 하나님의 품으로 돌아오게 되었다.

고금의 성현들의 가르침을 다 동원해도 한 번 잘못 든 길에서 그를 돌이킬 수 없었는데, 하늘의 음성 한 마디가 그를 다른 사람으로 만들어 버렸던 것이다. 그는 아직 기독교가 무엇인지, 성경이 무엇인지 알지 못했고, 기도 할 줄도 몰랐으나, 다만 그의 머리에 어렴풋이 떠오르는 것이 있다면, 혀 꼬부라진 서투른 우리말로 예수를 믿으라고 복음을 전하던 서양 선교사들의 말이었다.

그는 자기 안에서 어떤 영력이 솟아나는 것을 느껴 우선 제일 먼저 찾아간 곳은 성 안에 사는 친구들이었는데 체험담을 소상히 이야기하고 하나님을 공경해야 한다고 말하자 친구들이 펄쩍 뛰면서, “아니, 그래 자네가 그 양귀신을 믿게 됐다 이 말인가?” 하면서 반대하였다. “여보게들, 내 말을 그렇게 허투루만 듣지 말게…처음엔 나도 반신반의했네. 그러나 이건 분명히 하나님이 날 일깨워주신거야. 하나님은 이렇게 살아계셔서…우선 우리는 (서)양교가 뭔지 좀 더 알아보아야 하지 않겠어?” 그러자 정봉익, 강응식 두 친구가 동조하고 나서면서 “알아야 면장한다고, 어디 그럼 한번 알아보세.” 이리하여 두 친구는 교회에 발을 들여놓았고, 후에 정봉익은 그의 두 아들까지 합하여 세 부자가 목사가 되었다.

선교사들은 이 소식을 듣고 무척 기뻐하며 성경도 보내주었고 박의사는 그 성경책을 열심히 읽기 시작하여 전에 무식한 사람이나 읽는 책인줄 알았던 성경이 어쩌면 그렇게 달고 오묘한지 밤이 깊도록 읽고 나서야 잠자리에 들었다. 박관준은 완전히 새 사람으로 변하여 십자가의 진리가 얼마나 위대한 하나님의 축복인가를 깨달았고, 하나님의 진리와 예수님의 보혈의 뜻을 깨닫고 감격하였으니 영안이 뜨였던 것이다.

1910년 한일합방 조약이 체결되매, 37세 때 서울에 올라와 제중원에서 3년간 열심히 공부한 보람이 있어 총독으로부터 의사 면허증을 얻게 되었고, 양복차림에 축음기까지 사들고 영변고을에 나타나자 사람들의 눈이 휘둥그래 졌다. 사랑채에서 유성기를 한 번 틀어 놓으면 동네 사람들이 몰려와 진을 치고 둘러 앉아 있는 곳에 '제중병원' 간판을 내걸고 시작하니 병원 문 열기가 바쁘게 환자들이 모여 들었다. 그는 혼자 교회를 세울 심산으로 하나님께 매달려 기도했고, 마침 옛 사랑채를 사라는 교섭이 들어와 값이 500냥이 넘어 힘에 부쳤으나, 사고 나니 교회당으로 쓰기에 안성마춤이었다. 박의사는 북받치는 감격을 억누를 수 없어 목청껏 찬송가를 부르고 주일이면 정성껏 준비한 설교원고를 갖고 단상에 올라가 열심히 외쳤다.

그는 새 사람으로 만들어 주신 하나님께 조금이라도 보답하는 마음에서 3년간 의료봉사를 하기로 작정하고 평남 안주군 태항산 어촌마을에 가서 3년간 무료로 의료봉사를 하게 된다. 얼마 안가서 식량이 바닥나서 하루는 부인이 걱정스레 말하니 박관준은 말하기를, "아니 벌써 하나님의 은총을 잊었소?", "그게 아니라, 우선은 내가 살아야 남도 살릴 수 있을게 아니어요?" 겨울 바닷가 추위에 겨우 볏짚을 땔 정도니 오죽했겠는가. 어느 날 밤은 부인이 아들애를 품고 서로의 체온으로 겨우 겨울밤을 견디어 내고, 박 의사는 무릎 꿇고 오랫동안

기도하다 새우잠을 자고 하는 형편에, 부인 귀에 요란하게 "요한복음 14:27을 읽어 보아라!"는 소리가 들렸다.

> 평안을 너희에게 끼치노니 곧 나의 평안을 너희에게 주노라 내가 너희에게 주는 것이 세상이 주는 것 같지 아니하니라 너희는 마음에 근심도 말고 두려워 하지도 말라.

어느덧 하나님 앞에 약속한 보은 3년의 세월이 지나갔으며, 자립교회의 기반을 단단히 다져 놓았으므로, 금광촌인 평북 구성으로 의료전도의 자리를 옮기기로 하였다. 아직 담임목사가 없는 구성교회를 맡아 목회까지 겸하게 되었는데 200여 명 되는 큰 교회였으나 가난한 사람들이 많아 자립하기는 아득한 형편이었다. 그래서 박의사는 돈푼이나 있는 사람을 끌어들이기 위해 우선 유지들을 찾아본 결과 광산왕 최창학의 고문 조동일을 찾아갔다. 그 영혼도 구원얻고 교회발전에도 한 몫 할 수 있기 때문이었다.

박의사는 자기가 살아온 이야기와 하나님을 공경하게 된 경위를 쭉 이야기하고 나서, "조 선생님, 나처럼 신앙을 가질 의향은 없으신지요?" 하고 물었는데, "글쎄요, 나야 뭐…" 이렇게 말꼬리를 흐릴 뿐 기독교에 대해 별로 반대하는 것 같지는 않아, 박 의사는 살아계신 하나님의 경륜과 십자가의 도리를 자상히 설명하고 "전에는 미처 몰랐는데 하나님을 믿고 보니 세상에 그처럼 좋은 일이 없습디다" 하고 덧붙여 말했다. 이때 조동일은 박의사의 손을 덥석 잡고, "아, 박선생…"하고 말을 잇지 못했다. "조선생, 하나님을 믿는 거지요?" 다그쳐 물었더니, 조 선생은 고개를 두어번 끄덕여 보였고, 박 의사는 그 자리에서 조 선생과 함께 무릎 꿇고 하나님께 감사의 기도를 올렸다. 그 후 조동일은 교회에 한 번도 빠지지 않고 꼬박 참석하면서 하나님의 일을 정성껏 도와 교회 발전에 크게 이바지 했다.

1934년 박의사는 구성에서 개천읍으로 옮겨와 '십자병원'이라는 간판을 걸고 개업하였다. 병원에 환자가 입원하면 먼저 기도하고 복음을 전달하고 예수를 믿으라고 권면한 다음에야 진찰하고 약을 사용하였으며, 병원정문에는 요한복음 3:16을 커다랗게 써 붙였다. 또 진찰실 벽에는 "나는 육신의 병자보다도 영혼의 병자를 고치기를 더욱 갈망한다"고 써 붙이고 원훈으로 삼았다.

1939년 일본국회에서 모든 종교를 일본 제국의 승인 하에 신봉할 수 있도록 규정한다는 소위 종교 단체법을 상정 통과 할 것이라는 소문을 들은 박 장로는 1938년 12월 24일 크리스마스 날 밤에 최봉석 목사와 안이숙 선생 등과 자리를 같이 하고 그때까지 활동을 계속했으나 아무 성과도 거두지 못한 것을 말하고, 일본에 건너가기로 작정하고 기적적으로 일본 국회에 가서 그들의 잘못을 지적하는 폭탄선언을 하였다.

한번은 감옥에서 몸이 매우 수척해 있었는데, 어느 날 검사가 박 장로를 호출하였다. 대화는 다음과 같이 이어졌다.

"당신, 하나님이 있는지 없는지 알기나 하고 하나님을 찾는 거요?"

"나는 언제나 하나님과 같이 살고 있는 걸요."

"영감은 이제보니 꿈 나라에서 사는군요."

"당신도 하나님을 공경하시오. 하나님을 멀리하는 사람이나 국가치고 잘 되는걸 못봤소."

"영감, 무슨 잠꼬대를 하고 있소? 지금 대일본제국은 세계를 주름잡고 있소."

"두고 보시오. 당신들이 아무리 나를 가두고 싶어도 1945년 8월이 지나면 가둘 수 없을 것이오."

"뭐 어쩌구 어째?" 검사는 큰 소리로 외쳤다.

"그때는 일본이 망하고 조선이 독립될 것이오."

"닥쳐!" 검사는 발을 구르며 호령했다.

하나님은 그가 하실 일을 사랑하는 종에게 알리셔서 박 장로는 계시에 의해 8.15 해방을 알고 있었던 것이다.[7]

박 장로는 1945년 1월 1일부터 70일 금식 기도에 들어갔고 말일인 3월 10일에 하늘에서 소리가 들려왔다.

"관준아! 얼마나 고생을 하느냐…천국은 다 너의 것이니라."

1945년 3월 11일 빈사상태에서 병보석으로 가족에게 넘겨주어 나오는 길에 신사참배는 끝까지 반대하라고 거듭 충고하였고, 3월 13일 오전 10시 찬송을 부르며 순교하였다. 그의 유언은 이사야 11:10-16, 그의 유해는 평양교회의 공동묘지인 돌박산으로 순교자 주기철, 최봉석(권능) 목사가 묻혀있는 그 옆자리에 안장되었다.

몸은 잠시 땅에 묻혔지만, 그의 영은 그리스도와 보혈의 공로를 믿고 의지함으로, 하늘에 계시는 아버지 하나님의 임재 앞에 천사들의 환호를 받으며 들어갔다.

---

[7] 염명수, 『한국이 낳은 하나님의 사람들』(서울:예루살렘, 1999), pp.354-355.

제5부

그리스도 안에 존재하는 참 자아

그분에 의해서 모든 것이 창조되었습니다. 하늘과 땅에 있는 것들과 보이는 것과 보이지 않는 것들과 천사들과 영적 존재들과 만물이 다 그분에 의해서 창조되었고 그분을 위해 창조되었습니다. 그리고 그분은 모든 것이 있기 전에 계시고 모든 것은 그분에 의해서 유지되고 있습니다(골 1:16-17, 현대인의 성경).

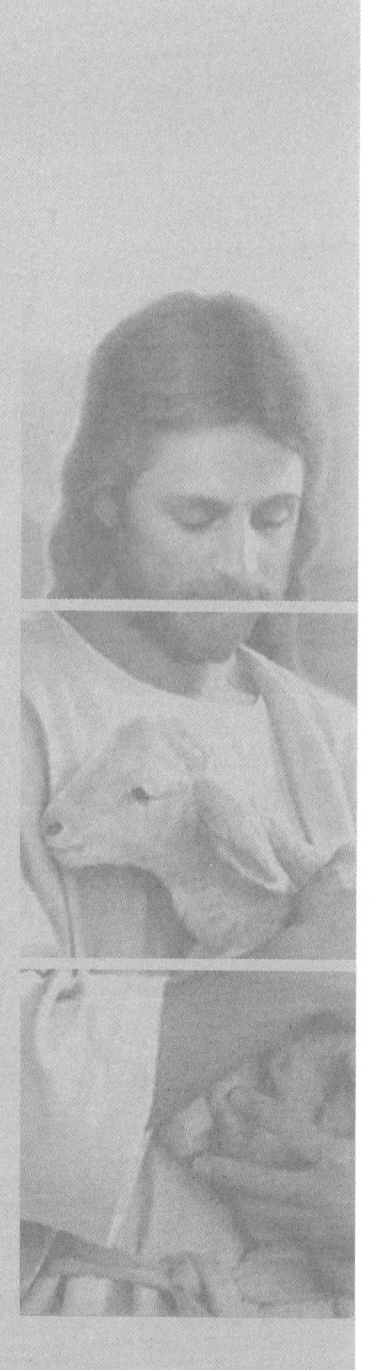

Discovering
Your True Self
in the Image of
Christ

제 15 장

그리스도에 의해서 유지되는 참 자아

> 우리가 그를 힘입어 살며 기동하며 있느니라 너희 시인 중에도 어떤 사람들의 말과 같이 우리가 그의 소생이라 하니(행 17:28).

우리의 지혜는 하나님에 대한 지식과 자신에 대한 지식 두 가지로 이루어졌다. 사람은 자신 속으로 들어가면 하나님을 만나고 하나님 속으로 들어가면 자신을 만난다. 우리가 힘입어 살며 기동하고 존재하고 있는 하나님께로 생각을 향하지 않고는 아무도 자신을 올바르게 알 수가 없다. 왜냐하면 우리가 가진 각양 좋은 은사와 온전한 선물은 모두 하나님이 주신 것이며, 우리의 존재함도 오직 하나님 한 분에 의해 유지되고 지속되어 왔기 때문이다. 만물도 그리스도로 말미암아 창조되었다. 그리스도가 근본이시요 죽은 자 가운데서 먼저 나신 자이며, 우리 존재의 원천이 되신다. 우주 만물은 그리스도를 위해 존재하고 과학도 그리스도에 의해 바로 정의된다.

현재 만물의 안정 상태가 지속되는 것은 만물을 창조하신 그리스도께서 말씀의 능력으로 그것을 굳게 붙들기 때문이다.[1]

> 이는 하나님의 영광의 광채시요 그 본체의 형상이시라. 그의 능력의 말씀으로 만물을 붙드시며 죄를 정결케 하는 일을 하시고 높은 곳에 계신 위엄의 우편에 앉으셨느니라(히 1:3).

우리 몸은 세포로 구성되어 있다. 이 세포는 세포핵을 중심으로 중성자와 양성자 그리고 이들은 훨씬 더 작은 쿼크라는 물질로 이루어져 있다. 곧, 우리 몸 안에는 중성자와 양성자 등을 감싼 원자핵이 있고, 이 핵 주위를 전자라는 물질이 빛의 속도로 돌고 있는데, 이 단위 전체를 원자라고 한다. 존 폴킹혼에 의하면, 양성자와 중성자는 본성상 불안정하여 붕괴될 수 있다고 하였다.[2]

원자핵 안에서 불안정한 양성자는 강한 힘으로 밀쳐내어 폭발하고 붕괴될 수 있지만 이것도 그리스도께서 붙들어 주시기에 그대로 유지된다. 원자핵 주위로 전자들이 빛의 속도로 돌면서 서로 충돌하지 않고 보존되는 것도 그의 힘으로 조절하여 유지하시기 때문이다. 이 모든 힘은 하나님이 창조하셔서 존재하게 하는 실상이다.

이러한 원자가 세포핵 안에 모여 디옥시리보핵산(DNA: deoxyribonucleic acid) 분자가 되며 이것들이 모인 것이 유전인자로 독특한 원자

---

1 신준호,『아픔의 신학』 (서울:한들, 2005), p.177.
2 존 폴킹혼,『과학시대의 신론』, 이정배 역, (경기:동명사, 1998), p.24. 인용: 신준호,『아픔의 신학』, p.178.

구조를 가진다. 이 유전인자는 우리 몸을 이루고 있는 모든 세포의 핵 속에 포함되어 있다. 유전인자(DNA)가 잘못되면 몸에 병이 생기는데, 하나님은 그가 만드신 물질들로 치료약을 만들게 하여 치료하시고 붙들어 주신다. 우리 몸 구석구석에 하나님의 사랑의 손길이 미치지 않는 곳이 없다.

영국에서 무신론자의 대표라고 일컬어지던 안토니 풀루가 과학을 연구하면서 기독교인이 되었다. 81세의 나이에, 과거에 무신론을 고집한 것은 실수였다고 고백했다. 안토니 풀루는 "우주는 창조자에 의해 설계되었고, 생명의 가장 기본단위인 DNA를 연구하면 할수록 고도의 복잡한 정렬이 있어야 함을 보여주었다. 이것은 외부의 지적인 설계자가 없이는 이런 고도의 정렬이 불가능하다"라고 하였다. 이렇듯, 자연이나 사람의 몸과 마음을 보아도 하나님이 존재하심을 알게 된다. 이러므로, 바울은 다음과 같이 기록한다.

> 창세로부터 그의 보이지 아니하는 것들 곧 그의 영원하신 능력과 신성이 그가 만드신 만물에 분명히 보여 알려졌나니 그러므로 그들이 핑계하지 못할지니라(롬 1:20).

만물이 다 그리스도에게서 창조되되, 다 그로 말미암고 그를 위하여 창조되었다. 창조주는 이 우주 만물을 모두 적절하게 만드셨다.

2013년 4월 22일 「타임」(*Time*)의 "상실한 우주"(The Missing Universe)라는 제목의 기사에서 암흑물질(Dark Matter)의 신비가 풀어지고 있다고 하였다. 은하계(Galaxies)는 매우 빠른 속도로 회전하고 있는데,

보이지 않는 물질의 중력이 은하계를 붙들어 주지 않으면 이 은하계는 다 떨어져 날아가 버리고 말 것이다. 즉, 1930년대부터 우주 학자들이 암흑물질이라고 부른 이것의 존재가 이제 판명되었다.

수십억 개의 암흑물질이 이 글을 읽고 있는 당신의 몸을 통과하고 있다. 암흑물질은 물질을 잡아당기고, 암흑에너지(Dark Energy)는 물질을 떼어 놓는다. 그러므로 우주는 확장되고 있다. 창조주 하나님이 만드신 이 우주는 아직도 68%가 신비에 가려져 있지만, 이렇게 유지되는 것도 하나님이 섭리 가운데 붙들어 주시기 때문이다.

지구와 달의 거리는 약 24만 마일이다. 화성에도 달이 있는데 그 거리는 달과 지구의 1/40인 6천 마일이다. 만일 지구도 화성처럼 달과 6천 마일 떨어져 있다면 지금의 밀물이 40배가 강해서 쓰나미처럼 지구표면을 휩쓸었을 것이다. 태양은 그 표면이 화씨 2,200도가 된다고 하는데, 이 태양이 지구와 좀 더 가까우면 사람들은 너무 뜨거워서 타 죽고, 너무 멀면 추워서 얼어 죽고 말 것이다. 이 모든 것을 적절하게 창조하심은 조물주께서 인간이 잘 살 수 있도록 설계하셨고 붙들어 주시기 때문이다. 바울은 이러한 만물의 이치를 다음과 같이 기록한다.

> 하늘과 땅에서 보이는 것들과 보이지 않는 것들과 혹은 보좌들이나 주관들이나 정사들이나 권세들이나 만물이 다 그로 말미암고 그를 위하여 창조되었고 또한 그가 만물보다 먼저 계시고 만물이 그 안에 함께 섰느니라(골 1:16-17).

여기서 '함께 서다'라는 헬라어 '수네스테켄'(συνέστηκεν)이라는 말은

'조립이나 결합으로 함께 두다', '입증하다', '조각을 하나로 연결하다', '구성하다'라는 뜻이 있다. 만물이 주 안에 함께 서 있는 것은 주님이 친히 만물들을 붙들어 주시며 우리와 결합하여 생명을 공급하여 주시기 때문이다. 이렇듯, 하나님은 온 우주 전체를 주관하실 뿐 아니라, 우리 몸 안 유전인자의 원자구조를 구성하시고 붙들어 주신다. 우리의 세포핵과 유전자도 그리스도께서 붙들어 주시기 때문에 우리가 평강 중에 살아 갈 수 있다.

인간의 유전자와 만물을 하나님이 붙들어 주실 뿐만 아니라 우리의 마음과 생각도 그가 친히 지켜 주신다. 이러므로, 위기를 만나 쓰러질 것 같던 사람도 감사함으로 기도할 때, 하나님의 평강이 그리스도 예수 안에서 그 마음과 생각을 지켜주신다.

영국의 도날드 잉글리쉬(Donald English) 목사는 4살 되는 아들을 잃고 슬퍼하는 부부 교인들을 위로하러 점심 약속에 나갔다. 무슨 말로 위로할까 고민하며 그들을 만났다. 그런데 오히려 그들 부부의 얼굴에는 하나님이 주시는 평화로 넘쳐났다. 진정 우리의 모든 사정은 여호와께 숨겨지지 않았고, 우리의 머리카락은 다 세신 바가 되었고 우리의 날들은 우리의 지체가 생기기도 전에 주의 책에 다 기록이 되었다. 주께서 "피곤한 자에게는 능력을 주시며"(사 40:29), 사랑으로 우리를 돌보시고 지켜 주시며 생명을 유지시켜 주신다.

21세기 과학자들은 이러한 만물에 대한 창조를 밝혀 나가고 있다.

『정밀한 우주: 초끈, 숨겨진 차원과 궁극이론의 탐구』라는 책을 쓴 물리학자 브라이언 그린(Brian Greene)은 "세계를 구성하고 있는 모든 근본적인 특징을 설명해 줄 수 있는 뼈대"가 된다는 "끈 이론"을 발표했다. 그에 의하면, 만물은 가장 미세한 수준에서 진동하는 줄이나 끈들로 서로 결합되어 있다고 말했다. 놀랍게도 고차원에서는 주 안에서 우리 삶의 모든 일뿐 아니라 우리 모두가 보이지 않는 멤버링을 통해 하나로 연결되어 있다. 우리는 모두 관계의 끈으로 연결되어 있기에, 예수님은 "가장 작은 자에게 한 것이 곧 내게 한 것이다"라고 말씀하셨다.

만물을 연결한 끈이 있다면 이 끈도 그리스도로 말미암고 그를 위하여 창조되었고(골 1:16), 그리스도는 만물 안에 계신다(골 3:11). 만물을 연결하는 이 끈은 결국 만물의 근본이시며 처음과 나중 되시는 그리스도의 손 안에 있을 것이다. 이 보이지 않는 끈으로 우리는 모두 서로 연결되어 있다.

영적이고 치유적인 면에서, 하나님을 사랑하는 자에게는 상실과 고난, 그리고 그 일생에 일어나는 알 수 없던 모든 사건들이 그리스도께로부터 나온 생명의 끈에 꿰여져서, 모든 일이 합력하여 선을 이루고, 우리로 그리스도의 형상을 본받게 한다. 일상 생활 가운데서도 그는 우리를 붙들어 주시고 도와주신다.

로스앤젤레스에서 목회하는 친구 목사님은 전교인을 대상으로 하루에 한 가정씩 방문하여 매일 성경을 일자별로 읽으며 묵상하였다고 하였다. 놀라운 것은 그리스도께서 꼭 그 가정에 맞는 말씀을 주셔서 그들을 지탱시켜 주심을 경험했다. 하루는 남가주에서 서류미비자로, 미국 시민권이 어려워 보이는 한 교인을 방문했다. 그날의 정해진 말씀은 "오직 우리의 시민권은 하늘에 있는지라 거기로서 구원하는 자 곧 주 예수 그리스도를 기다리노니"(빌 3:20)라는 말씀이었다. 하나님의 말씀을 받은 그분은 잠시 생각하더니 "성경에도 시민권이 나오는군요"라고 말했다. 천국 시민권이라는 말은 그에게 새 힘을 불어넣어 주었다. 그가 우리의 참 시민권은 이 세상에 있는 것이 아니요 천국에 있는 것임을 깨달을 때, 그는 이 땅에서 이미 하늘에 속하는 하나님의 자녀로 살아가는 첫걸음을 내딛게 된다.

이 세상 나그네 길에서 하늘이 무너지더라도 그리스도 안에 선 자가 망하지 아니함은 하나님의 영원하신 팔이 우리를 붙들어 주기 때문이다(신 33:27).

월트 휘트맨(Walt Whitman)이 말했다.

> 우주의 모든 이론은 확실히 한 개인인 당신을 향하고 있다.

이는 창조주가 당신을 사랑하기 때문이다. 또한, 우주의 모든 이론은 결국 그리스도께로 향하고 있다. 왜냐하면, 그리스도는 우주만물의 생성자일 뿐 아니라 만물이 다 그 안에 함께 서 있기(골 1:17) 때문이다. 만물은 주 안에 함께 섰기에 유지되고 있고 회복되고 있다. 이러므로, 신학자 라이트풋(Lightfoot)은 골로새서 강해에서 다음과 같이 강조했다.

> 그리스도는 만물의 통일의 원리이며 모든 창조물을 유지하는 분이다. 그리스도는 온 우주에 혼돈 대신 조화를 가져다주는 응집의

원리이신 것이다.

우리 인생도 그리스도에 근거해서 존재한다.

런던의 웨스트민스터 사원 시계탑의 웅장한 종소리로 나오는 멜로디는 헨델의 "메시아"에서 유래되었다고 한다. 그 시계탑에 새겨진 시는 언제까지든, 주님의 인도와 능력이 없이는 우리 인생이 넘어질 수밖에 없음을 말해준다.

> 이 시간 줄곧
> 주님, 나의 안내자가 되소서
> 그리고 주님의 능력으로
> 누구도 실족하지 않도록.
> All through this hour,
> Lord, be my guide;
> And by Thy power,
> No foot shall slide

다윗은 그의 일생을 통해 한시도 빠짐없이 하나님의 인도하심이 필요하다는 것을 깨닫고 다음과 같이 기도한다.

> 주의 진리로 나를 지도하시고 교훈하소서 주는 내 구원의 하나님이시니 내가 종일 주를 바라나이다(시 25:5).

우리는 우리 호흡을 주장하시고 우리의 모든 길을 작정하시는 하나님(단 5:23)께 매순간 의지하고 있다. 그러므로 하나님을 만홀히 여기는 자는 자신의 원천을 경멸하고 있는 것이다. 그 경멸하는 힘도 자신의 원천에서 나오고 있다. 우리는 머리되신 그리스도를 떠나서는 살 수 없다. 이는 "온 몸이 머리로 말미암아 마디와 힘줄로 공급함을 얻고 연합하여 하나님이 자라게 하심으로 자라"(골 2:19)기 때문이다.

우리 생명인 그리스도께서 우리 안에 들어오시고 우리를 지탱시켜 주시니 우리는 약함 중에도 강하게 된다.

태양계도 우리 몸과 비슷하다. 태양이 핵과 같고 지구는 그 핵 주위를 돌고 있는 전자와 같다. 우리의 태양계는 시계방향으로 돌아가는 은하계의 중심을 벗어난 끝에 위치하고 있다. 우리가 사는 이 은하계는 작다. 그런데, 우리의 것보다 큰 은하계가 수천 개나 되는데 갈수록 수없이 발견된다. 주님이 이렇게 우리가 사는 은하계 뿐 아니라 수많은 광활한 곳에 있는 은하계를 다 그의 힘으로 붙들어서 유지시켜 주신다.

온 우주의 운행뿐 아니라 한 개인도 다 그리스도의 주권 아래 움직인다. 이러므로 "우리가 그(하나님)를 힘입어 살며 기동하며 있느니라"(행 17:28)고 하였다. 태양계는 대우주이지만 우리의 몸은 소우주와 같다. 우리의 몸은 하나님이 주신 궤도를 따라 살아가게 되어 있다. 하나님의 사랑과 진리와 거룩함의 궤도를 따라 살아가도록 창조된 인간이, 에덴동산에서 부터 그 궤도를 이탈함으로 하나님의 형상인 영혼을 잃고 고통에 처하게 되었다.

『자신을 발견하라』(*Find Out For Yourself*)의 저자인 유지니아 프라이스(Eugenia Price)는 다음과 같이 말한다.

> 사람이 자신의 삶의 고삐를 하나님의 손으로부터 탈취하고 조물주와 분리되어 궤도를 돌기 시작했을 때, 그는 태초에 하나님이 사람을 위해 만들어 주신 참된 자기가 아닌 거짓된 자기를 형성하기 시작한 것이다. 우리의 구속된(회복된) 참된 자아들이 날마다 얼마나 많이 활동하는가에 정비례하여 우리의 삶은 창조적이 된다.[3]

우리 참 자아의 영은 성령을 따라 움직이게 되어 있다. 성령을 따라 길과 진리와 생명인 그리스도의 궤도를 따라가는 수레바퀴(Wheel)들에는 믿음, 소망, 사랑, 기쁨, 거룩함이라는 글들이 새겨져 있다. 예를 들어, 거룩해야 할 사람들이 어둠속에서 방황하는 것은 자신들의 원천적 원형인 그리스도와 연결된 궤도에서 탈선하였기 때문이다.

> 어떤 형태로든 예수님을 닮지 못하는 것, 구체적으로 말하면 그분의 인격 특성이 아닌 것을 닮거나, 그분이 관심을 갖는 영역에 관심을 갖지 못하는 행위는 모두 거룩함의 결핍을 초래한다.[4]

신학자 유지니아 프라이스는 어른이 되어 처음으로 예수 그리스도를 만났을 때 생전 처음으로 그녀 안에 33년 동안 하나님과 단절되어

---

[3] 유지니아 프라이스, 『자신을 발견하라』, 김혜련 역 (서울:생명의말씀사, 1988), p.20.
[4] 제임스 패커, 『거룩의 재발견』, 장인식 역 (서울:토기장이, 2004), p.264.

온 거짓 자아와 새로이 회복된 참 자아가 싸우고 있음을 깨달았다. 그리고 그녀는 이제 그녀 안에 있는 하나님의 능력으로 참 자아가 거짓 자아를 이길 수 있도록 선택할 수 있었다. 아무것도 꾸미지 않고 아무것도 과장하지 않고 완전한 실재이신 하나님이 그녀 안에서 삶을 살게 되셨을 때, 그분은 "진실로 있는 그대로의 나 자신"을 이해하실 수 있으셨다고 말했다. 그녀는 우리가 우리 자신에 관해 객관적으로 정확히 보며, 우리의 자아를 "바로 하나님의 자아에 연결시킨 후에 그분의 창조의 최고의 경지로 계속 발전시켜야 한다"고 말한다.[5]

---

[5] 유지니아 프라이스, 『자신을 발견하라』, pp. 20-29.

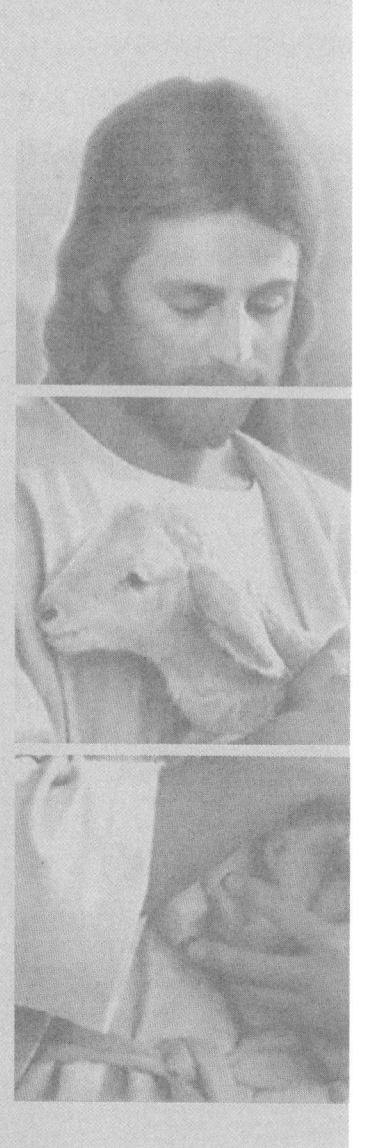

Discovering
Your True Self
in the Image of
Christ

제 16 장

하늘의 차원에 속하는 참 자아

태초에 하나님은 '하늘들'과 '땅'을 포함한 우주를 창조하셨다(창 1:1). 여기서 하늘(השמה, 솨메)이라는 단수 대신 '하늘들'(םימש, 솨마임)이라는 복수가 사용되었다. 하나님은 하늘들을 창조하셨다. 바울은 셋째 하늘에 이끌려 갔다(고후 12:2). 이곳은 별이 있는 하늘 위의 영역, 하나님과 다른 천상의 존재들이 살고 있는 완전하고 영원한 기쁨의 낙원이다. 이곳은 하나님의 영광이 가득하고 찬란한 곳이다. 새들이 나는 공중이 있고, 해와 달 그리고 별들이 있는 하늘이 있고, 하나님이 거하시는 하늘이 있다. 하나님은 본래 창조되지 않은 하늘의 장소와 시간에 계신다. 예수님은 성육신하셔서 이 세상이 창조된 시간과 공간으로 들어오셨다. 그리고 십자가에 화목제물로 돌아가심으로 만물을 다 하나님과 화목하게 하셨다. 그리스도는 죽음에서 부활하여 하늘에 오르사 하나님 아버지가 계시는 천국으로 올라가셨다. 이 천국은 실재하는 곳이다. 그는 성육신하여 몸을 입고 이 땅에 오셨기에 하늘에서는 영적 몸을 입고 계신다. 우리도 천국에서 영의 몸으로 그리스도의 얼굴을 대면하고 그를 찬양하면서 살 것이다. 이 천국은 우주가 창조 전부터 실질적으로 존재하는 곳이다. 이러므로 예수님은 "내 아버지 집에 거할 곳이 많도다 그렇지 않으면 너희에게 일렀으리라 내가 너희를 위하여 처소를 예비하러 가노니"(요 14:2) 라고 하셨다. 또 기도를 가르치실 때도 "하늘에 계신" 우리 아버지(마 6:9)께 하라고 하셨다.

천국에서는 우리 각 사람의 실체(personal reality)가 영화롭게 되어 빛을 발한다. 천국에서는 생명을 주신 하나님이 영적 몸을 입은 우리를 알아보실 뿐 아니라 우리들 서로도 알아 볼 수 있다. 사고로 질병으로 낙태로 고령으로 사랑하는 이들이 죽었다 해도, 주님의 은혜 안에서 그의 주권 아래 다 만날 수 있는 곳이다.

현대인들은 흔히 하늘의 차원을 망각하고 산다. 하늘을 시에 나오는 단어나, 텅 빈 물리적 공간 정도로 생각하기도 한다. 우리는 하늘의 초자연적 차원을 재발견해야 한다.

예수님은 "하늘에서 내려온 자 곧 인자 외에는 하늘에 올라간 자가 없느니라"(요 3:13)하셨다. 또한 세례요한은 "하늘로부터 오시는 이는 만물 위에 계시나니"(요 3:31)라고 하늘과 하나님을 증거하셨다. 사도 바울은, "우리가 흙에 속한 자의 형상을 입은 것같이 또한 하늘에 속한 자의 형상을 입으리라"(고전 15:49)고 기록한다.

하늘은 외적으로 존재하는 실재일 뿐 아니라 영적인 다차원으로, 내면적이며 초자연적이다. 그러므로 예수님은 "하나님의 나라는 볼 수 있게 임하는 것이 아니요, 또 여기 있다 저기 있다고도 못하니 하나님의 나라는 너희 안에 있느니라"(눅 17:20-21)고 말씀하셨다.

야곱은 "꿈에 본즉 사닥다리가 땅위에 섰는데 그 꼭대기가 하늘들에 닿았고"(창 28:12)라고 하였다. 예레미야는 '천상회의'(Heavenly Council)에까지 참석하는 것을 말했고(렘 23:18), 미가야 선지자는 하늘 보좌에 앉으신 여호와와 천사의 무리가 회의하는 것을 보았다(대하 18:18-21). 어떤 학자들에 의하면, 성경에 나오는 하늘들은 땅의 현실과 대칭구조를 이루는 초자연적 차원이다.

초끈 이론(superstring theory) 학자들에 의하면 10차원의 완전한 전체 우주가 창조의 순간에 6차원의 초현실 우주와 4차원의 현실 우주의 두 우주로 분리되었음을 계산한다. 이것이 21세기의 물리학인 초끈 이론으로, 우리는 대칭구조인 두 개의 우주 중 한쪽 편에 거주하고 있다. 우주 전체는 인간이 상상하기 힘든 10차원의 초복합적 구조이며, 그 중 우리의 우주는 4차원이며, 우리와 대칭되는 쌍둥이인 하늘 우주는 6차원의 구조를 가진다고 본다.[1]

여기서 신학자 신준호에 의하면 "갈라진 6차원의 초현실 우주는 우리의 4차원적 우주와의 초대칭 관계 안에서 물리적으로 상호작용한다. 우리는 이 6차원의 초현실 우주를 성서적 의미의 '하늘'로 그리고 4차원의 현실 우주를 '땅'으로 이해할 수 있다."[2] 그런데 두 우주가 초대칭 관계라고 말할 때, 이는 현실적 우주에 상응할 필요에 따라 초현실적 우주가 생겼다고도 볼 수 있다. 그러나 하나님이 말씀으로 빛과 우주를 창조하실 때 이러한 대칭관계를 초월한다.

---

1 미치오 가쿠, 『초공간』, 최성진, 한용진 역 (김영사, 2001), p.273. 인용: 신준호, 『아픔의 신학』, p.172.
2 신준호, 『아픔의 신학』, pp.172-173.

하버드 대학교 교수인 리사 랜들은 라만 선드럼과 함께 상대성 이론, 양자 역학, 초끈 이론을 뛰어넘을 '여분차원'(extra dimensions) 이론을 발표했다. 『숨겨진 우주』(*Warped passages*)라는 책으로 과학계 베스트셀러를 내며 노벨상 후보로 거론되는 그녀는 "우리가 살고 있는 세계, 우리가 알고 있는 모든 것들은 진정한 세계의 꼬리일 뿐이다"라는 말을 했다. 리사 랜들과 라만 선드럼의 이론의 기본적인 아이디어는 다음과 같다.

우선 세계는 가로, 세로, 높이라는 3개의 공간 차원과 시간이라고 하는 1개의 시간 차원을 합쳐 4차원인 것처럼 보이지만, 실상은 다섯 번째 공간인 5차원이 있다고 한다. 그런데, 이 5차원 공간 자체의 모양이나 그 안에 담긴 에너지 혹은 그 구조가 우리가 살고 있는 4차원에 엄청난 영향을 끼친다는 것이다.

그리고 우리가 우주를 이루고 있다고 여기는 기본적인 힘 네 가지, 즉 중력, 전자기력(전기력과 자기력이 합해진 힘), 약력(우라늄이나 코발트 같은 원소에서 방사능 붕괴를 일으키는 힘), 강력(원자안에서 양성자와 중성자를 단단히 결속시켜주며 모든 원자의 원자핵 형태를 유지 시켜주는 극도로 강한 힘) 중에서 중력이 다른 힘에 비해 극단적으로 약한 이유를 몰랐었다. 실제로 이론 물리학자들을 오랫동안 괴롭혀 온 최대 난제는 왜 중력이 다른 세 가지 기본 힘들에 비해 엄청나게 약하냐는 것으로 요약할 수 있다.

간단한 예를 들어 바닥에 떨어져 있는 옷핀 위에 아주 작은 자석을 가져다 대어도 옷핀이 지구 표면에서 떨어져 자석에 달라붙는 것을 볼 수 있다. 이것은 엄청나게 거대한 지구의 중력보다 아주 작은 자석의 자력이 더 강하다는 것을 보여 준다.

이에 대해서 여분차원에서는 중력이 우리가 살고 있는 4차원 세계 안의 힘이 아니라 5차원에서 오는 힘이기 때문이라고 설명한다. 우리가 살고 있는 4차원 세계는 5차원 막에 매달린 물방울과도 같다. 곧, 4차원 세계는 5차원 공간 속에 떠 있는 막처럼 생긴 물체에 매달린 물방울과 같거나 막이 움푹 팬 수챗구멍 속에 존재하는 것일지도 모른다는 것이다.

신학이 과학을 주도하고 인도하는 것인데 신학적으로 보면 이 세상을 초월하는 물리적인 하늘나라가 존재한다. 이에 대해, 공간을 설명해 주는 '여분차원'은 땅에 속한 우주와 하늘에 속한 초현실적 우주가 있음을 말한다. 세상은 샤워커튼에 매달린 물방울처럼 5차원 막에 매달려 있고, 중력은 5차원 세계에서 작용하는 에너지이기 때문에 지구에서의 중력은 약하다고 추정하기 시작했다. 곧 우리가 살고 있는 이 땅 위의 4차원이 있고, 이를 넘어서 고차원이 있다.

이와 같이 아인슈타인의 상대성이론 이후 100년간 현대과학을 괴롭혀 온 위기에서 탈출시켜 줄 '여분차원' 이론이 조금씩 설명되고 있다. 그 예로, 정확성이 결여된 준결정 물질로 코팅을 해 눌어붙지 않도록 한 프라이팬은 고차원 결정의 3차원 구조와 보통 음식이 갖는 일반적인 3차원 구조 사이의 차이를 이용한 조리기구인데, 이들은 원자 배열이 완전히 다르기 때문에 서로 결합하지 않고 그 결과 음식이 눌어붙지 않는다. 다시 말해서, 중력이 붙게 하는데 음식은 냄비를 잡아당기고 냄비는 음식을 잡아당긴다. 이때 음식과 냄비의 원자구조가 같으면 음식이 눌어붙는다. 그런데 냄비에 음식의 차원과 다른 고차원의 코팅을 해 놓으면 음식이 냄비를 잡아당기려는 중력이 효과가 없으므로 음식이 냄비에 눌어붙지 않는다. 즉, 냄비에 코팅된 준결정은 공간 4차원에서의 결정이기 때문에 우리가 사는 3차원의 어떤 원자들의 구조와는 달라서, 음식이 눌어붙지 않는 냄비가 된다.

같은 맥락에서, 스틸러 같은 비행기는 레이더에 잡히지 않는다. 왜냐하면 레이더에서 나가는 자석같은 파동이 같은 조직의 물체와 결합하여 위치를 식별해 주는데, 이 비행기 표면에는 고차원 결정의 구조 물질로 코팅을 해 놓았기에 그 비행기가 레이더 파동을 잡아당기지 않는다. 그러므로 레이더에 잡히지 않는다.

이러한 고차원결정의 구조는 고차원의 중력의 힘이 실제로 존재한다는 것을 현실 속에서 보여준다. 이는 땅에 속한 우주와 하늘에 속한 우주가 있음을 말해 주고 있다.

지금으로부터 2,500년 전, 플라톤은 우리가 살고 있는 세계가 고차원적인 이상 세계, 즉 이데아의 세계의 그림자라고 주장했다. 하지만 고대 그리스 시대 이후 과학의 발달로 플라톤의 이데아 세계론은 실제 세계를 설명하는 세계관으로는 적합성을 상실했었다. 그러나 고대 원자론을 고도로 발전시킨 현대 입자 물리학자들의 연구는 이제 원자론의 세계에서 벗어나 플라톤의 이데아론을 부활시키는 것과 같은 방향으로 발전하고 있다.

일찍이 플라톤은 동굴의 비유에서, 우리가 사는 이 세상은 참된 빛이 비치지 않는 동굴 내부의 어두운 세계이며, 동굴 밖에는 찬란한 빛의 새 세계가 있다고 하였다. 이로서 그는 우리 4차원 우주의 외부에 또 다른 초현실적 우주가 존재함을 직관하였다. 동굴 입구를 인간의 죄악으로 덮어서 밖에서 비춰고 있는 찬란한 빛을 볼 수 없었지만 이제 빛들의 아버지로부터 오신 예수 그리스도는 인간의 모든 죄악을 옮겨 주었고, 우리는 고차원의 초현실 천국을 경험하게 하셨다. 이 땅 위에서 하나님이 우리와 함께 하시는 것을 우리가 경험하는 것도 초자연적 천국을 맛보며 사는 것이다.

야곱이 꿈에서 땅에 놓인 사다리가 하늘에 닿은 부분을 보았듯이, 이 우주도 땅에 속한 3차원의 공간에 1차원의 시간을 합한 4차원의 현실적 우주와 하늘의 영역에 속하는 6차원의 초현실적 우주를 포함하는 하늘들이 있다.

섹커(Secker)는 말한다.

> 광막한 창공을 바라 볼 때에 당신은 그 모든 빛나는 천체에 놀라움을 금할 수가 없을 것이다. 그러나 이것은 하나님의 온 우주의 한 변두리에 불과하다. 변두리가 이렇게 아름다운데 그 중심의 아름다움은 어떠하겠는가! 하나님이 앉으신 그 보좌의 발등상은 어떠하겠는가!

시공간 4차원의 이 땅 위에 고차원의 하늘이 있음을 21세기 과학자들은 밝히고 증명한다. 1992년 85세로 세상을 떠난 노벨 물리학상 수상자인 데이비드 보옴(David Bohm)도 우주는 이중구조로 되어 있다고 하였다. 그에 의하면 우주는 보이는 우주의 배후에 또 하나의 눈에 보이지 않는 우주가 존재한다.

바울은 "믿음으로 모든 세계가 하나님의 말씀으로 지어진 줄을 우리가 아니니 보이는 것은 나타난 것으로 말미암아 된 것이 아니니라"(히 11:3)고 하였다. 보이지 않는 데서 보이는 것이 나왔다. 보이는 것은 잠깐이요 보이지 않는 것은 영원하다.

변두리 같은 4차원(3차원의 공간과 1차원의 시간)의 우주를 현실적이라 함은 우리가 볼 수 있고 직접 체험할 수 있고 쉽게 이해할 수 있지만, 인간으로서는 5차원을 이해할 수도 없고, 볼 수도, 접근할 수도, 깨달을 수도 없다. 하나님은 무한대 차원이다. 그러므로 마음이 청결한 자가 하나님의 영을 가질 때 하나님을 잘 볼 수 있다.

모든 것의 붕괴되고 깨어지는 경향을 엔트로피라고 간단히 말할 수 있다. 엔트로피(entropy)는 우리가 사는 시공간 4차원에서는 작용하나, 고차원의 하늘에서는 작용하지 않는다. 유에서 무로, 질서에서 무질서로 내려가는 것이 엔트로피다. 깨끗이 청소된 책상도 더러워지고, 산장에 있는 집도 가꾸지 않으면 곰팡이가 피고 부패되어 간다. 지구 창조가 인간의 죄로 인해 부패되었다. 그러나 그리스도는 우리를 "아무것도 아닌 자에서 중요한 자로, 거절당한 자에서 받아들여진 자로 바꾸시는 일"을 이루셨다(벧전 2:10, 메시지성경). 죄가 존재하는 지상에서만 엔트로피가 있다. 썩는다는 것, 부패된다는 것, 죽는다는 것은 죄로 인한 결과이다. 하늘나라에는 인간에게 있는 죄가 없기 때문에 부패되고 썩는 엔트로피가 없다.

이러므로 베드로는 다음과 같이 기록한다.

> 찬송하리로다 우리 주 예수 그리스도의 아버지 하나님이 그 많으신 긍휼대로 예수 그리스도의 죽은 자 가운데서 부활하심으로 말

미암아 우리를 거듭나게 하사 산 소망이 있게 하시며 썩지 않고 더럽지 않고 쇠하지 아니하는 기업을 잇게 하시나니 곧 너희를 위하여 하늘에 간직하신 것이라(벧전 1:3-4).

땅에서는 에너지 효율이 50%라면 천국에서는 에너지 효율이 100%이다. 이러므로 하늘에서는 늙음이나 죽음 자체도 생각할 수 없고 젊음과 영생만이 있다. 하나님이 존재하는 영역은 하나님 자체가 변하지 않기 때문이다.

예를 들어 4차원 우주에서는 사람이 오랫동안 물을 마시지 않거나 먹지 못하면 죽게 되고 힘든 일을 하거나 잠을 자지 못하면 피곤하게 된다. 그러나 5차원 이상의 고차원의 천국은 에너지 소모가 전혀 없는 초자연적인 곳으로 먹고 마시지 않아도 산다. 하나님이 다스리는 영역에서는 에스겔 골짜기의 마른 뼈들이 생명 받아 살아났듯이 그리스도를 믿는 자는 죽어도 다시 살고, 산 자는 영원히 사는 곳이다.

하나님이 다스리는 천국은 우리 가운데도 있다. 필자가 예수님을 영접한 고등학생일 때, 처음으로 며칠 금식기도를 하였다. 신기하게도 전혀 배고프지 않았고, 기쁨이 넘쳐나는 천국을 맛보았다.

인디언 선교사였던 데이빗 브레이너드도 영혼들을 위해 기도할 때 하늘의 능력을 체험했다. 그는 통상적으로 해가 지기 전부터 깜깜해지기까지 시간가는 줄도 모르고 기도하는 기쁨의 극치 속에 있었고, 온 몸이 땀으로 젖었지만 그가 한 일은 아무 것도 없는 것처럼 느낄 때

가 많았다.[3]

여호와를 열망하는 천국 차원에서는 환경을 초월해서 기쁨이 넘치고 에너지 소모가 전혀 없음을 이사야는 다음과 같이 기록한다.

> 소년이라도 피곤하며 곤비하며 장정이라도 넘어지며 자빠지되 오직 여호와를 앙망하는 자는 새 힘을 얻으리니 독수리의 날개치며 올라감 같을 것이요 달음박질하여도 곤비치 아니하겠고 걸어가도 피곤치 아니하리로다(사 40:30-31).

장차 우리가 들어갈 하늘나라에서는 우리를 위해 몸을 입으신 예수 그리스도와 함께, 우리도 영의 몸으로 영원히 함께 산다. 어린양의 피로 구속함을 받은 무리가 하나님의 보좌 앞에서 밤낮 하나님을 섬겨도(계 7:15) 피곤하지 않고, 힘이 샘솟고 기쁨이 넘치는 것도 천국에서 영적 몸을 입고 그리스도 안에서 살기 때문이다. 주님이 계시는 천성은 아픔이나 질병, 늙음이나 사망도 없고, 아침 이슬같이 영롱한 젊음만이 있을 것이라 생각한다. 진실로 하나님은 살아계신 자의 하나님이시다.

---

[3] E.M. 바운즈, 『설교의 능력은 기도에 있다』, 전광규 역 (서울:도서출판하나, 1998), p.74.

차원에 따른 영성 진단

하나님은 높은 차원에서 우리를 훤히 다 보신다.

우리의 "머리털까지 다 세신 바"되었고(마 10:30), 주님 앞에 우리의 모든 것이 감추어진 것은 하나도 없다(시 139:1-12).

초끈이론에서 밝히는 시공을 합한 4차원의 현실적 우주와 5차원부터 10차원까지의 6개 차원의 초현실적 우주에서, 응축된 5차원 이상의 초현실 공간에는 4차원 공간의 내부가 투명하게 열려져 있다. 물속의 물고기는 위를 바라볼 수 없지만 밖에서는 물고기를 잘 관찰할 수 있는 것과 같다.

마찬가지로, 인간의 모든 생각들과 사건들은 영적 고차원의 하늘에 계신 아버지께 남김없이 기억되고 알려진다. 하늘의 생명책에 우리의 이름이 기록된다.

> 감추인 것이 드러나지 않을 것이 없고 숨은 것이 알려지지 않을 것이 없다(눅 12:2).

욥의 시험의 계획과 그 진행과정은 천상에 이미 알려져 있었고, 그리스도의 탄생과 죽음과 부활은 시공간 4차원 세계에 사는 인간들에게 예언되고 통고되며 그대로 이루어졌다.

다니엘같이 하나님 앞에 스스로 겸비케 된 참 자아는 하나님과 진정한 관계 속에 들어갈 수 있다(단 10:11-12). 요셉이 보디발 부인의 유혹을 거절할 수 있었던 것도 하나님이 현실을 지켜보고 계신다는 천상의 실재에 대한 믿음과 경외가 있었기 때문이다. 사도바울은 하나님의 말씀을 전할 때도 진실한 마음과 그리스도의 권위로 했는데 이는 천상에 계신 하나님이 우리를 지켜보고 계심을 알기 때문이었다 (고후 2:17).[4]

놀랍게도, 고차원의 초자연적 하늘과 모든 피조세계를 초월한 하나님의 나라가 성육신하신 예수 그리스도를 통하여 이 땅 위에서도 실현되어 가고 있다. 이러므로 예수님은 그를 영접한 자들에게 천국은 이미 너희 안에 있다고 말씀하셨다.

십자가에 죽어가는 한 강도가 그리스도의 얼굴을 대면할 때, 죄악 속에 살던 낮은 영의 차원을 뚫고 영적 고차원에 이르러, 자신이 어떠한 죄인이었으며 그리스도가 하나님의 아들이심을 알아본다. 그리고 그는 "예수여 당신의 나라에 임하실 때에 나를 생각하소서"라고 겸허하게 믿음으로 나아올 때, 예수님은 "내가 진실로 네게 이르노니 오늘 네가 나와 함께 낙원에 있으리라"하셨다(눅 23:42-43). 낙원은 영적 고차원에 속하는 곳으로서 인간들이 죽은 후 그 영혼이 곧바로 가는 천국으로 생각할 수 있다.

십자가의 성 요한은, 그의 책 『영혼의 어두운 밤』에서 영혼이 하나님과의 사랑의 합일로 완성되는 것을 10층의 기본으로 보았다. 인간의 발달은 더 높은 차원을 향하게 되어 있다. 이러한 차원은 영적으로도 인식할 수 있어야 한다. 인식의 가장 깊은 곳은 성령이 아니고서는

---

[4] "We preach the word of God with sincerity and with Christ's authority, knowing that God is watching us."

이해할 수 없다.

로마에서 고향으로 갈 배를 기다리면서 어거스틴과 그의 어머니는 환상을 통해 하늘나라의 영광을 보았다. 이때, 어거스틴은 다음과 같이 묘사했다.

> 우리의 대화는 육체적 감각이 아무리 강렬하며 아무리 찬란한 물질적 광채 속에 즐기는 것일지라도 모두 비교할 가치조차 없고, 새 생명의 기쁨 외에는 기억할 가치조차 없을 경지에 이르렀습니다. 우리는 그 실체를 향해 더 간절한 열망에 빠져들면서 한 걸음 한 걸음 모든 육체적 피조물들을 가로질러 천상으로 들어갔습니다. 거기서 해와 달과 별들이 지상으로 빛을 비추고 있었습니다. 우리는 내면의 묵상과 주님의 역사에 관하여 경이로운 대화를 통해 거기서도 더 높이 올라가 마침내 우리 마음의 정상에 도달했습니다. 그리고는 그것마저도 초월하여 다함이 없는 풍요의 나라에 도달했습니다.[5]

하나님이 10차원으로 천지를 창조하셨음을 가정하고, 이 차원들을 비유로 우리의 영적차원의 상태를 진단해 볼 수 있다.

돌과 돌이 부딪히는 것은 저 차원이다.

항공기가 산이나 전선줄이나 빌딩에 충돌하는 경우 잘 보이지 않는

---

[5] Augustine, *The Confession*, p.227. 인용, 제럴드 L. 싯처, 『하나님의 뜻』(성서유니온, 2003), p.214.

상태에서 너무 낮게 비행한 경우가 많다. 필자가 군에서 조종훈련을 받을 때, "높게 날아라"는 말을 들었다. 산보다 높은 곳에서 나는 독수리는 사냥꾼에게 잡히지 않는다는 말처럼, 참 자아는 "위엣 것을 생각하고 땅엣 것을 생각지 말라"(골 3:2)는 말씀을 좇는 다.

낮은 차원에서는 영과 영의 관계가 없다. 반면에 성령이 다스리는 영적 차원에서는 우리는 모든 영의 움직임을 감지할 수 있다. 그리스도를 직접 대면하고 삼층천에 올라갔던 사도바울은 그가 전한 복음이 인간의 이성에서 나온 것이 아니라, 그리스도로부터 직접 받은 계시임을 다음과 같이 말한다.

> 이는 내가 사람에게서 받은 것도 아니요 배운 것도 아니요 오직 예수 그리스도의 계시로 말미암은 것이라(갈 1:12).

또한 예수님이 "나와 아버지는 하나이니라"(요 10:30) 하셨을 때, 그리스도는 최고의 영적 차원에 계심을 보여 주셨다. 우리는 주와 합하여 한 영이 되도록 지음을 받았다.

> 존귀에 처하나 깨닫지 못하는 사람은 멸망하는 짐승 같도다 (시 49:20).

그리스도 안에서 깨어 있는 자는, "하늘이 열리고 하나님의 사자들이 인자 위에 오르락 내리락 하는 것"도 보게 된다(요 1:51).

필자의 사무실을 청소해 주는 에인젤이라는 젊은이가 있다. 영어

조금 섞인 스페니쉬로 이야기하는 그의 모습은 어느 그림에 나오는 통통하고 순진무구한 천사의 얼굴을 생각나게 한다. 하루는 그가 필자가 앉은 사무실 안에 황금빛 광채가 비취는 것을 보았다고 하더니 다른 날은 내게 성령의 능력이 충만하게 임하심이 보인다고 했다.

칭찬은 향수 같아서 마시지는 않고 냄새만 맡을 것이지만, 적어도 "마음이 청결한 자는 복이 있나니 저희가 하나님을 볼 것임이요"(마 5:8)라고 하신 예수님의 말씀은 진리이다.

이제 우주의 전체적인 차원을 비유로 참 자아가 속하는 곳이 어디인지 진단해 본다.

우리가 알고 있듯 점은 0차원이다. 0차원의 궤도에 속한 사람은 한 점 먼지같고, 무가치함과 열등감의 포로가 되어 있다. 본래 정금같은 인간이 흙같이 되었다.

점이 모여 선을 이루는데 선은 일차원이다. 1차원은 두 점 사이를 잇는 선이다. 두께도 넓이도 없는 가상선인 1차원 선상의 궤도에 속한 사람은 허상적 자아를 가졌다. 실재 존재하지 않는 자아를 가지려다가 우울증에 시달린다.

수십 년 전 통계에 의하면 미국인 여성의 70%가 실재하지 않는 비너스같이 되지 못해 우울증에 빠져 있다고 한다. 텔레비젼 방송에 출연한 한 미스유니버스 출신 여성도 자신의 몸에 불만족한 부분이 있다고 말했다. 많은 사람들이 실재가 아닌 허상에 시달린다. 성경은 이 세상에 그러한 허상이 존재하지 않음을 밝히 보여준다. 현실을 벗어나 환상의 결혼을 꿈꾸는 부부들은 존재하지 않는 사랑의 허상으로 인해 우울하다. 사랑의 신기루를 따라가다가 가정이 파괴되기도 한다. 결혼이란 허상이 아니라 서로 예수 그리스도의 형상을 반영하게 되는 인생학교이다. 부부갈등이 있어도, 옛 자아가 죽은 남편과 아내는 "(동일한) 생명의 은혜를 유업으로 함께 받을"(벧전 3:7)자들로서 주 안에서 한 몸을 이룬다. 이들은 "서로 용납하여 피차 용서"하는 삶을 산다. 혹 결혼이 십자가의 죽음에 이르는 경우는 부활의 영광으로 나온다. 이들에게는 성령의 열매인, "사랑과 희락과 화평과 오래 참음과 자비와 양선과 충성과 온유와 절제"가 나타난다(갈 5:22-23).

그리스도의 형상을 이루어 가는 자아는 허상이 아닌 진정한 실체이다. 생명 되시는 그리스도가 참된 실체(Reality)이시기 때문이다.

선들이 모여 평면을 이루는데, 평면은 2차원이다. 평면의 세계는 두개의 차원으로 이루어진 세계이다. 앞, 뒤, 그리고 좌우만이 존재한다. 2차원에 속한 사람은 3차원의 사물에 대한 개념이 없고 이해도 할 수 없다. 2차원의 사람들에게는 6면체나 둥근 공들에 대한 개념이 없다. 사람을 의미하는 라틴어 '호모 사피엔스'란, 위를 우러러보며 사는 것을 말하는데, 평면차원에서는 아예 위도 없고 아래도 존재하지 않는다. 타조가 자신의 머리를 모래에 묻고 꼬리는 못 감추는 어리석은 짓을 하듯이 이 평면차원에 머문 사람은 아무도 위에서 자신의 행동을 보지 못할 것이라 생각한다. 그러나 영적 고차원에 살았던 다윗은 성령으로 다음과 같이 고백한다.

주께서 나의 앉고 일어섬을 아시며 멀리서도 나의 생각을 통촉하시오며, 나의 길과 눕는 것을 감찰하시며 나의 모든 행위를 익히 아시오니, 여호와여 내 혀의 말을 알지 못하시는 것이 하나도 없으시니이다(시 139:2-4).

    2차원 평면에, 3차원에 속한 손가락이 닿을때 평면차원에 사는 사람은 평평한 점밖에 볼 수가 없다. 이 평면의 세계에서, "선 밖으로 사라졌다"는 말은 죽었다는 것을 의미한다. 2차원적인 상태에 머문 사람은 영생이나 천국도 상상할 수가 없다.

    위나 아래를 구별할 수 없는 평면인 2차원의 사람은 납작하게 눌려 있다. 그 사람의 생각과 감정과 행동들도 실타래처럼 얽혀 눌려 있다. 영혼이 프레스에 눌린 철판같이 되어 그 영혼의 얼굴의 형체도 알아볼 수가 없다. 죄악과 수치와 두려움과 열등감에 눌려 있다. 상처와 한에 가위 눌리며 분노와 슬픔 가운데 탄식하기도 한다. 악한 영은 이러한 사람들을 자신의 노예로 만들려고 한다.

    3차원은 면으로 만들어지는 입체로 공간을 포함한다. 보통 인간이 감지할 수 있는 것이 3차원 공간이다. 3차원 공간에 속한 사람은 시간 개념이 없으므로 과거를 돌이켜 본다든가 미래를 소망할 수 없다. 이러한 3차원에 속박되어 있는 자는 육에 속한 자연인(ψυχικός)이다. 이 세상에서 살다 죽으면 그만이라 생각하며 영원한 본향을 모른다. 이들은 식욕과 정욕에 지배되는 감각적인 본성을 가진 자이다. 개미 무리들이 모래 더미를 쌓느라 쉴 새 없이 움직이듯, 영적 3차원에 속한 자연인은 이 세상에 모래더미를 쌓는 것보다 더 중요한 일이 있는지 알지 못한다. 어리석은 부자같이 자기를 위하여 재물을 쌓아두고 하나님께 대하여 부요치 못한 자가 이와 같다(눅 12:16-21). 자연인은 오관적 만족만 추구하며 사는 사람이다.

> 육에 속한 사람은 하나님의 성령의 일을 받지 아니하나니 저희에게는 미련하게 보임이요 또 깨닫지도 못하나니 이런 일은 영적으로야 분변함이니라(고전 2:14).

그렇지만 하나님의 법이 그들의 마음에 새겨졌고 양심을 통해 나타나는데, 요한 웨슬리는 이것을 하나님의 선험적 은총(prevenient grace)이라고 말했다.

3차원에 시간이 더해진 4차원에서 인생은 자신의 날들을 생각하며 창조자를 생각하게 된다. 인간은 죄로 인해 영적으로 죽은 상태이므로 그리스도를 영접하여 성령으로 거듭나지 않고는 성령께서 역사하시는 4차원의 세계에 들어갈 수 없다.

영으로 거듭나야 하는 다른 이유는 우리는 하나님의 형상으로 지어진 영적인 존재이지만 죄악으로 그 영이 손상되었기 때문이다.

하나님이 예수님과 함께하시는 표적을 본 니고데모가 예수님을 찾아 왔을 때, 예수님은 "진실로 진실로 네게 이르노니 사람이 거듭나지 아니하면 하나님 나라를 볼 수 없느니라"고 하셨다. 또한, "사람이 물과 성령으로 나지 아니하면 하나님 나라에 들어갈 수 없느니라…육으로 난 것은 육이요 성령으로 난 것은 영이니 내가 네게 거듭나야 하겠다 하는 말을 기이히 여기지 말라"(요 3:3-7)고 말씀하셨다.

니고데모와 예수님의 이야기는 거듭남이 처음에 태어나듯이 영적으로 태어나는 것을 의미한다. 이것은 인간에게 가장 중요한 경험적 사실이다. 회개하며 그리스도를 믿고, 성령에 의해 거듭날 때, 3차원 궤도를 벗어나 4차원 궤도로 진입하게 된다.

이러한 4차원 궤도에 속한 사람은 아직 그리스도 안에 있는 어린 아이로서, 성령의 일은 잘 모르는 육신에 속한 자($\sigma\alpha\rho\kappa\acute{o}\varsigma$)이다. 이들은 마음에 쓴 뿌리가 있고 생명 없는 육체의 일들이 현저하다(갈 5:19-21). 이들은 원통함을 풀지 못하고, 용서를 받거나 주기에도 자유롭지 않다. 용서는 이 세상의 낮은 차원에서는 쉽지 않지만, 고차원의 영적 하늘나라에 속할 때 하나님의 사랑과 능력 안에서 자연히 용서가 일어난다.

이 4차원 세계에서는 아직 육신에 속한 자들의 세계로서, 전통적인 7가지 죄들이 현저하다. 교회 역사상 널리 인정해 온 일곱 가지 대죄는 교만, 질투, 분노, 나태, 탐욕, 폭식, 호색이다. 슬픔 또는 우울은 8개 항목으로 이후에 추가된 것이다. 그레고리 대제(A.D. 540-604)는 이 죄들이 "일상적인 삶의 조건 속에서 영혼을 통상적으로 파괴한다"고 하였다.

육신에 속한 자는 타인의 인정과 칭찬에 목말라 하고, 다른 사람의 시선이나 판단에 아주 민감하다. 이들은 그리스도를 통해 자기를 나타내려 하지만, 자신을 통해 그리스도를 나타내려 하지는 않는다. 곧, 이들에게는 다른 사람이 나로 말미암아 그리스도를 어떻게 생각하느냐가 중요하지 않고, 남들이 그리스도로 말미암아 나를 어떻게 생각하느냐가 더 중요하다.

4차원의 궤도에 머물러 있는 사람은 본궤도와 맞닿아 있으나 미끄러지고 결합하지 못한다. 성전 뜰에는 와 있으나 아직 성전 안에는 들어가지 못한다. 나비로 탈바꿈을 하지 못한 번데기처럼, 아직도 하나님의 형상을 회복하지 못하고 어둠속을 맴돈다. 사랑과 희락과 화평

같은 성령의 열매가 없고 음행과 호색과 분냄과 질투 등 육신의 일들이 보인다.

인공위성이 대기권을 벗어나야 달에도 가고 화성에도 가듯이, 사람도 자신이 갇힌 죄악의 공간에서 벗어나야 영적 고차원으로 진입하여 하나님의 자녀들로 나타난다. 현재 이 세상에서 자신이 갇힌 옛 자아 곧 거짓자아의 공간과 시간에서 벗어나 그리스도가 다스리는 천국의 영역과 영원으로 들어갈 때 천국을 이미 그 안에서 체험하며 살게 된다. 우리가 1차원의 시간과 3차원에 속한 한의 공간, 열등감의 공간, 불신과 교만의 공간, 정욕과 탐욕의 공간, 염려와 근심, 죄와 사망의 공간에서 벗어나야 한다. 예수님은 이러한 공간에 갇힌 사람들을 해방시키고 자유케 하려고 이 땅에 내려 오셨다.

> 주의 성령이 내게 임하셨으니 이는 가난한 자에게 복음을 전하게 하시려고 내게 기름을 부으시고 나를 보내사 포로 된 자에게 자유를, 눈 먼 자에게 다시 보게 함을 전파하며 눌린 자를 자유케 하고(눅 4:18).

이 3차원의 죄악된 공간에 갇혀 있던 우리가 예수 그리스도를 통해 자유함을 얻고 천국 차원으로 들어갈 때, 그곳은 빛과 사랑이 언제나 넘친다. 성령이 역사하는 그곳에는 하나님의 자녀들이 거하며 그 울타리에는 사랑과 희락과 화평의 열매들이 주렁주렁 맺힌다.

이와같이 육신의 차원에 안주하지 않고, 성령을 좇아 초현실적 우주의 하늘에 속하는 영적 5차원으로 진입해야 본궤도로 올라온다.

중력과 전자력의 힘이 작용하는 5차원은 초현실적 우주로서 영에 속한 신령한 자(πνευματικός)들이 사는 영역에 비유할 수 있다. 이들은 오직 예수 그리스도의 피로 속죄함을 받고, 하나님의 본체가 임재하시는 거룩한 곳으로 들어 올 수 있게 되었다.

폴 투르니에(Paul Tournier)에 의하면 인간의 성숙에는 단계가 있다고 하였다. 영적으로 낮은 차원에 속한 사람들은 자기 것만 챙기고 자신만 알며, 자기 생각으로만 가득하고, 자신이 무엇을 소유해야만 만족하는 자들이다. 그러나 5차원 이상의 고차원에 속한 사람들은, 초월적 존재에 대한 인식 속에서 기쁨과 행복을 누리는 자들이다. 이들은 환경에 상관없이 하나님 한 분만으로도 만족하며, 영적 비밀(Μυστήριον)을 가지고, "세상에서 썩어질 것을 피하여 신의 성품에 참여하는 자"가 되었다(벧후 1:4). 하나님은 영원 전부터 우리로 하여금 그리스도의 형상을 본받도록 정하셨음을 바울은 다음과 같이 기록한다.

> 하나님께서는 전부터 아셨던 사람들을 그분의 아들과 동일한 형상을 갖도록 미리 정하시고(롬 8:29, 쉬운성경).

여기서 정한다는 말인 헬라어 프로리센(προώρισεν)은 결정하고(행 11:29), 결심한다는 부정 과거형으로 한 번 정함으로 영원히 작정한 것을 가리킨다.

존 스토트는 우리가 그리스도의 형상을 본받게 영원전부터 미리 정하심을 받은 것은 하나님의 영원한 목적이라고 하였다. 누가 하나님의 자녀인지 알 수 있는 증거는 그 사람에게서 그리스도의 형상이 드러나느냐 아니냐에 달려 있다.

사과씨앗이 자라서 나무가 되며 사과를 맺듯이, 그리스도가 생명인 참 자아는 관점과 목표와 태도와 모든 면에서 그리스도를 닮아가게 된다. 누군가 말했듯이, 태양의 빛 가운데 거하는 새싹이 완전에 도달하는 것과 마찬가지로, 하나님의 빛 가운데서 행하는 영혼은 완전하게 된다.

야곱은 4차원 궤도의 육신에 속한 자로 이름이 말하듯 속이는 자였다. 그러나 하나님을 만나 씨름하며, 자신의 옛 자아를 상징하는 환도뼈가 부러질 때, 하나님의 형상인 참 자아로 거듭나며, 5차원에 진입하게 되었다(창 32:25-28). 성령이 다스리는 5차원에서는 외부의 복을 따라가는 것이 아니라 복의 근원이 된다.

5차원에서는 다음과 같이 하나님의 사랑을 깨달아 실천한다.

> 믿음으로 말미암아 그리스도께서 너희 마음에 계시게 하옵시고 너희가 사랑 가운데서 뿌리가 박히고 터가 굳어져서 능히 모든 성도와 함께 지식에 넘치는 그리스도의 사랑을 알아 그 넓이와 길이와 높이와 깊이가 어떠함을 깨달아 하나님의 모든 충만하신 것으로 너희에게 충만하게 하시기를 구하노라(엡 3:17-19).

여기서 지식에 넘치는 그리스도의 사랑은 넓이와 길이, 높이와 깊이가 있는 4차원이며, 이곳에 1차원의 시간을 더하면 그의 사랑은 5차원이 된다. 그리스도께서 우리 마음에 계시는 5차원에서는 5차원적 사랑을 한다. 그리고, 그리스도의 "사랑 안에서 참된 것을 하여 범사에" 우리의 머리 되시는 그리스도에게까지 자란다(엡 4:13-15). 중심에서 용서하고, 자신의 관용을 모든 사람에게 알게 한다.

어릴 때 상처를 입은 한 자매는 자신을 스스로 지키지 않으면 소멸될지도 모른다는 위기 속에서 언제나 자신을 남과 비교하면서 괴로워했다. 이 자매는 다른 사람이 9개의 진주를 가지고 있고 자신은 하나밖에 가진 것이 없을 때, 시기하고 질투하며 괴로워했다. 만일 이 자매가 하나님의 형상을 이루는 5차원에 들어서게 되면, 생각과 느낌과 행동과 영이 성령을 따라 새로워진다. 이때 그녀는 9개의 진주를 가진 사람을 질투하는 것이 아니라 하나님의 큰 사랑 안에서 자신이 가지고 있는 유일한 진주도 그 이웃에게 기쁨으로 줄 수 있게 된다.

이러한 5차원에서는 에크하르트가 말하는 초탈의 경지에 이르게 된다. 에크하르트는 완전한 '놓임'(release) 곧, 완전한 자유의 상태를 다음과 같이 설명한다.

완전히 초탈된 사람은 어떤 것에도 관심(마음)을 빼앗기지 않으며, 어디에 속하거나 있으려 하지도 않으며, 무엇을 가지려 하거나 되려고 갈망하지도 않는다. 그는 다만 자기 자신(존재) 그대로 있으려 하며… 오직 하나로 동일하게 존재하기를 원한다.

일찍이 시편기자는 이러한 초탈된 상태를 다음과 같이 노래했다.

여호와여 내 마음이 교만치 아니하고 내 눈이 높지 아니하오며 내가 큰 일과 미치지 못할 기이한 일을 힘쓰지 아니하나이다. 실로 내가 내 심령으로 고요하고 평온케 하기를 젖 뗀 아이가 그 어미 품에 있음 같게 하였나니 내 중심이 젖 뗀 아이와 같도다(시 131:1-2).

이러한 상태가 될 때 우리는 우리의 순수한 근원이요 원천인 하나님께 돌아오게 되며, 우리의 영혼에는 하나님의 신성의 모습이 비치게 된다.

영적으로 5차원에 들어설 때, 우리는 그리스도의 피 흘림을 통해 하나님의 임재 안으로 들어가게 된다.

> 그 길은 우리를 위하여 휘장 가운데로 열어 놓으신 새롭고 산 길이요 휘장은 곧 저의 육체니라(히 10:20).

6차원에서는 그리스도의 영 안에서 주의 영광을 바라보며 그리스도와 같은 형상으로 더욱 더 변화된다. 대주교 램지는 다음과 같이 말했다.

> 인류는 그리스도를 통하여 하나님의 영광의 광채뿐만이 아니라 인간의 참된 형상을 보도록 허락되었다. 그리스도의 백성들은 현재 그의 형상으로 변화되어 가고 있다. 그리고 새 인간으로의 이러한 변화에 힘입어 그들은 하나님의 형상으로 지음 받은 피조물로서의 그들 본래의 지위와 의미를 깨달아간다.

지금도 그리스도의 사람들은 성령으로 말미암아 작은 예수처럼 변화되고 있다.

우리가 다 수건을 벗은 얼굴로 거울을 보는 것같이 주의 영광을 보

매 저와 같은 형상으로 화하여 영광으로 영광에 이르니 곧 주의 영
으로 말미암음이니라(고후 3:18).

우리가 주의 영광을 보며 그와 같은 형상으로 변화할 때, 우리의 속
사람이 변하고 본질과 실재가 변화한다. 존 스토트는 성령에 의해 우
리가 현재 그의 형상으로 변화되어 가는 것을 하나님의 역사적인 목
적이라 했다. 이러한 변화는 요한 웨슬리가 말한 성화(sanctification)의
단계에 이른다.

우리가 주의 영광을 보매 저와 같은 형상으로 화하여 영광에 이르
는 길에 대해 죠셉 파커(Joseph Parker)는 다음과 같이 말한다.

아침마다 기도하는 일과 아침마다 하늘을 향하여 있는 창문을 내
다보는 일을 통해 우리의 얼굴이 날마다 만들어진다. 온갖 미덕과
고결함은 그것들이 하늘에 계신 하나님과 이 땅 위의 진리를 위하
여 사용되어질 때 성장하는 것이다.

그리스도를 증거하는 스데반의 얼굴이나 여호와를 대면한 모세의
얼굴에는 초자연적인 빛이 환하게 비추었고 변화산에 오르신 예수님
의 얼굴은 해같이 빛났다. 그리스도인은 인격적인 변화를 겪을 때, 하
늘의 영광을 경험하게 된다.

갈등해결 시간에 한 학생이 질문을 했다. "교수님, 남편과 아내가
전혀 닮은 것이 없을 때 어떻게 해야 합니까?" 부부가 아무것도 닮은
것이 없어도 그리스도의 형상을 이루어가는 자에게는 성령 안에서 사

랑할 공간과 힘이 생긴다. 그리스도의 계명을 지키고 거룩한 가운데 그리스도와 연합한 자는 그리스도의 사랑이 그 존재 전체를 감싸고 끊을 수 없는 사랑이 배우자에게 넘쳐 흘러간다. 이러한 부부는 서로 돕고 하나님이 주신 사명을 이루어 간다. 또한 이들은 하나님의 속성을 나타내고 천국의 기쁨을 경험한다.

영적인 6차원에 속할 때 우리는 그리스도의 마음과 눈으로 세상을 본다. 또한 이 땅의 4차원에 속한 모든 문제들을 그리스도의 은혜와 능력으로 이기게 된다. 이러므로 예수님은 "너희가 세상에서 환난을 당하나 담대하라. 내가 세상을 이기었다"고 하셨다. 베토벤(Beethoven)은 음악가에게는 생명같은 청력을 잃어버리는 위기를 만났지만, 그는 오히려 그러한 운명을 목조이고 불후의 명작을 남기며 그리스도의 형상을 이루어갔다.

사람은 이 세상 차원에서는 자신 안에 있는 상처와 염려와 욕심과 슬픔과 후회와 원망과 한탄 등의 팔자타령으로부터 자유롭지 못하다. "만일 당신이 그렇게 하지 않았다면…만일 내가 그 사람을 만났더라면…만일 그런 일만 없었더라면…"하고 후회하고 원망한다.

그러나 세상차원을 벗어난 초현실적 우주인 천국 차원에서는, 예수를 믿음으로 하나님의 영광을 본다. 그리스도를 믿음으로 새가 사냥꾼의 올무에서 벗어나듯 자신을 덮어씌운 모든 올가미에서 벗어나게 된다. 슬픔으로 신음하던 자는 이제 기쁨으로 하나님을 찬양하게 된다. 세상에서 상실과 죽음의 위기에서 사람들은 보통 '나는 아니야'라고 그 고통스런 상태를 부인한다. 그 다음에는 '왜 내가'라고 하며 분노한다. 그 후 '그러나…'라고 하며 협상한다. 분노가 자신에게 향할 때 자신을 한탄하고 우울해지면서, '할 수 없지'라고 체념하며 수용하게 된다. 그러나 그리스도의 형상을 이루는 참 자아는 고난 중에 하나님께 나아가서 지금까지도 지켜주신 하나님 보좌 앞에 나아가 오히려 감사함으로 기도한다. 그리고 모든 어려움을 알리며 고난 가운데서도 "주를 더욱 더욱 찬송하리이다"(시 71:14)라고 다짐한다. 자신의 기력이 쇠하여 다한 날, 세상을 떠나는 시간이 다가왔을 때도, 참 자아는 더욱 더 힘을 내어, "내 영혼이 천년만년 영원토록 쉬지 않고 주님을 찬송하리라"고 선포한다.

가상적이든 실질적인 것이든 어떤 것을 상실한 것에 대해서는 슬픔이 따른다. 잃어버린 사진, 원하는 아이를 갖지 못함, 사랑하는 이를 잃어버림과 같은 것들은 마음 아픈 슬픔을 가져온다. 슬픔은 없어진 것 같다가도 밀물처럼 몰려 올 때가 많다. 그러나 어떤 상실과 아픔도 사랑의 하나님과 연합할 때, 치유되고 온전케 된다. 치유(Healing) 또는 온전함(Wholeness)이라는 말은 모두 같은 어원인 라틴어 '연합한다'(*holos*)에서 나왔다.

본회퍼는 "하나님의 계명을 순수한 마음으로 따르는 자만이 완전한 자유와 주님의 교제를 즐긴다"고 하였다. 이렇게 하나님의 계명을 지키는 거룩한 자들은 하나님의 영과 연합되는데, 이는 오직 하나님의 은혜 안에서 이루어진다. 하나님과 연합된 자는 누구나 자기를 수용할 수 있는데, 이는 하나님께 수용된 자신을 스스로도 받아들이게 되기 때문이다. 이렇게 그리스도와 연합하여 온전케 된 자들은 슬픔대신 기쁨을, 재 대신 화관을 받고, 근심 대신 찬송을 부르게 된다.

무한대와 영원성을 상징하는 8자형 뫼비우스 밴드가 양면이나 실제는 한 면으로 계속 이어지듯이, 참 자아는 그리스도와 분리될 수 없는 상호관계 속에서 한 영이 되어 영원한 사랑의 춤을 춘다. 그리스도를 볼 때 하나님 아버지가 보이고, 참 자아를 볼 때 그리스도가 드러나야 한다. 참 자아는 그리스도와 떨어질 수 없기 때문이다. 그리스도가 내 안에, 내가 그리스도 안에 있을 때, 나는 빛나는 하나님의 자녀로 나타난다. 기도하는 것마다 응답되고, 하나님의 영광이 나타난다.

6차원에서 영적 7차원으로 가는 길목에 우리는 내면의 성인 일곱 번째 궁방을 지나게 된다. 아빌라의 테레사는 영적발달의 최고 단계를 내면의 성의 일곱 번째 궁방이라고 불렀다(내면의 성이란, 하나님께로 가는 내면의 여정을 설명하기 위해서 사용한 상징이다). 이 단계에서 1572년에 테레사는 그리스도와 하나로 연합하는 은혜의 체험을 통해서, "작은 시냇물이 바다로 흘러 들어가듯이" 그리스도로부터 떨어질 수 없게 되었다(『내면의 성』, 제8장 2).[6]

아빌라의 테레사에 의하면, "영혼의 깊은 곳을 관통하여 완전한 자아 인식을 얻은 우리는 하나님 자신이 거하시는 일곱 번째 방에 도달한다. 그때 우리는 하나님과 연합하게 된다. 이는 완전한 합일로 현세에서도 가능하다. 그리하여 우리는 그분의 빛과 사랑에 참여하게 된다."[7] 그녀는 완덕의 절정을 다음과 같이 설명했다.

우리의 의지를 하나님의 의지와 일치하게 함으로써 하나님이 원

---

6 The Collected Works of St. Teresa of Avilla, vol. 2.
7 아빌라의 테레사,『내면의 성』, 황혜정 역 (서울:요단, 2011), p.24.

하시는 것인 줄 알면서도 우리가 원하지 않는 것이 없게 되는 것, 그리고 하나님이 원하시는 일이라는 것을 알면 아무리 괴롭고 슬픈 일이라도 기쁜 일을 행할 때처럼 행복하게 행하는 데 있다.[8]

내일을 생각하는 것은 내일이 있기 때문이고, 그리스도를 간절히 열망하는 것은 그리스도가 다시 오시기 때문이다. 그리스도를 열망하며 일곱 번째 궁방에서 기다리던 영혼은, 그리스도가 나타나실 때 영적 7차원에 들어가게 된다. 마지막 나팔에 우리가 순식간에 홀연히 다 변화할 때,

이 썩을 것이 불가불 썩지 아니할 것을 입겠고 이 죽을 것이 죽지 아니함을 입으리로다(고전 15:53).

이때, 우리는 그리스도와 같이 변화되어 그의 형상을 완성한다. 요한은 다음과 같이 기록한다.

사랑하는 여러분, 이제 우리는 하나님의 자녀입니다. 앞으로 우리가 어떻게 될지는 아직 밝혀지지 않았습니다만, 그리스도께서 나타나시면 우리도 그와 같이 될 것임을 압니다. 그때에 우리가 그를 참모습 그대로 뵙게 될 것이기 때문입니다(요일 3:2, 표준새번역).

---

[8] *The Collected Works of St. Teresa of Avilla*, vol. 3.

이때, 죄 많은 피조물인 우리는 예수 그리스도와 같이 된다. 지금은 거울을 보는 것같이 믿음으로 주를 바라본다. 그러나 그가 나타나실 때 우리는 그의 얼굴을 대하여 볼 것이요 그의 형상을 닮아가는 우리의 변화는 완성될 것이다. 존 스토트는 그분과 같게 되는 것이 하나님의 최종적인 종말론적 목적이라 하였다. 이것은 그리스도인들이 체험하는 영화(glorification)의 단계이기도 하다.

그리스도는 지옥의 늪에서 눌리고 탄식하던 우리를 사로잡아 천국까지 올려 주셨다.

> 그러므로 이르기를 그가 위로 올라가실 때에 사로잡힌 자를 사로잡고 사람들에게 선물을 주셨다 하였도다. 올라가셨다 하였은즉 땅 아랫 곳으로 내리셨던 것이 아니면 무엇이냐 내리셨던 그가 곧 모든 하늘 위에 오르신 자니 이는 만물을 충만케 하려 하심이니라 (엡 4:8-10).

'충만케 하다'라는 헬라어 말에는 '완성하다'라는 뜻도 있다. 사로잡힌 자를 사로잡아 인도하여 내시며 생명과 자유를 주신 주님은 7차원에서 그의 참모습을 보여 주시며, 우리에게 그의 형상이 완성되게 하신다. 그리스도가 다스리시는 천국은 빛과 사랑이 언제나 넘친다.

> 이는 보좌 가운데 계신 어린 양이 저희의 목자가 되사 생명수 샘으로 인도하시고 하나님께서 저희 눈에서 모든 눈물을 씻어 주실 것임이러라(계 7:17).

제6부

하나님의 영광과
찬송이 되는 참 자아

예수 그리스도로 말미암아 의의 열매가 가득하여 하나님의
영광과 찬송이 되게 하시기를 구하노라(빌 1:11).

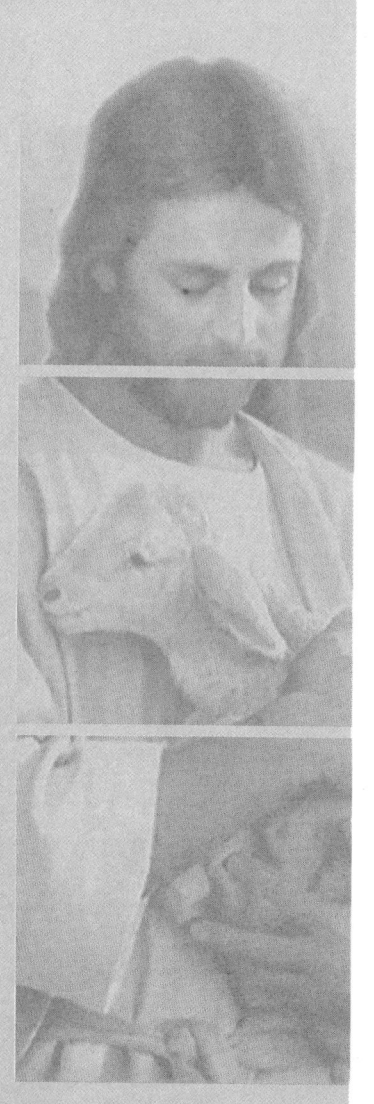

Discovering
Your True Self
in the Image of
Christ

제 17 장

하나님께 영광 돌리는 참 자아

> 이는 만물이 주에게서 나오고 주로 말미암고 주에게로 돌아감이
> 라 영광이 그에게 세세에 있으리로다 아멘(롬 11:36).

그리스도의 형상을 이루며 살았던 넬슨 만델라가 95세의 나이에 본향으로 돌아갔다. 그가 타계하자 91개국의 정상들이 그의 장례예배에 참석하고 세계 여러 나라 사람들이 애도했다. "천사가 떠났다"라며 슬퍼하는 할리우드 스타들이 있었는가 하면, 한 백인 기자는 넬슨 만델라에 대해, "그는 그리스도와 같다"라고 하였다. 그는 27년을 감옥에서 보내게 되었지만, 고난의 밤중에서도 하나님의 형상인 참 자아를 잃지 않고 드러냄으로 하나님께 영광을 돌릴 수 있었다.

자네트 오키(Janette Oke)의 소설 『안나』(*The Measure of a Heart*)에서 안나는 그 당시 시골에서 여자로서는 최고의 학부라 할 수 있는 중학교를 가장 우수한 성적으로 졸업하였다.

집안과 농사일을 돕느라 1년 정도는 학교에 나가지 못했지만, 졸업하고 나서는 아예 학교에 갈 수 없는 것이 그녀는 슬펐다. 그녀는 엄마 일을 돕기 위해 서둘러 뛰어나가기 전, 벽에 걸린 거울 조각에 얼굴을 비춰 보았다. "예쁘지 않아"라고 생각하며 몸에 대한 열등감을 떨쳐버릴 수 없었다.

그 후, 안나는 자신이 사는 시골 교회에서 잠시 만났던 젊은 목사 오스틴과 결혼한다. 그녀는 남편의 목회에 큰 힘이 되어 주었음에도 오히려 자신의 한계를 느끼고 자신을 쉽게 받아들이지 못했다. 안나는 사모로서 자신의 능력이 부족하다는 사실에 짓눌려 살았다. 자신이 무가치하다는 사탄의 속삭임에 귀기울였던 날들이 많았다.

그때 그녀를 어릴 때부터 사랑해 준 앵거스 사모님이 안나를 가까이 끌어당겨 부드럽게 속삭였다.

> 사랑하는 딸아, 꼭 기억하거라. 너의 가장 크고 중요한 일은 너 스스로를 찾는 일이야. …넌 지혜롭고 총명한 아이란다. 그 정도면 충분해. 다른 모든 것까지 다 잘하려고 하지 말거라…그저 계속… 안나로 남아 있으면 되는거야. 안나야, 너를 하나님께 드리거라. 네 모든 것을. 그분께서 너를 만든 그 모습 그대로.

이 말씀이 그녀의 마음 밭에 심기어졌다.

그날 이후 안나는 기도하고 말씀을 묵상하면서 참 자아를 찾아간다. 안나는 조용한 시간을 이용해서 남편 오스틴의 설교 원고를 읽으며, '힘도 아니고 능력도 아니고 오직 성령으로 되는'(슥 4:6)것과, '하나님의 능력이 약한 데서 온전하게 됨'(고후 12:9)을 깨닫는다.

남편의 설교는 다음과 같이 이어진다.

> 그분은, 단지 그분이 창조하신 모습 그대로의 여러분을 요구하실 뿐입니다. 그분은 우리가 누구이며 무엇인지를 결정하셨습니다. 우리의 능력, 기질, 재능을 결정하셨습니다. 이제 우리가 결정할 차례입니다. 우리의 가진 모든 것을 온전히 그분께 돌려드릴 각오가 되어 있는지를 말입니다.

우리를 창조하셨고 사랑하시는 하나님께 우리의 사랑과 헌신을 드리기로 선택할 때, 그분은 우리의 작은 것을 통해 큰 일을 이루심을 안나는 깨닫는다. 아주 작은 오병이어일지라도 주님께 드릴 때 5천명이 먹고도 열두 광주리에 남았고, 다윗의 손에서 드려진 돌멩이 하나는 온 이스라엘 군이 두려워 떨었던 골리앗을 쓰러뜨렸다. 아무리 하찮은 것도 믿음으로 하나님께 드려질 때 하늘의 영광을 발한다. 이러므로 안나는 다음과 같이 주님께 순복한다.

> 여기에 나의 작은 것이 있습니다. 주여, 이것을 내팽개치시든지 깨뜨려 버리시든지 아니면 그냥 던져 버리시든지 주님이 적절하다고 판단되는 대로 하십시오.

이러한 고백을 하면서 안나는 눈물이 앞을 가려 원고를 읽기가 어려울 지경이었지만, 마침내 그녀는 자신의 있는 그대로를 하나님께 드릴 수 있었고 자유를 얻었다.

안나가 다음과 같이 기도할 때, 그녀의 눈물은 기쁨의 눈물로 바뀌었다.

> 오, 하나님. 저는 모든 것이 부족한 사람입니다. 너무 무능력해요. 재능도 적고요. 하나님이 만드신 모습 그대로 저 자신 안나를 받아들일 수 있도록 도와주세요. 하나님이 저에게 주신 모습 그대로 하나님이 만족하시다면 저도 역시 그 모습 그대로 받아들일 수 있도록 도와주세요. 이 모습 이대로 하나님께 되돌려 드릴 수 있게요. 나의 모든 것, 나의 '작은 것들'을요. 적절하다고 생각하시는 곳에 그것을 사용해 주세요. 주님 이제 자유롭게 해 주세요…[1]

하나님과 함께 하나님을 위해 살 때 하나님은 나의 청중이 되신다. 안나가 자신을 하나님께 맡기며 주님께 영광돌리는 기도를 할 때, 잔잔한 평화가 안나의 온 몸을 휘감았다. 하나님이 그녀의 기도를 들어주셨다는 느낌이 깊이 다가왔다. 안나가 이렇게 하나님을 대면함으로 참 자아를 찾기 시작할 때, 온몸에 따뜻함과 평화로움이 물결쳐 왔다. 이미 그녀는 거룩하신 하나님을 기뻐하며, 영광의 찬송을 올려드리고 있었다.

오스 기니스(Os Guinness)는 『소명』에서, 하나님은 우리가 '본연의 자아'가 되도록 부르고 '우리의 존재에 걸맞은 일'을 할 수 있도록 부르

---

[1] 자네트 오키, 『안나』, 박기웅 역 (서울:생명의말씀사, 1992), pp.295-303.

신다고 하였다.[2] 우리는 하나님의 소명을 좇음으로써 창조때부터 계획되어 있었던 체질화된 존재가 된다. 고유한 소명에서 벗어나 있는 것은 마치 몸에서 뼈가 탈골된 것과 같다. 그래서 인생의 마지막에 다음과 같이 말할 수 있는 사람은 행복하다.

"여보게, 우리는 주님이 우리에게 기대했던 대로 행동했고, 이제 여기에 묻히노라고 우리 주님께 전해다오."

주님을 따르고 그의 형상을 이루어 가는 참 자아는 천국을 누리며 하나님의 능력과 영광을 체험하게 된다.

R. 타고르의 『기탄잘리』에 다음과 같은 서정시가 나온다.

> …그러자 느닷없이 님은 오른손을 내미시고는 말씀하시기를, 그대는 내게 줄 무엇을 가졌는가? 아, 거지에게 구걸을 하시려고 님은 님의 손바닥을 펴시다니 그건 또 얼마나 왕자다운 농이었겠습니까? 나는 얼떨떨해 멍하니 서 있다가, 그제사 내 전대에서 한 작디 작은 곡식의 낟알을 미적미적 꺼내어선 님에게 드렸지요. 그러나 그날도 저물어 내가 마루 위에 자루를 털었더니 그 초라한 무더기 가운데 한 작디 작은 황금의 낟알을 발견하게 될 줄이야. 그 때 내 놀라움은 얼마나 컸겠어요. 나는 몹시 울었지요. 님에게 나의 전부를 바칠 마음을 내가 내었더라면 얼마나 좋았을까.

하나님의 것인 우리의 몸을 하나님께 돌려 드릴 때, 하나님의 영광

---

[2] 오스 기니스, 『소명』, 홍병룡 역 (서울:IVP, 2000), p.80.

을 발한다.

그러므로 형제들아 내가 하나님의 모든 자비하심으로 너희를 권
하노니 너희 몸을 하나님이 기뻐하시는 거룩한 산 제사로 드리라
이는 너희의 드릴 영적 예배니라(롬 12:1).

영원불멸하시고 보이지 않으시는 하나님,
다가갈 수 없는 빛 가운데 거하시는 하나님,
만물이 주에게서 나오고 주로 말미암고
주에게로 돌아가니
주님께 영광이 영원히 있나이다.

제레미 린(Jeremy Lin)은 대만계 미국인으로 하버드대 경제학과에서 공부했다. 졸업후 골든스테이트 워리어스 팀에 입단하지만, 성적이 저조했다. NBA의 높은 벽을 넘지 못하고 린은 반년만에 방출되고 만다. 그후 휴스턴 로케츠 팀에 입단하지만 2주만에 다시 방출된다. NBA 입단을 결정한 자신의 선택을 후회하며 좌절한 린은, 그제야 비로소 자신과 하나님의 관계에 눈을 돌릴 수 있었다.

내 삶의 모든 중심은 내가 얼마나 농구를 잘하는지 증명하는 것에
있었다. 그러나 이제부터 내가 증명해야 하는 것은 오직 하나님의
영광이다.

2011년 12월 말, 다짐과 동시에 뉴욕 닉스 팀이 그에게 손을 내밀었다. 여전히 벤치 신세의 연습생이지만 그에게 달라진 것이 있었다. 하나님의 영광을 추구하는 자만이 가지는 자유함이 있었다. 그동안 모른척 하고 싶었던 현실과 팀 동료들을 볼 수 있었고 이 모든 것이 하나님의 영광을 위한 최적의 환경임을 깨닫게 된다. 그렇게 그는 서서히 준비되어갔다. 하나님을 의뢰하고 하나님을 위해 농구를 하니 더 좋았다. 경기가 거듭될수록 그를 중심으로 팀이 빛을 내었다. 2월 15일 6연승에 도전하는 뉴욕 닉스는 토론토 랩터스 팀과 만나게 된다. 마지막 회, 87:87 동점 상황에서 린은 종료 10초 전에 골을 넣어 팀을 승리로 이끌었다. 하부리그를 전전하며 자신의 실력을 증명하려 했던 작은 체구의 동양인 린, 승리를 결정짓는 그의 마지막 골은 골대를 향한 것이 아니라 바로 하나님의 영광으로 향한 것이었다.

'하나님'이 쓰시는 '나'에서 '나'를 쓰시는 '하나님,' 그 하나님의 영광을 구하는 것이 삶의 중심이 되어 그로 하여금 자유롭게 경기장을 누빌 수 있게 하였다. 승패와 인기에 상관없이 그는 오늘도 하나님의 영광을 쏘기 위해 경기장으로 향한다.

하나님께 영광 돌리는 자는 그 안에서 또한 영광을 누리게 된다.

> 우리 하나님과 주 예수 그리스도의 은혜대로 우리 주 예수의 이름이 너희 가운데서 영광을 얻으시고 너희도 그 안에서 영광을 얻게 하려 함이니라(살후 1:12).

인생이란 주께로부터 나와서 주로 말미암고 주께로 돌아가는 것이다. 우리 생의 목적은 오직 하나님께 영광을 돌리는 것이다.

"사람의 제일 되는 목적이 무엇인가"라고 묻는 웨스트민스터 소요리 문답 1항의 답은, "하나님을 영화롭게 하는 것과 영원토록 그분을 즐거워하는 것입니다"이다. 존 파이퍼는 하나님을 즐거워하는 것이 곧 하나님의 영광을 위해서 사는 것의 핵심이라고 하면서, 웨스트민스터 소요리 문답 1항을 다음과 같이 읽을 것을 제안한다.

> 우리는 하나님을 영원토록 즐거워함을 통해서 하나님을 영화롭게 할 수 있다. 즉, 하나님이 최고로 영광을 받으시는 것은 우리 인간이 하나님을 최고로 즐거워할 때이다.

사랑하는 자식이 기뻐할 때 아버지의 마음도 즐겁다.

필자에게 찾아온 한 대학생은, 왜 주님을 기뻐하라 했는지 이해가 안 된다며, '신을 위한 기쁨조'가 되라는 것인가라고 반문하였다. 그리스도가 사는 참 자아는 자연히 주 안에서 기뻐한다. 이러한 기쁨 속에 하나님의 영광이 나타난다. 우상이 아닌, 하나님을 즐거워하는 자는 참된 기쁨을 누리며, 주님의 영광을 찬미한다.

> 그 기쁘신 뜻대로 우리를 예정하사 예수 그리스도로 말미암아 자기의 아들들이 되게 하셨으니 이는 그의 사랑하시는 자 안에서 우리에게 거저 주시는 바 그의 은혜의 영광을 찬미하게 하려는 것이라(엡 1:5-6).

히브리 단어 '카보드'(*kabod*)는 영광으로 번역되며 이 단어의 어원은 '무겁다'는 것과 관련되었다. 영광은 그 밀도와 크기에 있어서 무겁다. 아이폰이나 인터넷은 속도를 자랑하지만 현대인들은 깊이가 없다. '아멘'을 하여도 마음이 따라가는 아멘, 삶이 뒷받침되는 아멘이 아니고, 가벼운 '립 서비스'에 그칠 때가 많다. 인격의 깊이와 무게가 없으니 영광이 없다. 영광이라는 단어는 무거움, 위대함, 풍부함을 의미한다. 이 단어는 사람이 가지고 있는 어떤 내적이며 고유한 것을 의미하기도 한다. 때로는 내적 영광의 발산과 나타냄을 의미한다. 이 단어는 일반적으로 탁월함, 존귀함 혹은 존경받을 가치가 있는 것을 의미한다. 마음 중심에서 용서를 하고, 변치 않는 사랑을 하는 사람은 하나님의 영광을 반사한다. 이러므로 바울은 이렇게 기도했다.

> 내가 기도하노라 너희 사랑을 지식과 모든 총명으로 점점 더 풍성하게 하사, 예수 그리스도로 말미암아 의의 열매가 가득하여 하나님의 영광과 찬송이 되게 하시기를 구하노라(빌 1:9-11).

영광은 종종 빛의 발산으로 인한 빛남을 의미한다(고전 15:41). 하나님의 영광인 참 자아는 자신의 원천인 하나님으로부터 나오는 의와 생명의 빛, 그리고 사랑의 빛을 발한다. 이때, 주님은 영광을 받으신다(시 22:23).

인류는 거짓 자아를 벗고 진정한 자아인 '하나님의 아들들'로 나타나기를 바라며, 썩어짐의 종노릇 한 데서 해방되어 하나님의 자녀들의 영광의 자유에 이르기를 열망했다(롬 8:19, 21). 이를 위해서 그리스도는 우리를 위해 죽으시고 부활하사 우리 안에 계시며, 우리의 모든 열망들을 이루어주시며 우리에 대한 자기의 사랑을 확증하셨다.

이뿐 아니라 하나님은 슬퍼하던 우리를 기쁘게, 상처입은 우리를 영광스럽게 변화시켜 주신다.

> 무릇 시온에서 슬퍼하는 자에게 화관을 주어 그 재를 대신하며 희락의 기름으로 그 슬픔을 대신하며 찬송의 옷으로 그 근심을 대신하시고 그들로 의의 나무 곧 여호와의 심으신 바 그 영광을 나타낼 자라 일컬음을 얻게 하려 하심이니라(사 61:3).

주님은 우리에게 어떤 때는 꿈을 통해서도 치유의 기쁨을 경험하게 하신다. 필자에게는 네 살 위인 권오연이라는 이름의 형이 있었다. 형은 어머니가 나를 잉태했을 때부터 동생이 태어나면 제일 좋은 것을 주겠다고 말했다고 한다. 형은 그 말대로 나에게 늘 제일 좋은 것을 주었고 죽음을 마주한 위험한 상황에서도 나를 구했다. 희생적 사랑으로 나를 유학시켜 주었다. 나뿐 아니라 이웃에게도 작은 예수와 같았던 형은 31살의 나이로 결혼도 못한 채 세상을 떠났다. 이제 그가 본향으로 떠난지 30년이 되어가는 이때에 필자는 그의 결혼식에 참석하는 꿈을 꾸었다. 합동결혼식인지 신랑들만 10여 명 서 있는데 양복을 입은 건강하고 잘생긴 형을 찾아 사진 찍을 때 형도 반가워 했다. 이제 그는 우리의 신랑되시는 그리스도의 영원한 신부가 된 줄 믿는다.

이러한 꿈도 슬픔을 희락으로 대신하여 주시는 우리 주님께서 허락하신 것이 아닐까? 성령 안에서 우리의 영들이 시공간을 초월해서 다

통할 때가 있다면, 이 땅에서 슬픔가운데 떠난 그의 영이 이제는 신랑 되신 그리스도 안에서 기뻐한다는 뜻인가? 다 알 수는 없지만, 꿈을 통해서도 주님은 내면의 깊은 상처를 영광으로 변화시켜 주심을 볼 수 있다.

하나님은 우리로 "그의 영광의 찬송"이 되게 창조하셨다(엡 1:12). 이는 이사야 선지자가 예언했던 바와 같다.

> 내게 이르시되 너는 나의 종이요 내 영광을 나타낼 이스라엘이라 하셨느니라(사 49:3).
> 그들은 나의 심은 가지요 나의 손으로 만든 것으로서 나의 영광을 나타낼 것인즉(사 60:21).
> 우리는 거하든지 떠나든지 주를 기쁘시게 하는 자 되기를 힘쓰노라(고후 5:9).

사도바울은 로마서 전반에서 인생이 무엇이고 어떻게 살아야 하는가를 살펴보면서, 모든 영광과 주권이 오직 하나님께 있다고 결론내린다.

> 이는 만물이 주에게서 나오고 주로 말미암고 주에게로 돌아감이라 영광이 그에게 세세에 있으리로다 아멘(롬 11:36).

영광은 인간이 아닌 오직 하나님께만 돌려야 한다.

헤롯이 영광을 하나님께로 돌리지 아니하는 고로 주의 사자가 곧 치니 충이 먹어 죽으니라(행 12:23).

우리의 존재도, 구원도, 우리가 받은 각양 좋은 은사와 온전한 선물도 모두 위로부터 주에게서 나오고 주로 말미암고 주에게로 돌아가기에 오직 하나님께만 영광을 올려드려야 한다.

만일 누가 말하려면 하나님의 말씀을 하는 것같이 하고 누가 봉사하려면 하나님의 공급하시는 힘으로 하는 것같이 하라 이는 범사에 예수 그리스도로 말미암아 하나님이 영광을 받으시게 하려 함이니 그에게 영광과 권능이 세세에 무궁토록 있느니라 아멘(벧전 4:11).

그리스도의 형상을 드러낼 때 하나님은 영광받으신다.

필자가 프린스턴에서 공부할 때, 한 자매가 필자의 아이를 보고 아빠와 꼭 닮았다고 할 때 기뻤다. 아버지는 누구든지 친구들로부터 '너 자식 잘 두었다', '너를 꼭 닮았다'라는 말을 들으면 즐겁다. 이때 자녀는 아버지께 영광을 돌려 드린다.

참 자아가 하나님의 형상을 드러낼 때 아버지 하나님은 자신의 아름다움을 보듯이 그의 자녀인 당신을 보고 기뻐하시며 영광을 받으신다. 들의 백합화는 백합화로서 하나님을 영화롭게 하듯, 우리는 하나님이 지어주신 그대로 씩씩하게 살 때 하나님께 영광을 돌려 드린다.

우리가 갈등과 상실의 상황에 부딪칠 때도 해야 할 질문은 다음과 같다. 내가 이 상황에서 오직 하나님을 영화롭게 하기를 원하는가? 내가 고난의 풀무 속을 지나면서도 오직 하나님의 영광의 찬송을 부르고 있는가? 요셉은 정욕이 들끓는 청년의 때에 여인의 유혹을 받았지만 '내가 어찌 하나님 앞에 범죄하리요'라며 피하였다. 그러할 때 하나님은 어디서나 그와 함께 하셔서 그의 삶을 통해 큰 영광을 받으셨다. 참 자아는 '내 뜻대로 마시고 아버지 뜻대로 되어지이다'라고 순종하며 항상 하나님을 영화롭게 한다.

어떤 환난이나 고초를 겪을지라도 하나님의 사랑의 결정체인 참 자아는 "이 모든 일에 우리를 사랑하시는 이로 말미암아 우리가 넉넉히 이기느니라"(롬 8:37)고 고백하며 하나님께 영광의 찬송을 올려 드린다. 하나님은 참 자아의 영광이 되신다.

> 오직 여호와가 네게 영영한 빛이 되며 네 하나님이 네 영광이 되리니(사 60:19).
>
> 그 영화로운 이름을 영원히 찬송할지어다 온 땅에 그 영광이 충만할지어다 아멘 아멘(시 72:19).

어느 날 석양이 지는 오후 늦게 집 언덕의 송판들로 된 울타리 아래 잎이 무성한 나무들을 자르고 있었다. 그런데 땅 표면 가까이 송판 울타리와 수풀로 어두운 구석에 무엇인가 반짝이는 것이 보였다. 금도 아닐 텐데, 궁금해서 나무를 헤치고 보니 놀랍게도 판자 울타리 아래 갈라진 부분이 있었고, 그 울타리 반대편에 있던 석양의 태양빛이 그 좁은 틈을 통해 막 쏟아져 들어왔다. 우리의 인생이 판자같이 깨어졌다 하더라도 그리스도로부터 솟구치는 생명과 기쁨이 그 깨어진 틈새로 밀물같이 들어올 때 우리 영혼의 언덕에는 하나님의 영광이 찬란히 빛난다.

> 성부 성자 성령께
> 찬송과 영광 돌려보내세
> 태초로 지금까지 또 영원무궁토록
> 성삼위께 영광 영광.

하나님의 영광을 반사하는 산 돌

무엇이나 만들어진 것은 지어진 목적을 위해 쓰여질 때 본래의 것이 되고, 의미가 있으며 가치가 있다. 우리가 피아노를 만들어서 그것을 덮어 둔 채, 책상으로만 사용하든지 식탁으로만 사용한다면 만들어진 목적에 맞지 않다. 피아노 뚜껑을 열어 음악을 만들고 그 아름다운 음악이 연주될 때 진짜 피아노로서의 목적을 다하는 것이다.

귀는 몸에 붙어 있어 귀의 역할과 기능을 할 때, 귀가 된다. 귀가 배의 역할을 할 수는 없다. 우리의 몸은 '그리스도의 지체'요 '성령의 전'으로서, 우리의 것이 아니다. 우리 몸은 음란, 쾌락, 우상을 위해 존재하는 것이 아니라 오직 주를 위해 있으며, 주는 몸을 위하신다. 하나님의 것인 우리의 몸과 영혼은 오직 하나님의 영광을 위해 존재한다.

자신을 하찮게 봄으로 자신의 존재 목적을 떠나는 일이 없어야 한다. 사람은 모두가 다 동일하게 하나님의 형상인 보배로운 존재들이다. '당신은 너무 별 볼일 없어서 당신이 하는 일은 아무 차이도 만들지 못하며, 당신의 행동은 알려지지 않을 것인데 왜 당신은 당신이 즐기는 대로 살지 않느냐'라고 마귀는 속삭인다. 사람의 영광을 빼앗고, 모호하게 하는 데 있어서 이보다 나쁜 것은 없다. '네 마음대로 해라, 하나님이나 사람도 너와 네 자신에 대해 관심을 두지 않는다'라고 꾀는 마귀의 유혹에 넘어가는 자는 자신의 행위가 인생이란 제방에 난 작은 구멍처럼 되어 그 둑이 터진다.

하나님의 형상인 사람은 결코 하찮게 여김을 받지 않는다. 나약할 때, 오히려 주님이 함께하사 온전하게 된다. 베드로는 변덕스럽고 하찮은 삶을 살아왔었다. 그런데 예수님이 오셔서 그에게 베드로라는 이름을 주셨다. 그 이름은 '견고한 돌'이라는 뜻이다. 그는 성령 안에서 자신이 '견고한 돌'이라면 예수는 보배로운 산 돌이 되심을 깨달았다 (벧전 2: 4-5). 예수가 보배로운 산 돌이면 그리스도로부터 난 우리도 산 돌이 된다. 산 돌같은 사람은 그리스도의 성품과 형상을 드러낸다. 산 돌인 참 자아 안에는 악독이 없다. 어두운 데서 나와서 빛 가운데 거한다. 비탄과 절망의 홍수에서 익사할 지경에도 주님은 우리를 건져내어 희락과 소망과 영생의 땅으로 옮겨 주신다. 상실과 한과 원망과 분노의 지옥에서 허우적거리는 영혼도 주님은 생명줄로 건져내어 회복시켜 주시며, 하나님의 사랑과 기쁨과 화평의 천국으로 옮겨주신다.

여러 해 전 그랜드 캐년을 방문하여 협곡을 바라보았다. 수천 년이 흐르며 허리케인과 홍수와 불로 협곡 언덕 위의 휴지나 나뭇가지 같은 것들은 모두 사라져 버렸다. 그렇지만 큰 바위 오목한 곳에 붙은 듯이 얹힌 돌은 마치 엄마 품에 고이 안긴 아기같이 요동하지 않고 있었다. 언제 태풍이나 불이 지나갔느냐는 듯 아무런 해함도 없이 빛을 내고 있었다.

이 광경은 기초돌이신 그리스도 안에 있는 참 자아는 어떤 고난 가운데도 요동하지 않고 부끄러움을 당치 않음을 생각나게 했다. "하나님은 연약한 영혼들이 그 위에서 안식할 수 있도록 하는 바로 이 목적을 위해서 이 보배로운 돌을 시온에 두셨기 때문이다"(Leighton). 천만년의 슬픔과 고난의 불길에 데인 영혼이라도 그리스도 안에서 정금같이 나온다. 왜냐하면 산 돌인 그리스도의 품에 안긴 작은 산 돌인 우리를 하나님이 영원한 팔로 안으시며, 성령이 그의 형상으로 변화시켜 주기 때문이다.

돌의 본성은 영속하고 진실하다. 만물보다 부패한 것이 사람의 마음이나 돌은 부패하지 않고 오래 참고 강하며 변치 않으시는 하나님의 특성을 보여 준다. 특히 산돌이신 그리스도는 반석같은 정복할 수 없는 힘이 있고 영원히 우리가 설 기초가 되신다. 예수님을 상징하는 돌은 자연에 있는 암석보다는 보석의 원석이나 머릿돌을 가리킨다.

휴스톤에 있는 자연 박물관에서 본 보석의 원석들은 청색, 적색 등 신비하고 아름다운 빛을 발하고 있었다. 금강석이라고도 불리는 다이아몬드는 천연광물 중 가장 단단하다. 다이아몬드는 화씨 1,400도 이상에서 완전히 연소되어 순도가 높아진다. 실제로 다이아몬드가 형성되는 곳은 땅속 깊이 130킬로미터 아래에서이다. 그리고 다이아몬드가 잘라진 각도에 따라 색깔이 정해지고 광채가 다르다. 진짜 다이아몬드와 가짜는 보기에는 같아보여도, 시간이 지나면 가짜는 닳아 없어져 버린다. 그러나 진짜 다이아몬드는 견고하게 그대로 있다.

예수 그리스도를 비유한 돌은 특출하고 영광을 받은 돌을 가리킨다. 성경에서 예수 그리스도는 산 돌로(a living stone) 비유되었다. '산 돌'은 실제로 유대인들 사이에 메시아를 상징한다. 구약에서는 장차 오실 메시아이신 그리스도를 '모퉁이의 머릿돌'(시 118:22), '사람의 손으로 하지 아니한 뜨인돌'(단 2:34)에 비유하였다. 손대지 아니한 '뜨인돌'이 나와서 우상을 쳐서 부서뜨렸듯이, 우리 참 자아의 원래의 형상이신 그리스도는 모든 거짓 자아를 부수고 참 자아가 나오게 한다.

> 주 여호와께서 가라사대 보라 내가 한 돌을 시온에 두어 기초를 삼 았노니 곧 시험한 돌이요 귀하고 견고한 기초돌이라 그것을 믿는 자는 급절하게 되지 아니하리로다(사 28:16).

그리스도는 사람들에게는 버림받은 돌이었으나, 하나님께는 택하심을 입은 '모퉁이의 머릿돌'(마 21:42), '생명수의 반석'(고전 10:4), 보배로운 산 돌이다. 또한, 메시아이신 예수를 비유하는 '산 돌'은 예수님이 부활하신 것이 확실한 사실이며 예수님이 영원한 생명을 주는 교회의 초석이 되심을 시사한다. 예수 그리스도는 최고의 힘을 가진 산 돌이시다.

우리의 생명이신 그리스도 앞에 나아오는 자는 누구든지 산 돌이 된다. 죽은 돌로서 살다가 그리스도께 나아와 산 돌이 된 이어령 씨는 "길가에 버려진 돌"이라는 시로 주님을 찬양했다.

길가에 버려진 돌

나는 길가에 버려진 돌
잊혀진 돌

비가 오면
풀보다 먼저 젖는 돌
서리가 내리면 강물보다 먼저 어는 돌

바람 부는 날에는
풀도 일어서 외치지만
나는 길가에 버려진 돌

조용히 조용히
눈감고 입 다문 돌

가끔 나그네의 발부리에 채여
노여움과 아픔을 주는 돌
걸림돌

그러나 어느날 나는 보았네
먼 곳에서 온 길손이 지나다
걸음을 멈추고

여기 귓돌이 있다 하였네

마음이 가난한 자들을 위해
집을 지을
귀한 귓돌이 여기 있다 하였네

그 길손이 지나고 난 뒤로 부터
나는 일어섰네 눈을 부릅뜨고
입 열고 일어섰네

아침 해가 뜰 때
제일 먼저 번쩍이는 돌
일어서 외치는 돌이 되었네.

참 자아는 보배로운 산 돌이신 그리스도로 말미암아, 버려진 돌에서 선택받은 돌, 죽은 돌에서 산 돌이 되어 하나님의 찬송을 선포한다. 베드로전서가 기록될 당시, 로마에서 네로 황제의 핍박 속에 그리스도인들은 숨어서 예배했다. 교회를 알릴 수도 없었다. 신의 성품에 참예한 삶으로 전도할 수밖에 없었다. 사도 베드로는 이러한 참 자아가 산 돌처럼 신령한 집으로 지어지기를 원하며 다음과 같이 기록한다.

사람에게는 버린 바가 되었으나 하나님께는 택하심을 입은 보배로운 산 돌이신 예수에게 나아와 너희도 산 돌 같이 신령한 집으로 세워지고 예수 그리스도로 말미암아 하나님이 기쁘게 받으실 신령한 제사를 드릴 거룩한 제사장이 될지니라(벧전 2:4-5).

보배로운 산 돌인 예수께 우리 작은 산 돌들이 연결 될 때, 신령한 집으로 세워진다. 로스엔젤레스 근교 산타모니카 지역에 지진이 났을 때, 집들이 흔들리고 파손되었다. 지진공사를 위해 관계당국에서는 집집마다 기둥을 볼트로 조이며 머릿돌에 연결시키라는 지시를 내렸다. 이와 같이 우리도 우리의 머릿돌이신 예수 그리스도께 연결될 때, 어떠한 삶의 지진에도 요동하지 않는다. 또한, 산 돌같이 신령한 집으로 세워지며 다른 그리스도인들과도 주 안에서 하나가 된다. 어떤 분이 자신의 집을 증축할 때의 이야기를 다음과 같이 들려주었다. 건축자들이 땅 속 깊이 시멘트로 머릿돌 곧 기초석을 만들더니 그 위에 기둥을 세워서 건물전체가 균형이 잡히게 하더라고 말했다. 마찬가지로 머릿돌 곧 '기초돌'이신 예수 그리스도께 연결된 자는 어떠한 삶의 지진에도 요동하지 않는다. 이 돌을 의지하고 신뢰하는 자는 버림을 당하지 않는다.

한 건축가가 집을 짓고 있었다. 일층은 잘 지었는데, 이층은 아무리 지으려 해도 문제에만 부딪혔다. 목재소에서 가져온 재료들이 전혀 맞지 않았다. 왜 그런가 하고 이유를 살펴보니 그들이 두 개의 설계도로 일하고 있었기 때문이었다. 이유를 찾은 그는 과거의 설계도를 버리고 두 번째의 새로운 설계도에 따라 건축에 성공했다.

인생의 집을 세워가는 우리도 우리의 원래의 형상이신 그리스도의 설계도에 따라 집을 지을 때, 형통하게 된다. 산 돌 된 사람은 자신을 죽은 자 가운데서 다시 산 자같이, 의의 병기로 하나님께 드린다. 그리고 하나님이 기뻐하시는 거룩한 제사장이 된다.

인치주 시인은 "산 돌처럼"이라는 시로 신령한 제사를 드리는 산 처럼 살기를 원했다.

산 돌처럼

한평생 살아도
깨닫지 못할
주님의 영원한
사랑을 깨달았네

병든 자 고치고
가난한 자 돌보며
산 돌처럼 살다가신
그 분이 계셨기에

예수님 날 위해
십자가 졌네.
부족한 이 못난 돌도
산 돌처럼 살다가리

나같은 죄인을

거둬 주시니
주님의 사랑과
복음을 전하며 살리

한평생 살아도
깨닫지 못할
주님의 영원한
사랑을 깨달았네

부족한 이 못난 돌도
산 돌처럼 살다가리

예수님 죽어도
다시 사셨네.
죽었던 이 못난 돌도
산 돌처럼 살다가리

누가 필자의 호를 묻는다면 주저없이 생석 곧 '산 돌'이라 하겠다. 오직 하나님의 은혜 안에서 우리는 모두 영광스럽고 거룩한 산 돌이 되었기 때문이다. 빛나는 산 돌이신 예수께 연결된 작은 산 돌로서 다음의 시를 지어 영원히 주님을 찬송한다.

산돌

사람이 버린 돌,
십자가에서 깨어진 돌이
모퉁이의 머릿돌 되었네.

이 돌은
뭇 돌의 원형인 돌,
생명의 원천인 돌
뭇 돌을 살리는 돌

이 보배로운 산 돌이
자기 몸을 깨시고,
그의 생명의 씨 꺼내
내게 심어 주셨네

그의 생명 받은 나
그의 형상 이루며
산돌로 거듭나
그의 찬송이 되네

하나님께 택함 입은
보배로운 산돌 안에서

내 죽은 돌 사라지고

빛나는 산 돌로 나타나네

이 돌은 예수가 생명인 돌

이 돌은 그리스도가 부활인 돌

이 돌은 내가 사나 내가 아닌 그리스도가 사는 돌

이 돌은 하나님의 지혜과 기쁨이 샘솟는 돌

이 돌은 하나님의 사랑과 능력이 나타나는 돌

이 돌은 하나님께로 부터 난 돌

산 돌인 예수와 연결되어

신령한 집으로 세워지는 산 돌

빛나는 산 돌 되었네.

제 18 장

하나님을 기뻐하는 참 자아

여호와를 기뻐하는 것이 너희의 힘이니라(느 8:10).

어떤 힌두 원주민이 선교사를 찾아와 말하기를 "얼굴을 빛나게 만드는 약을 내게 좀 주십시오"라고 했다. "도대체 그게 무슨 말입니까?" 하고 선교사가 묻자, 그 원주민은 말했다. "당신들 그리스도인들은 한결같이 빛나는 얼굴을 하고 있다는 걸 내가 잘 알고 있습니다. 그러니까 그것 좀 달란 말입니다."

참 자아에게 사는 것은 그리스도니 주로 말미암아 기쁘다. 주님만이 열망하는 전부이니 그를 기뻐한다. "저희가 주를 앙망하고 광채를 입었으니 그 얼굴이 영영히 부끄럽지 아니하리로다"(시 34:5). 앙망하는 하나님을 마음과 목숨과 뜻을 다해 사랑하고 이웃을 내 몸같이 사랑할 때, 천성에도 맞아 기쁨이 넘친다.

기쁨의 원천은 예수 그리스도시다. 이러므로, "주 안에서 항상 기뻐하라 내가 다시 말하노니 기뻐하라"(빌 4:4)고 하였다.

로스앤젤레스에서 교회를 섬기는 한 목사님은 자기가 섬기는 교회 건물이 나무들로 둘러싸여 있다고 했다. 그런데 비가 오면 빗물이 나뭇가지를 타고 유리창을 통해 교회 안 카펫을 적신다고 하였다. 그는 이 문제를 해결하기 위해 전문가를 불러 문제가 되는 나무를 제거 하고 배수 공사를 하였다. 그런데 그 공사를 담당하는 사람이 말하기를, "목사님, 위에서 새는 물은 막을 수가 있어도 밑에서 솟는 물은 막을 수가 없습니다"라고 하더라고 말했다. 마찬가지로, 우리의 원천인 주님으로부터 오는 "물은 그 속에서 영생하도록 솟아나는" 치유와 기쁨과 지혜와 능력의 샘물이다.

우리의 생명과 능력인 그리스도는 우리와 항상 함께 계시니 우리는 고난 중에도 기뻐할 수 있다. 우리 인간의 힘으로는 항상 기뻐할 수 없다. 우리의 거짓 자아는 죽었고 이제 내 안에 내가 아닌 그리스도가 사시니 그로 말미암아 항상 기뻐할 수 있다. 우리 존재의 원천인 그리스도로 부터 샘솟는 기쁨은 환경을 초월한다. 그리스도가 사는 참 자아의 다른 이름은 기뻐하는 자이다. 하나님의 형상인 참 자아는 하나님을 기뻐하면 기뻐할수록 힘이 넘친다.

걱정을 하여서 잠을 이루지 못한 새는 없다. 염려로 이마에 주름이 생긴 참새를 본적은 없다. 하나님의 자녀는 아버지 하나님 안에서 종달새처럼 기뻐 노래한다. "나는 엄마 품에 안긴 아기보다 더 큰 기쁨으로 하나님께 속해 있는 자신을 종종 본다"라고 로렌스 형제는 말하였다.

허드슨 테일러는 자신이 모든 것 되신 예수님과 연합되었음을 깨달고 그 진리를 깨달은 기쁨을 다음과 같이 말했다.

> 포도나무와 가지의 비유에 대해 생각하고 있을 때, 거룩하신 성령께서 내 영혼에 엄청난 빛을 쏟아 부어 주셨다. 나는 그간 주님으로부터 수액과 충만을 받아내려고 한 것이 얼마나 큰 잘못이었는가를 깨달았다. 그분은 나를 떠나지 아니하실 뿐만 아니라 내가 그분의 몸의 지체이며 그분의 살과 뼈의 일부임을 깨달았던 것이다.[1]

그리스도의 지체된 증거는 그리스도로부터 오는 기쁨이다.

칼뱅은 말하기를, 그리스도야말로 우리들이 어떠한 상황 가운데서도 기뻐할 충만한 근거가 되신다고 하였다. 고통당하는 자들도 여호와를 바라볼 때 기뻐한다. 그리스도가 원형적 원천인 참 자아는 여호와를 기뻐할 때, 힘이 솟는다.

프랑스의 신학자 샤르댕은 말하였다.

> 우리는 기쁨을 통해 하나님의 임재를 가장 잘 맛볼 수 있다.

비처(Beecher)는 다음과 같이 말했다.

> 그리스도인 여러분, 선한 사람이 되는 것만이 당신의 본분이 아니라 빛을 발하는 것도 당신의 본분이다. 당신의 얼굴에 지닌 빛 가

---

1 로저 스티어, 『허드슨 테일러』, 유종석 역 (서울: 두란노, 1990), p.76.

운데서 기쁨의 빛은 바다의 가장 먼 곳까지 도달한다. 풍파를 만나 해안을 찾고 있는 선원들이 처해 있는 그 먼 바다까지 말이다. 가장 깊은 고통 가운데서도 하나님 안에서 기뻐하기 바란다. 파도가 인광을 발하는 것처럼, 당신은 영혼의 슬픔의 진동을 통하여 기쁨의 빛을 발하도록 하라.

하나님을 찬송하는 시로 주의 영광을 드러낸 화니 크로스비(Fanny Crosby)는 예수 그리스도 안에서 참 만족을 찾았다. 그녀는 말한다.

> 태어난 지 약 6주가 되었을 때, 난 병이 들었고 눈의 시력이 너무 떨어져서, 나를 담당했던 사람들은 내 눈에 습포를 댔다. 그들의 지식과 기술 부족으로 나는 영원히 시력을 잃었다. 그들이 말하기를 나는 나이가 들어갈수록 친구들의 얼굴이나 들판의 꽃들, 또는 푸른 하늘이나 아름다운 황금빛 별들을 결코 보지 못할 것이라고 했다. 곧 나는 다른 아이들이 소유한 것이 무엇인지를 알았다. 그러나 나는 '만족'이라고 하는 작은 보물을 내 마음에 담아 두겠다고 속으로 다짐했다.[2]

그녀가 실제로 다음의 찬양 시를 썼을 때는 여덟 살이었다.

---

[2] Fanny Crosby의 전기, Trevena Jackson, *This is My Story, This is My Song* (Emerlad House, 1997).

난 얼마나 즐거운 영혼을 지녔는가!

비록 내가 볼 수는 없지만

난 이 세상에서

만족하려고 결심했네.

얼마나 많은 복을 내가 누리는지,

다른 이들에게는 이 복이 없으리

내가 장님이기에 울고 한숨짓는 일

난 할 수 없으리, 하지 않으리.³

주 안에서 솟아나는 기쁨은 우리를 둘러싼 모든 어둠과 슬픔을 몰아낸다. 화니 크로스비에게 한 기자가 "화니, 당신이 눈만 뜰 수 있다면 얼마나 좋을까요?"라고 묻자 그녀는 천국에 올라갔을 때의 장면을 내다보며 대답했다. "글쎄요, 장님이어서 좋은 점은 맨 처음 볼 얼굴이 예수님의 얼굴이라는 것입니다."

참 자아는 예수님만을 열망하고 그를 기뻐한다. 그리스도가 그 안에 사는 자의 증거는 기쁨이다. 우울함은 그리스도인의 미덕이 아니다. 슬픈 성자는 없다. 하나님이 진실로 당신의 삶과 존재의 중심이 된다면 기쁨은 불가피한 것이다. 실로 항상 기뻐하는 자는 하나님의 영광이다.

로드니 A. 크밤은 다음과 같이 말한다.

---

3 Trevena Jackson, *This is My Story, This is My Song*.

태초에 하나님은 장미를 만드셔서 아름다움을 표현하게 하셨다. 종달새를 만드시어 노래하게 하셨다. 꽃들은 그 꽃만이 지니는 향기와 아름다움이 있으며, 새들은 그들만의 노래가 있다. 이처럼 하나님은 오직 나의 삶을 통해서만 표현될 수 있는 것들을 내가 나타내기를 원하신다. 나는 유일한 존재이기에 내가 나의 노래를 부르지 않으면 그 노래는 누구에 의해서도 불려지지 못할 것이다. 누구도 그것을 흉내 낼 수 없다. 나의 무대는 작을지라도 나에게는 나를 만드신 하나님의 영광을 노래할 유일한 노래가 있기 때문이다.

하나님은 친히 말씀하시기를, "이 백성은 내가 나를 위하여 지었나니 나의 찬송을 부르게 하려 함이라"고 하시며, 우리가 하나님께 "기쁜 이름이 될 것이며 찬송과 영광이 될 것"이라 하셨다(사 43:21; 렘 33:9). 이러므로 마틴 루터는, "인간의 궁극적 목적은 구원을 받는 것이 아니고, 하나님을 찬송하는 일이다"라고 강조하였다.

로욜라의 이냐시오도, "내가 창조된 목적을 곧 내 삶의 목표로 삼아야 한다. 바로 우리 주 하나님을 찬송하고 내 영혼을 구원하는 일이다"라고 하였다.[4]

하나님은 우리의 노래를 기뻐하심을 라빈드라나드 타고르는 다음과 같이 말한다.

당신이 내게 노래하라고 명하실 때

---

[4] Ignatius of Loyola, 『영신수련』, 윤양석 역 (한국천주교중앙협의회, 1995).

나의 마음은 자신감으로 넘쳐납니다.
나는 당신의 얼굴을 바라봅니다.
나의 눈에서 눈물이 흘러내립니다.

나의 비참함과 부조화의 삶은 달콤한 인생으로 녹아듭니다.
나의 찬미의 노래는 저 대양을 지나 날아가며 즐거워하는
한 마리 새가 날개를 펼치듯 울려 퍼집니다.

나는 당신이 나의 노래를 기뻐하신다는 것을 압니다.
오직 찬미하는 자로서 당신의 임재 앞에 나아갑니다.

나는 나의 노래의 날개를 가지고 내가 전에는 상상하지도
못했던 일, 즉 당신에게 나아가는 이 영광을 경험합니다.

찬미의 기쁨에 취하여 나는 자아를 잊어 버렸습니다.
나의 주님 되신 당신을, 나는 친구라고 부릅니다.

　기쁨은 우리를 위해 그리스도가 이루어 놓은 승리의 삶을 만끽하는 것이다.
　영어로 '열광'(enthusiasm)이라는 단어에는 하나님(*theos*)이 들어가 있다. 우리말 '신명(神明)난다'는 의미도 새겨보면, 우리 안에 계신 하나님의 영으로 인해 황홀케 됨을 의미한다. 그리스도가 생명인 당신은 항상 기뻐한다. 그리스도가 그 안에 사는 참 자아는 하나님을 기뻐하

는 확고부동한 기질을 가지고 있기 때문이다.

사탄은 사람을 우울의 늪에 빠뜨리려 한다. C. S. 루이스는 『천국과 지옥의 이혼』이라는 저서에서 천국 문에 서 있는 수위를 소개하고 있다. 이 수위는 오는 사람들에게 한 가지 질문만을 한다.

"당신은 예수를 알게됨으로써 참을 수 없는 기쁨을 가지고 있습니까?"

그리스도의 형상을 이루는 하나님의 자녀는 머리부터 발끝까지 할렐루야가 된다.

토마스 머턴은 "지상에서의 유일하고 참된 기쁨은 거짓 자아의 감옥에서 탈출하여, 모든 존재의 본질 안에 그리고 우리 영혼의 중심에 거주하며 노래하시는 생명이신 분과 사랑으로 일치하는 일이다"라고 강조하였다.

사람이 술이나 일이나 성이나 도박이나 마약이나 일에 중독되는 것은 자신을 파괴하는 잘못된 즐거움을 찾으려는 욕구에 의한다. 중독 행위에 맛들인 상태에서 벗어나기 위해서는 먼저 참 기쁨을 체험해야 한다. 자신의 원천적 원형인 그리스도와 연합함에서 오는 만족과 기쁨은 그 사람의 영혼을 지옥에서 들어서 천국으로 올려 준다.

C. S. 루이스는 어느 날 예기치 않은 기쁨을 경험한다. 갑자기 찾아온 예기치 못한 기쁨이었다. 그가 바람처럼 설레어 주님을 만나는 기쁨은 세상의 어떤 쾌락과도 바꿀 수 없음을 말한다.

> 기쁨을 맛본 적 있는 사람이라면, 설령 마음대로 할 수 있다 해도, 그것을 세상의 모든 쾌락과 바꾸려 하지 않을 것이다.

음악가로서 불우한 인생을 살았던 베토벤은 음악가로서는 가장 치명적인 운명을 맞이했는데, 곧 청각을 상실한 것이다. 그는 그 고통 중에도 주 안에서 기쁨을 발견하고 고백하였다.

> 나는 늘 괴로움을 뚫고 나아가 기쁨을 발견했습니다. 우리 인간이 잘못 따라다니기 쉬운 어리석고도 사소한 일은 버려야 합니다. 하나님이야말로 모든 것 위에 계시는 분입니다.

기쁨은 믿음의 승리요, 하나님이 기뻐하시는 산제사이다.

예수 그리스도는 이 땅 위에 산 사람 중에 가장 완전하게 슬픔을 경험하셨다. 그러나 그에게는 슬픔보다도 깊은 곳에서 샘솟는 기쁨이 있었다. 그는 아버지 하나님과의 사이에서 나오는 그만의 참 기쁨이 있었다. 십자가에 달리시기 전, 예수 그리스도는 '내 기쁨'이라고 표현하신 그의 기쁨을 우리 안에 충만히 가지게 하려 하셨다(요 17:13). 우리 기쁨의 원천인 그리스도로 부터 샘솟는 '나의 기쁨'을 가질 때, 우리는 빛나는 하나님의 자녀로 나타난다.

> 이는 그리스도 안에서 전부터 바라던 우리로 그의 영광의 찬송이 되게 하려 하심이라(엡 1:12).

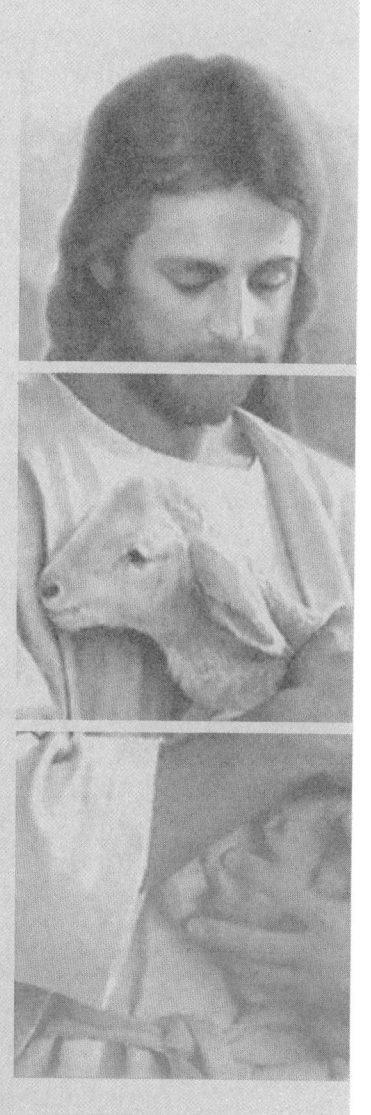

Discovering
Your True Self
in the Image of
Christ

제 19 장

하나님과 함께 춤추는 참 자아

주께서 나의 슬픔을 변하여 춤이 되게 하시며(시 30:11).
만물의 창조자이신 하나님과 함께 춤춘다는 것은 자신과 함께 춤추는 것이다.
To dance with God, the Creator of all things, is to dance with oneself.

-게리 주카브(Gary Zukav)

모든 생명의 이치는 춤을 춘다. 맛있는 꿀을 주는 벌은 춤을 춘다. 벌은 일하러 갈 때 춤을 추고 대화할 때 춤을 추고 집으로 돌아 올때도 춤을 추니 벌의 꿀은 달다. 태풍 앞에서 나무는 춤을 추면서 더 깊게 뿌리내리고 더 높게 자란다. 농구선수도 춤을 추는 듯한 선수는 몸이 자연스러워 슛이 더 정확하고 팀에게 빛을 더해 준다.
수년 전 어느 봄날 저녁, 버클리대학교(U. C. Berkeley) 교정을 걷는데 한 빌딩 안에서는 홀을 울리는 음악에 맞춰 춤을 열심히 추고 있는 두세 명의 젊은이들이 보였다. 헬멧 쓴 머리를 거꾸로 하여 땅에 대고, 양발을 공중으로 향한 채 온몸을 돌리며 춤추는 청년이 있는가 하면, 한 젊은 여성은 양 머리카락을 땋아 매고 음악에 맞추어 춤을 추는데 그 땋은 머리도 그녀의 몸과 함께 리듬에 따라 움직여서, 그 모습이 매우 아름다웠다.

토저는 "하나님은 찬양이 있는 마음에 거하신다"라고 했다. 프랑수아 페넬롱(François Fenelon)은 그의 책 『그리스도인의 완전』의 "슬픔에서 우리를 돕는 것"이라는 장에서 인생의 짐 때문에 고개를 떨군 사람들에게 '좋은 대화로, 술잔치로라도' 기운을 내라고 충고했다. 진정한 기쁨은 여호와 안에서 솟아 나온다. 천국은 성령 안에서 사랑과 기쁨과 평화이다. 이러한 내적 평화를 얻은 사람은 주위의 많은 사람들을 구원으로 인도한다. 진정 사랑할 때 치유와 변화가 일어난다.

노벨 문학상 수상자인 카리브 해의 시인 데렉 월코트는 "사랑이 끝난 뒤의 사랑"이라는 시에서 다음과 같이 말한다.

> 당신은 당신의 집 문 앞에 도착한
> 자신을 환호하며 맞이하세요.
> 그리고 두 사람은
> 미소지으며 서로를 맞아들이세요.

"그에게 들어와 앉으라고 말하세요"라고 데렉 월코트는 쓴다. 음식을 대접하고 편히 쉬게 하라고. 그리고 함께 춤을 추라고. 곧 상처 입은 자신을 초대하라. 자신을 용서하고 사랑하라. 그리고 그리스도께서 성령을 좇아 당신 자신의 손을 잡아 일으켜 함께 춤을 출 때 당신은 그리스도와 같은 형상으로 변화하며 영광에서 영광으로 이른다.

끈 이론에 의하면 우주의 만물을 구성하는 입자들은 그보다 훨씬 작은 구성요소 즉 진동하는 가느다란 끈으로 이루어져 있다. 끈들이 진동하는 패턴에 따라 고유한 질량과, 질적으로 바뀌어서 달리 되는 '전화'가 생긴다. 그리고 보면 우주는 하나의 웅장한 교향곡이라 할 수 있다. 사람도 주 앞에서 진동하며 기쁨으로 춤 출 때, 새 힘이 솟는다.

> 이는 그리스도 안에서 전부터 바라던 우리로 그의 영광의 찬송이 되게 하려 하심이라(엡 1:12).

이러므로, 우리는 하박국 선지자와 함께 고백한다.

> 비록 무화과나무가 무성치 못하며 포도나무에 열매가 없으며 감람나무에 소출이 없으며 밭에 식물이 없으며 우리에 양이 없으며 외양간에 소가 없을지라도 나는 여호와를 인하여 즐거워하며 나의 구원의 하나님을 인하여 기뻐하리로다(합 3:17-18).

거짓 자아는 종교적인 노고 속에 우울하게 살지만, 참 자아는 그리스도 안에서 살아있음으로 활기찬 춤을 춘다. 바울은 우리가 기쁘게 춤추며 살기를 다음과 같이 권면한다.

종말로 형제들아 우리가 주 예수 안에서 너희에게 구하고 권면하노니 너희가 마땅히 어떻게 행하며 하나님께 기쁘시게 할 것을 우리에게 받았으니 곧 너희 행하는 바라 더욱 많이 힘쓰라(살전 4:1).

춤을 잃고 사는 그리스도인을 보면서 달라스 윌라드(Dallas Willard)는 말한다.

당신은 하나님과 함께하는 일상생활에서 당신의 삶을 위해 깊은 만족과 확신과 기쁨을 갖도록 짜 놓을 필요가 있습니다. 이것은 하나님의 광대한 시야를 필요로 합니다.

성부, 성자, 성령은 서로를 빛나게 해주며 아름다운 사랑의 춤을 춘다. 마치 촛불처럼 자신을 태우며 상대방을 빛나게 한다.

하나님 아버지는 우리를 또한 그의 형상으로 만드사 그리스도 안에서 사랑의 춤을 기뻐 추는 자들로 만드셨다. 성령은 우리 안에 오사 우리의 영으로 더불어 춤추며 우리가 하나님의 자녀인 것을 증거하신다. 예수님은 우리 안에 계셔서 우리로 온전함을 이루어 하나님의 사랑 안에서 춤추게 하셨다(요 17:23).

시편기자와 함께 우리도 주께 다음과 같이 찬양을 올려 드린다.

아침에 사랑으로 우리를 만족케 하사 우리 평생에 기뻐 뛰며 춤추게 하소서. 주님의 계시는 내가 따를 곡조입니다(시 90:14; 119:77, 메시지성경).

사람은 저마다 삶으로 춤을 추고 산다. 하나님을 위해 춤추는 자들이 있고 사탄을 위해 춤추는 자들도 있다. 성령을 따라 춤추는 자들이 있고, 정욕과 이생의 자랑에 따라 춤추는 자들이 있다.

죄 가운데 미워하고 시기하며, 육신을 따라 팔자 타령하며 어둠 속에 방황하는 자들은 사탄을 위해 멸망의 춤을 추는 것이고, 예수 그리스도로 말미암아 의의 열매가 가득하며, 사랑하고 용서하며 기뻐하는 자들은 하나님을 위해 생명의 춤을 추고 있다. 정욕과 악의 영을 따를 때 마귀를 위해 춤추는 것이고, 성령을 좇아 하나님 뜻을 이루며 살 때 하나님을 위해 춤추게 된다.

마귀는 할 수만 있으면 생명의 춤추는 자들을 쓰러뜨리려 한다. 그러나 주를 믿고 죽도록 충성하며 춤추는 자의 머리에는 생명의 면류관이 빛난다.

> 춤추라, 아무도 바라보고 있지 않은 것처럼.
> 사랑하라, 한번도 상처받지 않은 것처럼.
> 노래하라, 아무도 듣고 있지 않은 것처럼.
> 일하라, 돈이 필요하지 않은 것처럼.
> 살라, 오늘이 마지막 날인 것처럼.
>
> -알프레드 디 수자

발레리나 강진희는 날 때부터 소리를 들을 수 없었다. 보청기를 끼면 기차가 지나가는 것을 느낄 수 있는 것이 전부였다. 어떤 때는 음악이 다 끝났는데도 계속 춤을 추기도 하였다.

그녀의 부모가 겨우 두 돌이 지난 아이를 업고 간 곳은 농아학교였다. 정상아들이 ㄱ, ㄴ을 배우듯 그녀도 구화(상대방의 말하는 입술모양을 보고 알아듣고, 자기도 그렇게 소리내어 말하는 일)를 배워갔다. 보통의 아이들이 더듬거리며 말을 시작할 나이, 그녀도 다른 사람의 입을 보고 말뜻을 이해했고 입모양만으로 의사전달을 했다. 그런 아이가 중학생이 되면서부터 텔레비전을 보며 꽤 아름다운 몸놀림을 하기 시작했다. 바로 그것이라 생각하고 발레로 그녀의 길을 열어가려 했지만 세상은 그녀에게 길을 열어주지 않았다.

"듣지 못하는 애가 해도 되는 게 무용인 줄 아세요?"

무용선생님의 그 한마디에 모든 것을 포기해야 했지만 그러기에는 강진희의 춤에 대한 집착이 너무 컸다. 억지로 만든 3개월의 테스트 기간, 마음 속으로 계속 박자를 세어가며 동작을 반복했다. 속으로 박자를 세어가며 동료들과 호흡을 맞추는 일은 힘들었다. 잠깐만 긴장을 풀어도 박자를 놓치고 혼자 다른 동작을 하고 있었다. 그러나 춤을 출 때처럼 행복할 때가 없는 그녀로서는 안 들리는 소리를 들어야했다. 선생님의 스틱 움직임을 보는 것으로 듣는 것을 대신하여 움직여야 했다. 약속한 3개월이 되기도 전에 발레는 그녀의 손을 들어주었다.

무용선생님의 글썽거리는 눈이 말하는 "이제 됐어"(OK) 사인을 받아낼 수 있었다. 그날 이후 무용을 한다는 것은 참는 것이었다. 열 개의 발톱이 다 빠지고, 양다리의 색깔이 검붉게 변해 가는 것을 아무렇지 않게 참아 내었다. 청각장애자인 강진희는 여호수아가 여리고 성을 7번 돌며 무너뜨린 믿음으로 발레를 했다. 놀랍게도 그녀는 큰 대회에 출전하여 1등을 하면서 이 시대 최고의 발레리나가 되었다. 그녀의 육신의 귀는 들리지 않았으나 성령의 음성에 귀 기울이며 하늘 곡조를 이해하는 영의 귀가 더 밝았으리라 짐작해본다.

누군가 "발레리나 강진희" 라는 제목으로 다음과 같은 시를 썼다.

들리지 않아도
살아 있어요.
말할 수 없어도
살 수 있어요.
생명은 가슴에서 박동하여
온 몸을 울리기에
손과 발, 팔과 무릎, 허리와 목
움직일 수 있어요.
생명이기에
흐느끼는 슬픔, 들뜨는 기쁨
그리고 잔잔한 고독
한 시도 석상(石像)처럼은 서 있을 수 없어
춤을 추듯 살아가고
살아가듯 춤을 추어요.
춤을 추면서
생명의 주님을 느끼어요.
하늘의 천사들에게
춤을 가르쳐 너울너울
영원을 춤추게 하시는 이시여!

흙덩이 같은 몸뚱이로도

사뿐사뿐

영원까지

살며 춤추며 달리게 하시는 이시여!

정말 귀가 열리고

들을 수 있고

모든 소리와 말씀과 노래를 듣게 되는 날,

아무도 따라 할 수 없는

영원하고도 빛나는 격정의 춤사위를

드리리이다.

인간의 본능은 하나님을 기뻐 뛰며 찬양하는 것이다. 영적 장애인 같은 우리에게 사랑의 하나님은 다가오셔서, 치유의 광선을 발하시며 우리로 외양간에서 나온 송아지 같이 뛰며 춤추게 하신다(말 4:2).

공중그네 곡예사들이 진행하는 서커스를 유심히 보면 날아야 하는 역할이 있고 잡는 역할이 있다. 나는 사람들은 공중으로 치솟는다. 잡는 이의 강한 손에 붙들리기 전에는 모든 것이 몹시 아슬아슬하다. 곡예사들은 잡아 주는 이의 손에 자신의 손이 붙들릴 때, 안전하다는 것을 믿는다. 튼튼한 그네를 놓아야 반대편 그네까지 우아한 반원을 그리며 날 수 있음도 안다. 상대방이 나를 잡으려면 내가 일단 놓아야 한다. 우리의 본향인 하늘의 것을 생각하려면, 땅의 것을 생각하지 말아야 한다. 한번은 서커스단과 동행하는 헨리 나우웬에게 서커스단 리더가 말했다.

헨리, 만인이 내게 박수를 보냅니다. 내가 허공에 뛰어올라 거꾸로 공중제비 하는 것을 보며 다들 나를 영웅으로 생각합니다. 하지만 진짜 영웅은 잡는 사람입니다. 내가 하는 일이라고는 팔을 내밀고 믿는 것뿐입니다. 잡는 사람이 나를 잡아 끌어올려 주리라고 믿는 것뿐입니다.[1]

만물을 유지시키며 떨어지는 우리를 잡아 주시며 붙들어 주시는 하나님에 대해서도 이와 같이 말할 수 있다. 어떤 경우에도 그의 영원한 팔이 우리를 안아 주신다. 그리스도는 우리가 기쁠 때 뿐 아니라 앞길이 막막하여 쓰러질 때도 눈동자같이 지켜 주시며 우리의 손을 잡아 붙들어 주신다. 기쁨은 물론 슬픔과 고통까지도 꽉 움켜쥔 채 살아가는 우리의 손은 주의 손에 붙들려 안심하고 펴게 된다. 우리는 어떠한 상황에 있든지, 주 안에서 날고 춤추며 노래할 수 있다.

> 주님은 그의 사랑하는 자들에게 오사 마음의 문을 두드리시며 그와 함께하는 천국잔치에 초청하신다(계 3:20).

잔치가 무르익을 때, 예수님은 상실의 아픔과 슬픔 속에 있는 우리에게 오사 우리의 손을 사뿐히 잡아 일으키시며 춤을 청하신다. 나우웬은 말했다.

---

1 헨리 나우웬, 『춤추시는 하나님』, 윤종석 역 (서울:두란노, 2003), p.68-69.

슬픔과 복을 한데 엮어 기쁨의 스텝을 내딛는 것이 곧 찬미의 춤임을 깨닫는다.

그리스도의 손을 잡고 기쁨의 스텝을 밟을 때, 우리의 눈물은 마르고 미소가 떠오른다. 슬픔 가운데서라도 주께 나가 춤을 추는 자는 그리스도의 기쁨과 희망과 생명으로 나아간다. 이때, "주께서 나의 슬픔을 변하여 춤이 되게 하시며 나의 베옷을 벗기고 기쁨으로 띠 띠우셨나이다"(시 30:11)라고 고백한다.

"만물의 창조자이신 하나님과 함께 춤춘다는 것은 자신과 함께 춤추는 것이다"라고 게리 주카브(Gary Zukav)가 말했다. 하나님과 함께 춤춘다는 것은 곧 자신과 함께 춤추는 것이기도 하다. 왜냐하면, 하나님은 우리 존재의 원형적 원천이요, 내 안에 임재하시며, 나의 생명이요 나는 그의 지체로서, 나의 전부가 되시기 때문이다(고전 1:30). 주를 앙모하며 독수리 같이 춤추며 올라가는 삶은, 하나님을 영화롭게 한다. 다윗은 하나님이 그와 함께 하심을 법궤를 통해 알 때, 여호와 앞에서 힘을 다해 춤을 추었다. 여호와 앞에서 뛰놀았다.

혹이 다윗 왕에게 고하여 가로되 여호와께서 하나님의 궤를 인하여 오벧에돔의 집과 그 모든 소유에 복을 주셨다 한지라 다윗이 가서 하나님의 궤를 기쁨으로 메고 오벧에돔의 집에서 다윗성으로 올라갈새 여호와의 궤를 멘 사람들이 여섯 걸음을 행하매 다윗이 소와 살진 것으로 제사를 드리고 여호와 앞에서 힘을 다하여 춤을 추는데 때에 베 에봇을 입었더라 다윗과 온 이스라엘 족속이 즐거이 부르며 나팔을 불고 여호와의 궤를 메어 오니라(삼하 6:12-15).

다윗은, 자기 베 에봇이 벗겨져 수치스럽게 몸이 드러나는 것도 모르고 전심으로 여호와의 얼굴 앞에서 가슴 밑바닥에서부터 기뻐하며 춤을 추고 있었다. 구원받은 자들은 주 앞에서 기뻐뛰며 빙빙돌고 춤추는 자들이다. 그런데 미갈은 주님의 거룩한 궤를 다윗이 기쁨으로 메고 오며 춤추는데도, 아무런 감동이 없었다. 예수님은 감동이 없는 삶을 보고 한탄하시며 말씀하셨다.

우리가 너희를 향하여 피리를 불어도 너희가 춤추지 않고
(마 11:17).

미갈은 오히려 기뻐 춤추는 다윗을 조롱하였다. 이때, "다윗이 미갈에게 이르되 이는 여호와 앞에서 한 것이니라 저가 네 아비와 그 온 집을 버리시고 나를 택하사 나로 여호와의 백성 이스라엘의 주권자를 삼으셨으니 내가 여호와 앞에서 뛰놀리라"(삼하 6:21)고 하였다. 다윗은 진정 주 앞에서 온 몸과 마음과 힘을 다해 기뻐하며 춤을 주었다.

고난과 상처 가운데서도 성령을 따라 기도로 스텝을 밟을 때, 하늘의 영광을 누리게 된다.

역경 가운데서도 그리스도로 말미암아 기뻐 뛰놀 때, 우리는 모든 갇힘과 눌림에서 자유하며 더욱 그리스도의 형상을 닮아간다.

헨리 나우웬은 다음과 같이 쓴다.

언젠가 나는 한 석수가 거대한 돌에서 여기저기 돌 조각을 크게 떼어 내며 작업하는 모습을 보았다. '돌이 무척 아프겠구나. 저 사람은 왜 돌에 저런 고통을 주는 것일까?' 하고 생각했다. 그러나 좀 더 보고 있노라니 돌 속에서 점차 우아한 무용수가 모습을 드러냈다. 무용수는 내 심안을 보며 이렇게 말하는 것 같았다. '어리석은 자여, 내가 이런 고난을 받고 내 영광에 들어가야 할 것을 몰랐는가?' 춤의 신비는 그 동작이 슬픔 중에 드러난다는 것이다. 치유란 성령께 나를 춤으로 부르실 기회를 드리는 것이다. 고통 한복판에서도 하나님이 내 삶을 지휘하시고 인도하실 것을 믿으며 말이다.[2]

우리 믿음의 선조들은 자기 십자가를 지고 예수님이 인도하시는 대로 춤을 추었다. 자신의 뜻이 아니라 그리스도의 뜻대로 살며 하나님을 마음과 목숨과 힘을 다해 사랑했다.

> 여자들은 자기의 죽은 자를 부활로 받기도 하며 또 어떤 이들은 더 좋은 부활을 얻고자 하여 악형을 받되 구차히 면하지 아니하였으며, 저희가 광야와 산중과 암혈과 토굴에 유리하였느니라(히 11:35, 38).

이들은, 아무것도 "우리를 우리 주 그리스도 예수 안에 있는 하나님의 사랑에서 끊을 수 없으리라"(롬 8:39) 고백하며 춤을 출 수 있었다. 참 자아는 그리스도의 살아있는 증인으로 그의 오심을 바라보며 주와

---

2 헨리 나우웬, 『춤추시는 하나님』, p.32.

함께 영원히 사랑의 춤을 춘다.

레위기 7장에 나오는 요제란 '흔들어 드리는 제사'(레 7:30)라는 뜻인데, 진동하듯이 앞뒤로 흔드는 것을 의미한다. 앞으로 흔드는 것은 하나님께 드리는 의미이고, 뒤로 흔드는 것은 하나님이 다시 돌려주신다는 의미라고 해석하기도 한다. 성령과 함께 춤을 출 때, 우리는 우리의 몸을 하나님이 기뻐하시는 거룩한 산제물로 드리는 것이다.

누군가 영어 단어 '인도'(GUIDANCE)라는 말을 묵상할 때, 이 단어 끝의 춤(dance)이라는 말을 보게 되었다. 하나님의 뜻을 행하는 것은 춤을 추는 것과 같다. 두 사람이 서로 리드하려 하면 음악에 맞추어지지 않을 뿐더러 불안정하고 갑작스럽게 움직이게 되어 제대로 춤을 출 수가 없다. 그런데 한 사람은 춤을 전혀 출 줄 몰라도 춤을 리드하는 상대방을 믿고 따르면 두 몸이 음악에 맞추어 움직인다. 춤을 리드하는 사람이 상대방의 등을 슬쩍 찌르거나 가볍게 이 방향 저 방향으로 누르며 정중히 실마리를 주면, 두 몸이 한 몸 된 것같이 아름답게 움직인다. 춤을 추려면, 리드 받는 쪽에서는 자기를 굴복하고 자발적이며 주의 깊어야 하고, 리드하는 편에서는 부드러운 안내와 기술이 필요하다.

진정한 춤은 자기를 포기하고, 우리의 중심이신 그리스도께 나아와 그가 인도하는 대로 청종하는 것이다. 이렇게 그리스도와 함께 추는 춤은 길과 진리와 생명으로 인도한다. 세상 어떤 춤보다도 하나님과 함께 하는 사랑의 춤은 더 뜨겁고 영원하다.

주님의 인도하심을 따라 스텝을 밟으며 겸손히 순종할 때 하나님은 우리의 발을 사슴과 같게 하사 높은 곳으로 다니게 하신다.

'GUIDANCE'는 'G'로 시작되는 데 이 'G'는 하나님(God)을, 그 다음 'U'와 'I'가 나오는데, 곧 하나님(God), 당신(you) 그리고 내(I)가 춤(dance)을 춘다고 풀이할 수 있다. 주의 손을 잡고, 기도로 성령의 리듬을 따라 한 스텝 한 스텝 그와 동행할 때 우리 삶에 대해 주의 인도(Guidance)함을 받게 된다. 슬플 때나 기쁠 때나 사망의 음침한 골짜기에서도 그의 인도하시는 대로 한 발 한 발 내딛노라면 어느새 하나님은 '우리'를 생명의 길로 인도하심을 본다.

참 자아는 있는 모습 그대로 주 앞에 나아간다. 슬프면 슬픈 대로, 기쁘면 기쁜 대로 주께 나가 그의 영과 함께 춤을 춘다. "주 앞에서 낮추라 그리하면 주께서 너희를 높이시리라"(약 4:10). 슬퍼하는 중에도 주와 함께 스텝을 밟을 때, 통곡이 변해 기쁨이 된다. 오직 하나님이 당신의 열망이다. 그리스도는 우리의 고난과 약함과 실패보다도 더 강하시다. 죽음도 무효화시키고 부활하신 그리스도가 우리의 희망이다. 그와 얼굴을 마주하며 거룩한 춤을 출 때, 하늘의 기쁨과 영광을 누린다.

로스앤젤레스의 성경학교 설립자인 토레이 박사는 12살 된 딸을 사고로 잃었다. 비가 오는 날 장례식이 있었다. 땅에 파놓은 구덩이 주위로 사랑하는 사람들이 둘러서 있었다. 어둡고 침침한 날이었다. 비통함은 그들을 따라 그날 밤 그들의 잠자리에까지 갔다.

토레이 박사는 아침에 일어나 산책을 하러 나갔다. 슬픔의 물결이 그를 새로이 휩싸고, 딸아이의 존재가 사라짐에 대한 고독감, 다시는 그 아이의 웃음소리를 들을 수 없음에, 다시는 그 아이의 얼굴을 볼 수 없음에, 다시는 결코 그 아이가 성장하는 것을 볼 수 없음에 가슴이 미어져왔다. 그것을 받아들일 수가 없었다. 가로등에 기대어 서서 하늘을 우러러보며 기도하기 시작했다. 그의 영이 성령의 리듬을 따라 기도로 춤을 추기 시작하자, 그는 다음과 같은 체험을 하였다.

> 바로 그때 성령이 내 마음 속에서 우물처럼 샘솟아 전에는 한 번도 경험해본 적이 없는 그런 힘으로 용솟음쳤다. 내 인생에서 그때가 가장 기쁜 순간이었다. 그것은 당신의 마음속에서 끊임없이 솟구치는, 솟구치고 또 솟구치는 일년 365일, 어떤 상황 가운데에도 솟아나오는, 말로는 다 표현할 수 없는 그런 영광스런 것이다.
>
> - 마이클 그린, *Illustrations for Biblical Preaching*

하나님은 우리가 고난의 용광로 속에 내던져졌을 때에도 우리에게 오셔서 손을 잡고 춤을 추신다. 다니엘의 세 친구 사드락, 메삭, 아벳느고는 신앙의 정절을 지켰다. 곧 왕이 명한 우상에게 절하지 않은 그들은 풀무불에 던져졌다. 불의 열기는 그들을 들어 던지는 사람들도 살라버렸다. 그러나 풀무불 속에 들어간 이 세 사람은 타지도 않았고, 머리카락 하나도 연기에 그을리지 아니하였다. 왜냐하면 신의 아들 같은 이가 불속에서 그들과 함께 춤을 추고 있었기 때문이다.

고난의 불길 속이라도 그리스도께서 함께하실 때 우리의 통곡은 변하여 춤이 된다. 주와 함께 스텝을 밟으며 기뻐 춤을 추는 자에게는 바위에서 샘물 나며 죽은 자도 살아나는 하나님의 능력을 체험한다. 뿐만아니라, 우리가 성령과 함께 영원토록 사랑의 춤을 출 때 모든 가면은 떨어져 나가고 그리스도의 형상을 이루는 하나님의 빛나는 자녀로 나타난다.

천국에 들어가는 패스워드(Password)는 그리스도의 형상을 이루어 가는 참 자아이다. 참 자아의 영어단어 TRUE SELF를 다음과 같이 풀이해 본다.

- **T**: Transformed into the image of Christ.
  참 자아는 주의 영으로 말미암아, 그리스도의 형상을 이루는 하나님의 자녀로 나타난다.
- **R**: Real self that God created in His image.
  참 자아는 하나님 형상대로 지어진 그대로의 진정한 실재로서, 참되신 그리스도의 눈으로 만물을 바라본다.
- **U**: United with the Lord.
  참 자아가 열망하는 것은 오직 하나님 한분으로, 주와 연합하여 한 영이 된다. 이제 내가 사나 내가 아닌 그리스도가 내 안에 사는 참 자아는 일상의 삶 속에서도 그리스도의 품성을 드러낸다.
- **E**: Enlivened by the Spirit.
  참 자아는 그리스도의 영에 의해 살리심을 받았다. 에스겔 골짜기의 마른뼈같던 인생이라도, 살려주는 영인 그리스도로 말미암아 살아나고 온전케 된다.
- **S**: Singing and dancing for the praise of God's glory.
  참 자아는 영혼 깊은 곳에서 기뻐 춤추며 하나님의 '영광의 찬송'이 된다(엡 1:12).
- **E**: Exalting God in one's body.

참 자아는 그 몸으로 하나님을 높여 드리고 영화롭게 한다.

L: Love of God.

참 자아는 하나님의 사랑의 결정체로서 하나님을 참 사랑한다. 하나님은 이러한 그의 자녀들을 보실 때, 기쁨을 이기지 못하여 하시며 잠잠히 사랑하신다.

F: Follower of Jesus Christ.

참 자아는 그리스도와 동행하며 하나님 아버지의 뜻을 이 땅에 펼쳐나간다. 이러한 몸은 그리스도의 흔적을 가졌고 그리스도의 생명을 드러낸다.

참 자아를 찾아서
Discovering Your True Self in the Image of Christ

2014년 3월 15일 초판 발행

지은이 | 권 오 균

편 집 | 박상민, 박예은
디자인 | 박희경, 박슬기
펴낸곳 | 사)기독교문서선교회
등 록 | 제16-25호(1980. 1. 18)
주 소 | 서울시 서초구 방배로 68
전 화 | 02) 586-8761~3(본사) 031) 942-8761(영업부)
팩 스 | 02) 523-0131(본사) 031) 942-8763(영업부)
홈페이지 | www.clcbook.com
이메일 | clckor@gmail.com
온라인 | 기업은행 073-000308-04-020, 국민은행 043-01-0379-646
　　　　예금주: 사)기독교문서선교회

ISBN 978-89-341-1356-0 (03230)

* 낙장 · 파본은 교환해 드립니다.

이 도서의 국립중앙도서관 출판시 도서목록(CIP)은
서지정보유통지원시스템 홈페이지(http://seoji.nl.go.kr)와
국가자료공동목록시스템(http://www.nl.go.kr/kolisnet)에서
이용하실 수 있습니다.
(CIP제어번호: CIP2014003914)